基礎から始める

堤防釣り入門

つり情報BOOKS

「堤防磯投げつり情報」編集部◎編

日東書院

四季折々の堤防釣りを楽しむ。

春

SPRING

早春。まだ水も温まないうちから、
春告魚・メバルが食い始める。
同じく早春の魚といえばウミタナゴ。
やがて、クロダイの乗っ込みが始まり、
アオリイカも大型が釣れだして季節は初夏へと向かう

S U M M E R

夏

盛夏になると、クロダイのヘチ釣りが
トップシーズンを迎える。
場所によってはマゴチが
ヘチ際から狙えるようになる。
気の早い回遊魚が回りだし、イシダイ、
イシガキダイの食いが活発化して、秋シーズン

秋

AUTUMN

まだ夏の名残を色濃く残すころに小型の回遊魚が釣れ盛る。
夕方にはサビキのアジも入れ食いとなる。
徐々に水温が下がり始めると、
30センチ前後のクロダイ（カイズ）が数釣れるようになる。
回遊魚も大型化し、冬へと向かう

冬

WINTER

晩秋のころ、抱卵したカレイが釣れだし、ほぼ同時にアイナメも食い始める。カレイは年内いっぱいは活発にエサを取るが、年が明け厳寒期を迎えると産卵のため極端に食い渋り、春の気配とともに食いが戻る

四季折々の堤防釣りを楽しむ。

基礎から始める
堤防釣り入門

CONTENTS

つり情報BOOKS

002 四季折々の堤防釣りを楽しむ。

009 海釣り基本の基本 1 堤防で釣れる魚たち

016 海釣り基本の基本 2 堤防釣りで使うエサ

020 海釣り基本の基本 3 堤防釣りに必要な結びの知識

024 海釣り基本の基本 4 堤防釣りの一般的な装備と服装

TEIBOU

027 ENJOY! 堤防釣り
【堤防での釣り方①】サビキ釣りをマスターしよう

043 ENJOY! 堤防釣り
【堤防での釣り方②】ウキ釣りをマスターしよう

057 ENJOY! 堤防釣り
【堤防での釣り方③】ヘチ釣りをマスターしよう

073 ENJOY! 堤防釣り
【堤防での釣り方④】投げ釣りをマスターしよう

087 ENJOY! 堤防釣り
【堤防での釣り方⑤】ルアー釣りをマスターしよう

097 堤防釣りのターゲット TARGET

098 01 アイナメ

101 02 アジ

104 03 アナゴ

基礎から始める
堤防釣り入門
CONTENTS

TEIBOU

04 イカ 107
05 イサキ 110
06 イシダイ 113
07 イシモチ 116
08 イワシ・サッパ 119
09 ウミタナゴ 122
10 カサゴ・ソイ 125
11 カマス 128
12 カレイ 131
13 カワハギ 134
14 クロダイ 137
15 サヨリ 140
16 シロギス 143
17 スズキ 146
18 タカベ 149
19 タコ 152
20 タチウオ 155
21 ハゼ 158
22 ブダイ 161
23 マダイ 164
24 メジナ 167
25 メバル 170
26 回遊魚 173

column 堤防以外の釣り場 1 磯 042
column 堤防以外の釣り場 2 砂浜 056
column 堤防以外の釣り場 3 海釣り施設 072
column 堤防以外の釣り場 4 海上釣り堀 086
column 堤防以外の釣り場 5 ボート釣り 096

海釣り基本の基本 1

堤防で釣れる魚たち

a picture book of fish

代表的なターゲットと危険な魚

釣り方や季節、海底の形状などで違いはあるが、堤防から釣れる魚の種類はとても多い。ここでは代表的なターゲットを紹介しよう。またヒレに毒があって不用意に触ると刺されるもの、歯が鋭いもの、体に毒のあるものなど危険な魚もいる。釣り場で出会っても要注意だ!

アイコンの見方　サビキ釣り　ウキ釣り　ヘチ釣り　投げ釣り　ルアー釣り

↑シロギス

スズキ目キス科

全長35cm。分布・北海道以南。ほぼ全国各地で周年狙うことができる人気魚。引き味、食味ともによい。砂地に生息

→ブダイ

スズキ目ブダイ科

全長40cm。分布・東日本以南。熱帯魚風のカラフルな色合で一般にメスは赤系、オスは青味がかる。岩礁帯に生息。冬は美味

↑キュウセン

スズキ目ベラ科

全長25cm。分布・北海道以南。雌は赤と黒、雄は黄色、緑、黒と色鮮やか。岩礁帯の砂礫地に多く冬は冬眠する。関西で人気がある

↑ネズミゴチ

ウバウオ目ネズッポ科

全長25cm。分布・東北以南。釣りでメゴチと呼ばれているうちの1種。オス、メスでヒレの模様が違う。天ぷらで美味

用語解説	>>> 青物	アジやサバ、カンパチ、イナダなどの背の青い回遊魚の総称。

(堤防で釣れる魚たち)

←カワハギ
フグ目カワハギ科

全長35cm。分布・日本各地。硬い皮を剥いで料理するのが名前の由来。エサを器用についばむ小さなおちょぼ口が特徴

↑ウマヅラハギ
フグ目カワハギ科

全長45cm。分布・カワハギに準じる。カワハギよりもやや沖合にも生息し、顔が長く馬面顔。カワハギ同様、ツノがある。意外に美味

←マハゼ
スズキ目ハゼ科

全長25cm。分布・東北地方以南。釣期は夏〜秋、釣り場は内湾や河口の砂地、砂礫地、運河など汽水域。産卵で深みへ落ちた初冬の落ちハゼ釣りも有名

←マゴチ
カサゴ目コチ科

全長70cm。分布・東北以南。沿岸の浅い砂泥地に生息し、初夏の産卵期のころから浅場に乗っ込み、活発にエサを追う

↑ニベ
スズキ目ニベ科

全長35cm。分布・東北以南。釣りではイシモチと呼ばれる。シログチに似ているが、本種のほうが浅い沿岸に生息。投げ釣りでよく釣れる

↑シログチ
スズキ目ニベ科

全長40cm。分布・ニベに準ずる。ニベと同様イシモチと呼ばれ、浮き袋を振動させてグーグーと鳴く

↑ヒラメ
カレイ目ヒラメ科

全長100cm。分布・日本全国。カレイとは反対で、エラを手前にして置くと頭が左にくる。誰もが知ってる高級魚

↑マコガレイ
カレイ目カレイ科

全長50cm。分布・北海道以南。日本各地で一番おなじみのカレイ。食味もカレイの中では一番美味とされ大分の城下ガレイも本種

↑マアジ

スズキ目アジ科

全長50cm。分布・日本全国。尾ビレの付け根から体側の中央にゼイゴと呼ばれる硬いギザギザがあるのがアジ類の特徴。堤防から水深100mを超える沖合まで広く生息。アジ類はだいたい尻ビレに小さなトゲあり

↑ギンガメアジ

スズキ目アジ科

全長60cm。分布・南日本。いわゆるトレバリーの仲間で大型は南の海に生息するが、堤防釣りでは通称メッキと呼ばれる20～30センチ級が釣れる。メッキはトレバリー類の幼魚の総称で、手軽に楽しめる海のルアーターゲットとして人気が高い

←カタクチイワシ

ニシン目カタクチイワシ科

全長15cm。分布・日本各地。上アゴより下アゴが小さいのが特徴。生命力が強いため生きエサに最適。シコイワシとも呼ばれる

↓マサバ

スズキ目サバ科

全長50cm。分布・日本各地。背は暗緑色でサバ独特の模様がある。表層～海底近くまで回遊層が広い

↑マルソウダ

スズキ目サバ科

全長40cm。分布・日本各地。よく似た種にヒラソウダがいるが、堤防ではマルソウダのほうが多い。血液微毒。生食は控えたほうがいい

←サッパ

ニシン目ニシン科

全長20cm。分布・北海道以南。コノシロに似るが背ビレの後部は伸びていない。湾奥の堤防のサビキ釣りでよく釣れる。酢じめしたものは美味

用語解説	>>>アタリ	魚がエサを食っていることを伝えるウキの動き。ヘチ釣りでは道糸や竿先の動きにも表れ、魚信とも言う。

堤防で釣れる魚たち

←クロダイ

スズキ目タイ科

全長65cm。分布・日本各地。タイ科の中で最も沿岸性が強く、砂泥地や堤防、岩礁帯に生息する

↑イシダイ

スズキ目イシダイ科

全長80cm。分布・北海道南部以南。成魚は岩礁帯を好む。若魚には鮮やかな縞模様がある。大型は口の周りが黒いためクチグロと呼ばれる

↑ワカシ・イナダ

スズキ目アジ科

全長100cm。分布・日本各地。出世魚の代表格。成長するにしたがい関東ではワカシ、イナダ、ワラサ、ブリ、関西ではツバス、ハマチ、メジロ、ブリと呼び名が変わる

↑マダイ

スズキ目タイ科

全長100cm。分布・日本各地。4～6月が産卵期で浅場に入ることから乗っ込みダイと呼ばれる。通常は50～150メートルに生息

↑ムラソイ

カサゴ目フサカサゴ科

全長35cm。分布・北海道南部以南。近海の岩礁域に生息。卵胎生で関東あたりでは4～5月に子魚を持つ

←メバル

カサゴ目フサカサゴ科

全長35cm。分布・日本各地。ホンメバル、クロメバルと呼ばれる。生息海域による体色、模様の差が大きい。沿岸の岩礁帯に生息

←アイナメ

カサゴ目アイナメ科

全長55cm。分布・北海道以南。沿岸の浅い岩礁帯に生息し、釣りでは冬から春が盛期。体色は茶褐色、赤褐色のものが多いが個体差が大きい

→カサゴ

カサゴ目フサカサゴ科

全長40cm。分布・日本各地。沿岸の岩礁帯に生息。個体によってかなり色合が異なる。背ビレにトゲがある

→スズキ

スズキ目スズキ科

全長100cm。分布・日本各地。成長段階によってセイゴ、フッコ、スズキと名が変わる出世魚。エラは鋭いカミソリ状なので要注意

↑ボラ

スズキ目ボラ科

全長70cm。分布・日本各地。ハク、オボコ、イナ、ボラ、トドと成長にしたがい名が変わる出世魚。沿岸の浅い海域の上層を群れで回遊

↑サヨリ

ダツ目サヨリ科

全長40cm。分布・日本各地。細長い体型に針のように尖った下アゴの先が赤いのが特徴。沿岸の浅い岩礁帯の上層や堤防周り、河口へも回遊

↑ウミタナゴ

スズキ目ウミタナゴ科

全長25cm。分布・北海道以南。体色、ヒレの色などに個体差が大きい。沿岸付近の岩礁帯や砂礫地に多く生息。卵胎生魚

→マアナゴ

ウナギ目アナゴ科

全長60cm。分布・北海道以南。体に並ぶ白い小さな斑点が特徴。沿岸の砂泥底に生息。昼は穴の中に潜り、夜になるとエサを活発に追う

用語解説	>>> 荒食い	魚がたくさん釣れる様子。狂ったようにエサを食う魚のこと。

↑タチウオ
スズキ目タチウオ科

全長130cm。分布・東日本以南。銀色に光り体型は平ら。昼は砂泥地の深みに身を潜め、日没後エサを追って浮上してくる。鋭い歯に注意

↑ヤマトカマス
スズキ目カマス科

全長30cm。分布・東日本以南。釣りで釣れるのはおもに本種とアカカマス。体色はやや青味がかる。ミズカマスとも呼ばれる

↑アオリイカ
ツツイカ目ジンドウイカ科

胴長50cm。分布・北海道以南。体型はコウイカに似るが甲はなく丸みを帯びた大きなエンペラを持つ。イカ類で最も沿岸性が強い

←メジナ
スズキ目メジナ科

全長50cm。分布・北海道以南。沿岸の磯に生息。釣り人の間では口太メジナと呼ばれる。ウロコは大きく堅く口は小さい。関西ではグレ（口太グレ）と呼ばれる

↑クロメジナ
スズキ目メジナ科

全長65cm。分布・東日本以南。メジナに似るがエラの縁が黒いので判別は容易。釣り人には尾長メジナと呼ばれる。関西では尾長グレ

↑イサキ
スズキ目イサキ科

全長45cm。分布・東日本以南。若魚にははっきりとした縞模様がありウリンボと呼ばれる。5〜7月の産卵期が旬で高根の周りに集まる

堤防釣りの危険な魚たち

毒トゲに刺されたり、鋭い歯で噛まれたりすると危険な魚、また身や皮に毒を持つ魚をまとめた。釣り場では注意してあつかってほしい

アイコンの見方	ヒレの毒に注意
鋭い歯に注意	身や皮に毒あり

↑クサフグ

フグ目フグ科

全長20cm。分布・東北地方以南。沿岸近くの砂地に多く群れ、内湾から河口の汽水域まで入り込む。強毒

↑ゴンズイ

ナマズ目ゴンズイ科

全長25cm。分布・東日本以南。4本の口ヒゲが特徴。背、胸ビレに毒バリがあり、死んでも効力が持続。釣り場で放置するのは厳禁

↑ダイナンウミヘビ

ウナギ目ウミヘビ科

全長140cm。分布・東日本以南。沿岸の浅い岩礁近くの砂地に生息。無毒だが、鋭い犬歯があるので噛まれないよう注意

↑キタマクラ

フグ目フグ科

全長15cm。分布・関東以南。比較的浅い海域の岩礁帯や根際、砂地に生息。目の付近と腹側に青い帯が入り、尻ビレ付近はとくに青い。皮、内臓強毒

↑アカメフグ

フグ目フグ科

全長35cm。分布・関東以南。ヒレや目が赤いのが特徴。浅い岩礁帯や消波ブロックの間によくいる。皮、肝臓、卵巣は強毒

↑ウツボ

ウナギ目ウツボ科

全長80cm。分布・東日本以南。やや険しい沿岸近くの岩礁帯に生息、岩の割れ目などに潜んでいることが多い。歯が鋭く性格がどう猛なので要注意

↑アイゴ

スズキ目アイゴ科

全長30cm。分布・東北以南。沿岸の海藻の多い岩礁帯に生息。体型はかなり平らで体色は生息域によりかなり変化する。干物で美味だがヒレのトゲに毒あり

↑ハオコゼ

カサゴ目ハオコゼ科

全長10cm。分布・東日本以南。背ビレの鋭いトゲに強毒を持つ。刺されると長時間痛むので素手で触らないよう注意

↑アカエイ

エイ目アカエイ科

全長100cm。分布・東日本以南。座布団型の平らな体形で周囲はヒレ状。尾はムチのように長く、中央上部のトゲに強毒

用語解説	>>> 合わせ	竿をあおることにより、魚の口にハリを掛けること。

海釣り基本の基本 2

堤防釣りで使うエサ

bite catalogue

代表的な付けエサとコマセ

ひとくちにエサといっても、狙う魚や釣り方によって様ざま。ハリに付けるエサ（付けエサとか刺しエサという）だけでなく、コマセ（まきエサ、寄せエサ）をまく場合もある。

◀オキアミのエサ付け。基本は尾羽を取って尻尾のほうから刺す。エサ取りが多いときは頭を取って付けたり、遠投するときは頭を取った尾部をエビ反り状に付けたりもする

◀カレイ釣りのエサ付け。段差仕掛けにアオイソメとイワイソメをミックスで付けている。アオイソメは何匹かまとめて付けた房掛け。カレイを釣るときは、エサをたっぷり付けることがコツだ

▲ブッコミ釣りでカサゴを狙う際の魚の切り身エサの付け方。身エサはほかにタチウオのウキ釣りなどでも使用する。写真はサンマの切り身だが、サバやアジなどもよく使う

←オキアミ

現在の海釣りで最もよく使われるエサ。コマセにも付けエサにも使う。アジ、イワシ、ウミタナゴなどはもちろん、クロダイ、マダイ、回遊魚などほとんどの魚が釣れる。ただ、身が軟らかく遠投には向かないため、投げ釣りで使われることはほとんどない。最近は身を固く締めてエサ持ちをよくしたり、集魚効果を高めた加工オキアミも販売されている

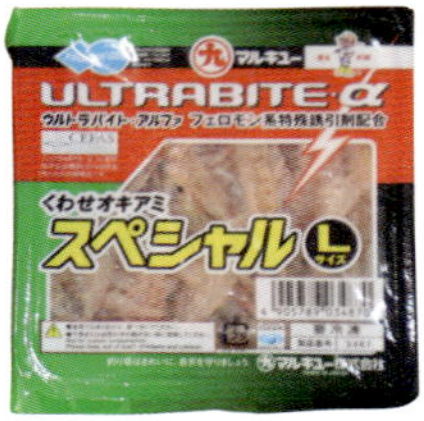

▶加工オキアミ
生のオキアミに比べ、エサ持ちがよかったり集魚効果を高めたりしてある

▲オキアミ（付けエサ）
付けエサ用に販売されているものは、粒がそろって身のしっかりしたものが多い

◀オキアミ（コマセ）
コマセ用のオキアミは崩して配合エサと混ぜることが多い

←大粒アミ(付けエサ)

アミエビの仲間でコマセに使うアミより大きく、ハリに刺して使うことができる。小アジ、ウミタナゴ、サヨリ狙いで使われる

➡アミ(コマセ)

代表的なコマセエサ。サビキ釣りではコマセ袋に詰めて、またウミタナゴやサヨリ狙いではヒシャクでまいて使う。小さなエサなので付けエサとしてはほとんど使わないが、トリックサビキの仕掛けでは、アミエビのかたまりに仕掛けをこすりつけ、ハリに引っ掛けて使う

クロダイ用配合エサ

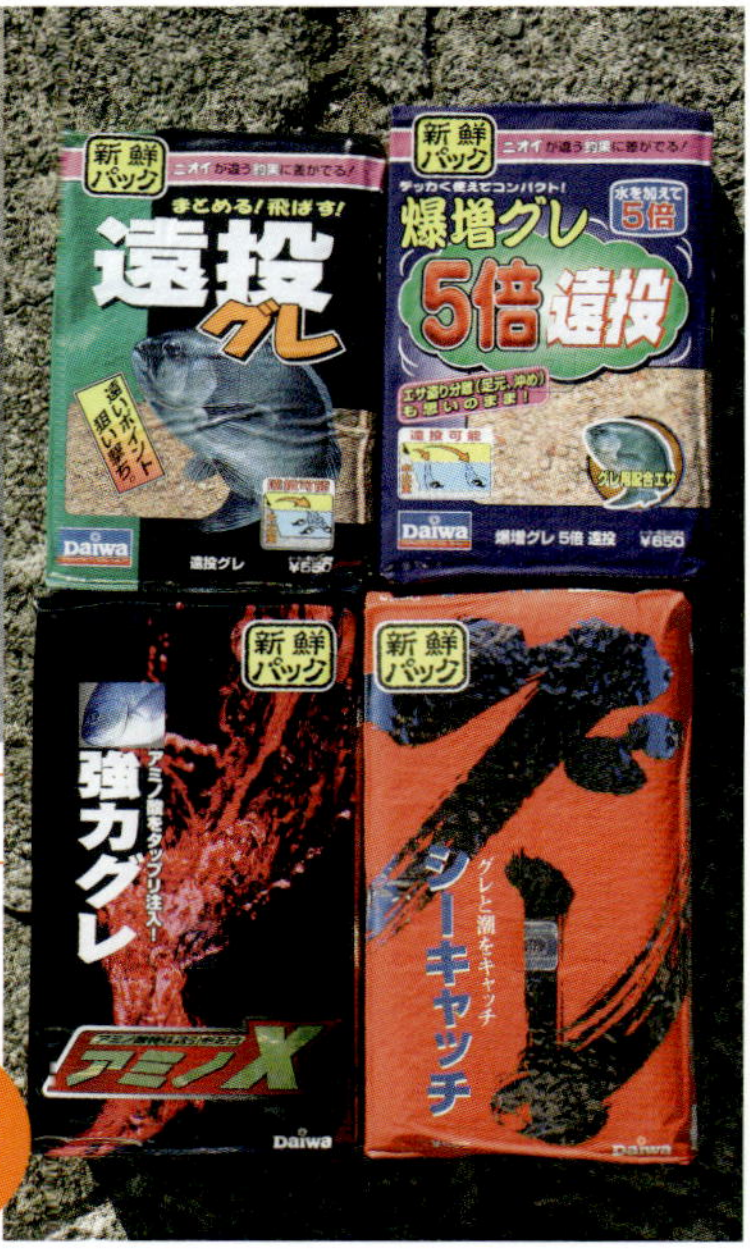

メジナ用配合エサ

➡配合エサ

おもにメジナやクロダイをウキ釣りで狙う際にまくコマセ用。オキアミに混ぜて使用する。集魚効果を高めたり、コマセのまとまりをよくしてまきやすくするなどの効果がある

用語解説	>>> 合わせ切れ	合わせた瞬間にハリスや道糸が切れること。

海釣り基本の基本 2

堤防釣りで使うエサ

←ジャリメ（イシゴカイ）

シロギスの数釣りに適している。とくに秋、小型のシロギス（ピンギスという）が数釣れるときには欠かせない。夏のハゼ釣りにも使いやすい。ジャリメは関東で、イシゴカイは関西での呼び名

←チロリ（東京スナメ）

大ギス狙いの特効エサといわれるが、やや高価で購入できる店も限られる

←イワイソメ

ウキ釣りでも投げ釣りでも使われる万能エサ。あらゆる魚がこのエサを好み、とくにクロダイ、マダイなど大物狙いに有効。イワイソメは関東、関西ではマムシ、ホンムシなどと呼ばれる

←コガネムシ

カレイ釣りではイワイソメと並んでよく使われる。身はやや軟らかいので遠投には向かない

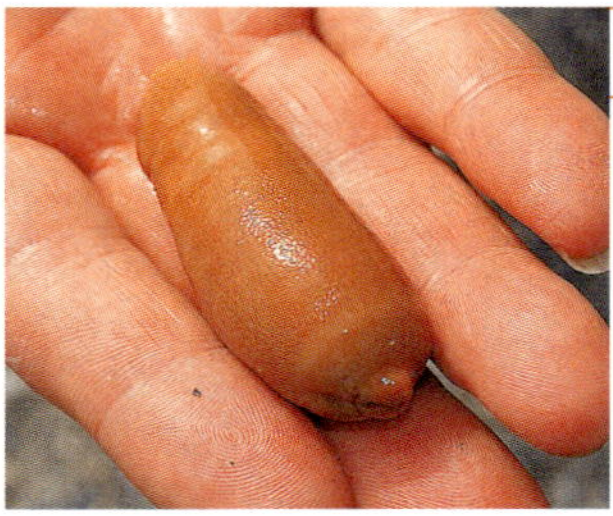

←ユムシ

投げ釣りでマダイ、クロダイ、カレイ、アイナメなどの大物狙いの特効エサとして知られる。瀬戸内海を中心に使われていたエサだが、近ごろは関東でも見かける

↑アオイソメ

海釣りで最もよく使われる虫エサで、あらゆる魚種を狙うことが可能。オキアミなどに比べ身が硬いので投げ釣りに向いている。もともと日本には生息しておらず、市販されているものは朝鮮半島や中国からの輸入物だ

←アオコガネ

コガネムシを青くしたような姿をしており、オランダからの輸入物。やはりカレイ釣りでよく使い、こちらは身が硬いので遠投も可能

↑サナギ

これもクロダイ用のエサ。付けエサとしても使うが、ミンチにしてコマセにも使う。エサ取りに強い

↑ボケ

クロダイ狙いで使うことが多いが、イシガレイやシロギスなどの大物にも有効。身が軟らかいので遠投は難しい

←カニ

堤防や磯に生息する小さなカニは、ふだん魚もよく食べているエサだ。ウキ釣りで使うこともないことはないが、短竿を使ったクロダイのヘチ釣りで定番のエサだ

↑生きエビ

海釣りで使うエビは何種類かあるが、いわゆるモエビは入手しやすくよく使われるエサだ。クロダイ釣りやメバル釣りではおなじみ

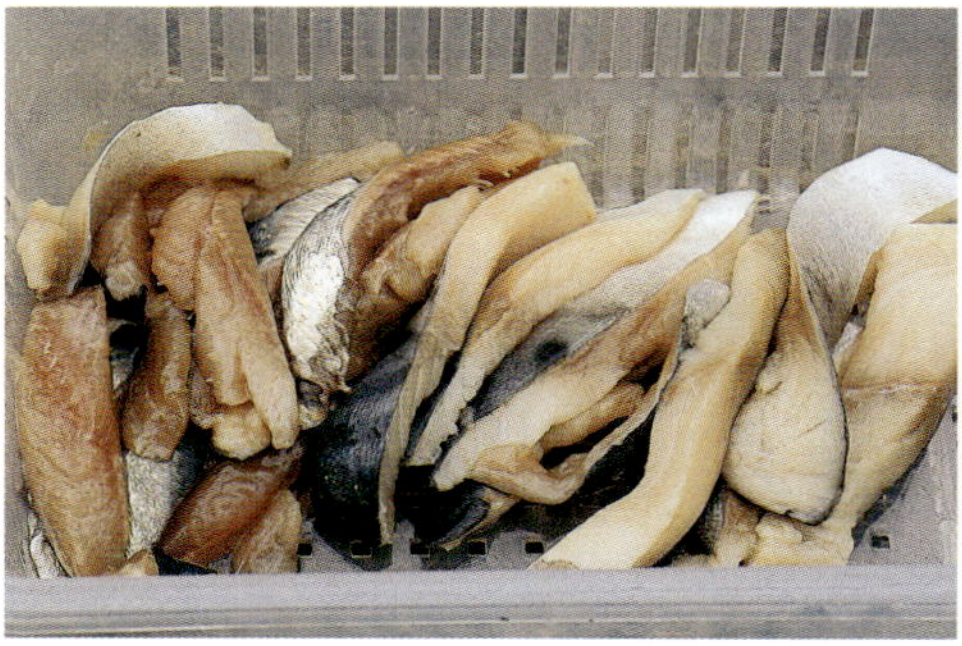

↑魚の切り身(写真はサバ)

身エサは多くの魚が好むため、古くから職漁師を中心に用いられてきた。とくにカサゴやハタなど根魚に有効。サバのほかにサンマやアジ、イカなども使われる

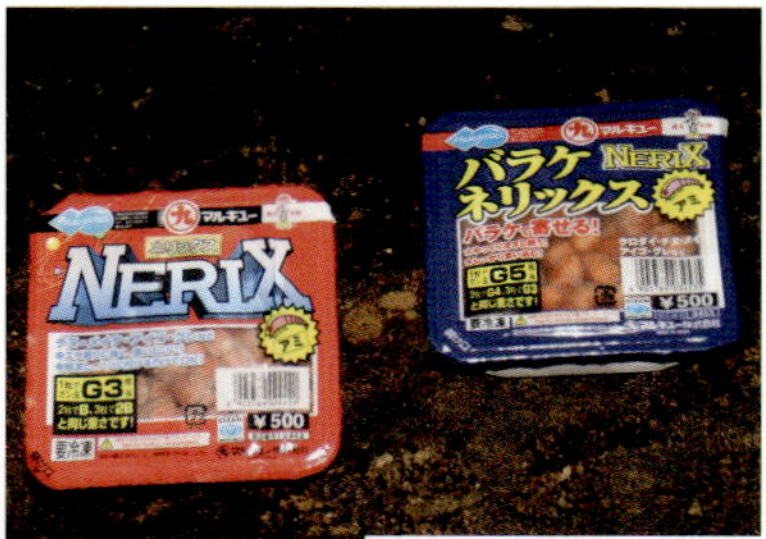

↑練りエサ

エサメーカーから各種販売されている人工エサ。おおむねクロダイ用と考えてよい。エサ取りが多いときに有効だ

用語解説	>>> 居食い	魚がエサを食っているのに、ウキや竿先にアタリの出ない状態。

海釣り基本の基本 3

堤防釣りに必要な結びの知識

a knot

糸、ハリ、ヨリモドシ。代表的な結びを覚えよう

仕掛けのパターンは、釣り方や対象魚によって違い、その種類はとても多い。釣具店に行くと、完成された市販品も多く販売されている。だが、できれば仕掛けは自分で作れるようになりたい。そのためには、結びを覚える必要がある。まずは基本的なものからマスターしよう!

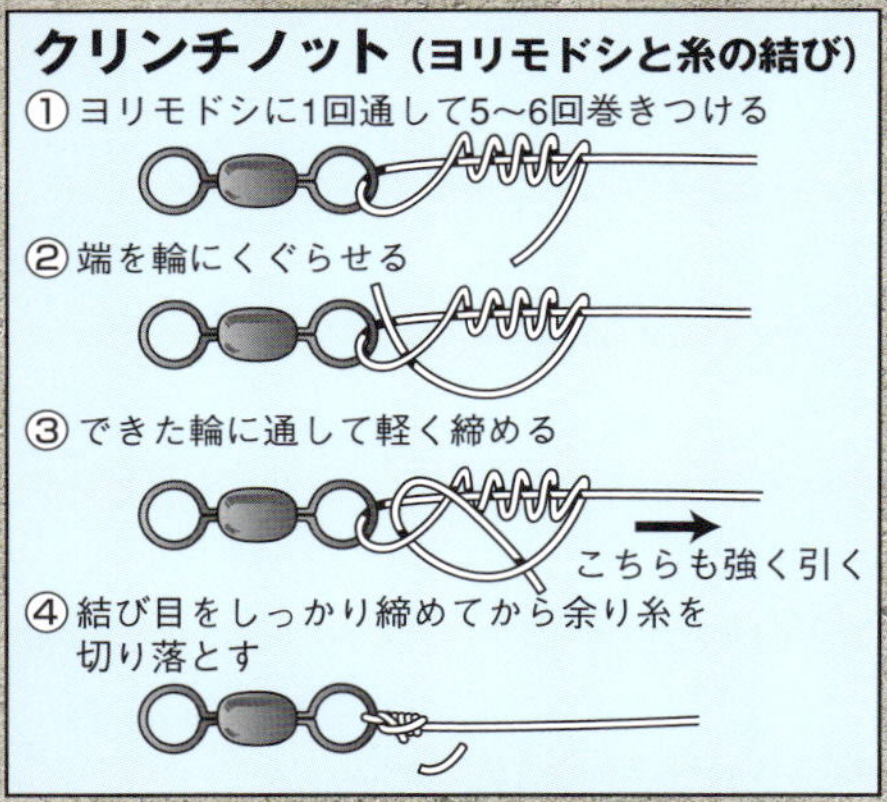

クリンチノット(ヨリモドシと糸の結び)
①ヨリモドシに1回通して5〜6回巻きつける
②端を輪にくぐらせる
③できた輪に通して軽く締める
こちらも強く引く
④結び目をしっかり締めてから余り糸を切り落とす

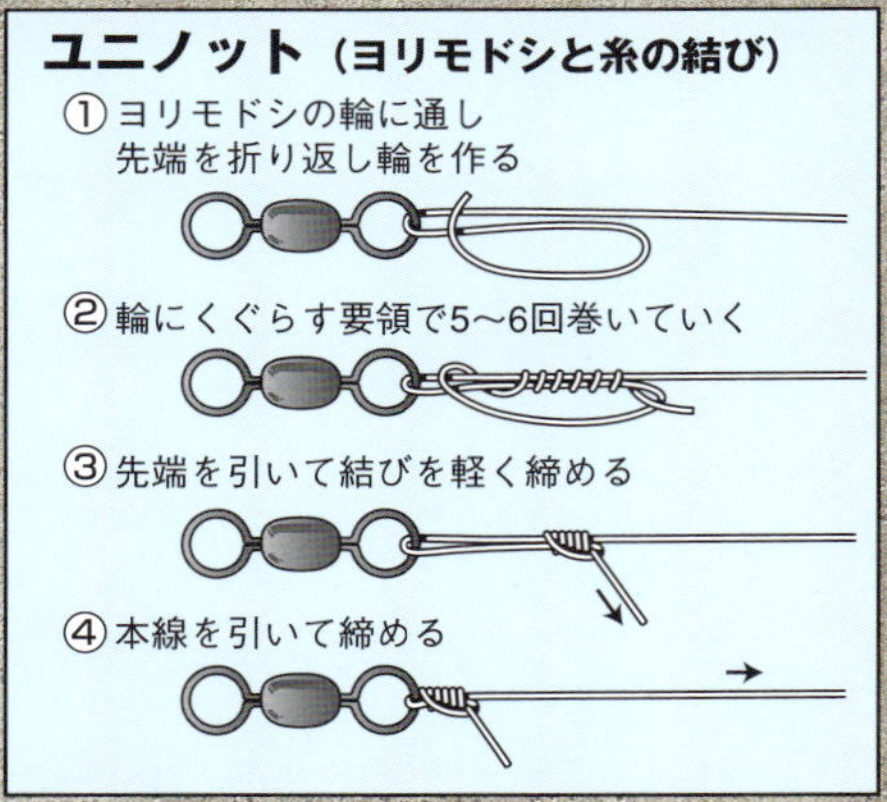

ユニノット(ヨリモドシと糸の結び)
①ヨリモドシの輪に通し先端を折り返し輪を作る
②輪にくぐらす要領で5〜6回巻いていく
③先端を引いて結びを軽く締める
④本線を引いて締める

まず覚えたいのが、糸やハリの結び方だ。

糸と糸の結び方、糸とヨリモドシなどの連結具の結び方、ハリの結び方をまず覚えてから、枝ハリスの作り方やチチワの作り方、ウキ止め糸の結び方、砂ズリの作り方を覚えれば、一般的な仕掛けはほぼ自分で作ることができる。

これらの結び方ができるようになれば、有名なプロの仕掛けをマネすることもできるし、自分なりの工夫も加えることができる。

これから説明する結び方は、比較的簡単で最も代表的なものをピックアップした。したがってここで説明する結び方や作り方以外にも方法があるが、まずはこれくらいをマスターしておけば釣り場で困ることはない。

図の中で、市販品の仕掛けがあっても覚えておかなければならないものは、ヨリモドシと糸の結び方。これができないと、市販品のハリス付きのハリを購入しても、仕掛けに結ぶことができないからだ。

外掛け結び（ハリの結び）

① 輪を1つ作る

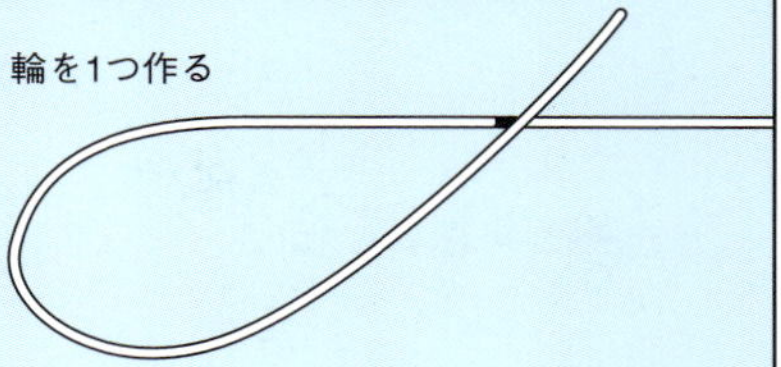

② 輪を残したままハリに添える

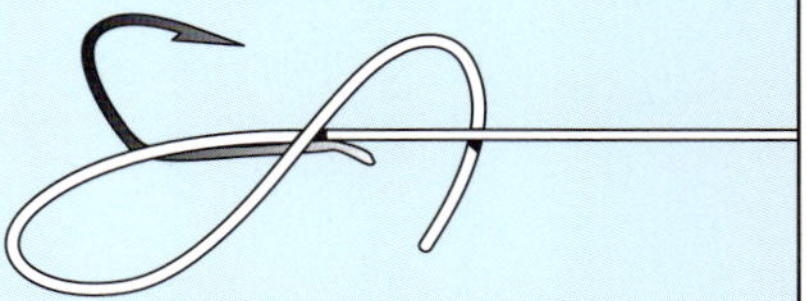

③ ハリの軸に7～8回巻く

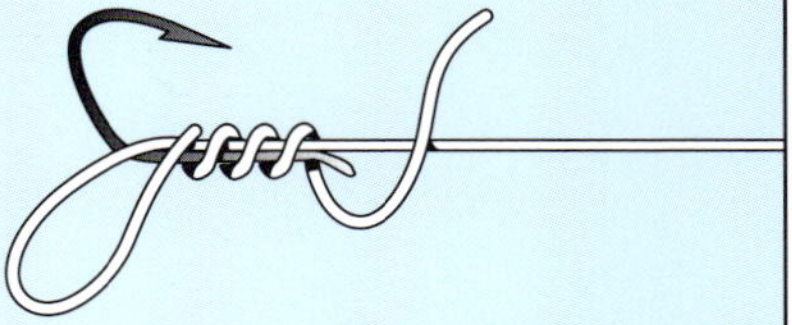

④ 最後に作った輪の中に通す

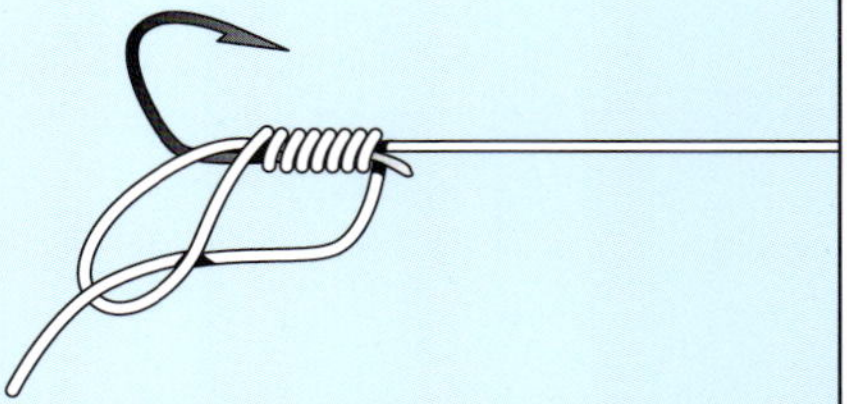

⑤ 巻いたイトが重ならないように気をつけて
ゆっくり締める

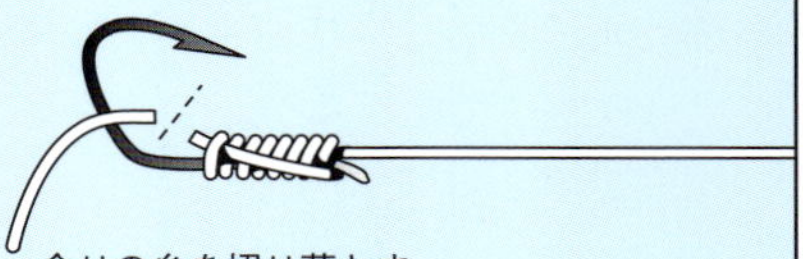

余りの糸を切り落とす

内掛け結び（ハリの結び）

① 輪を1つ作る

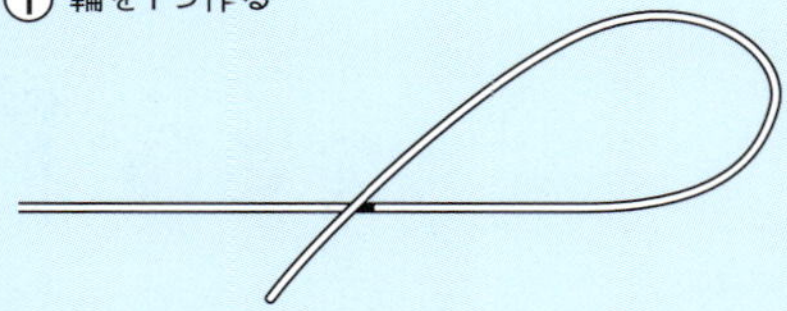

② ハリの輪に糸を添える

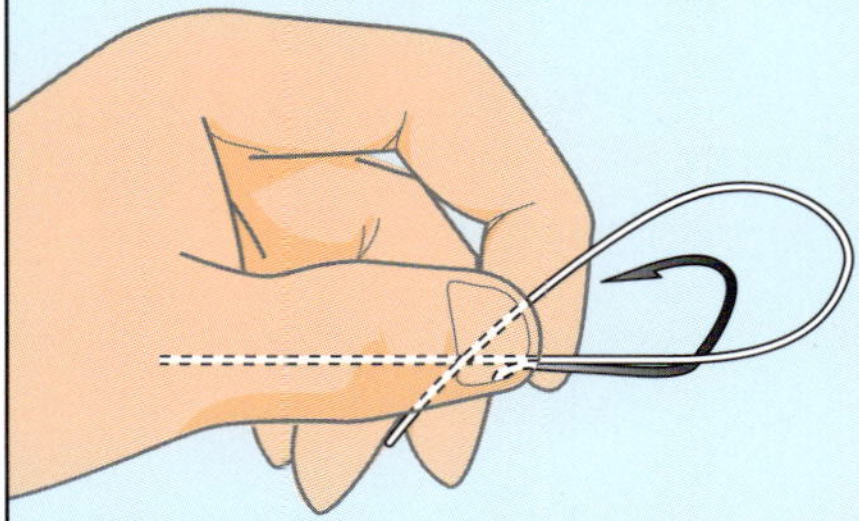

③ 輪の中へ7～8回くぐらせて輪に
糸を巻きつける

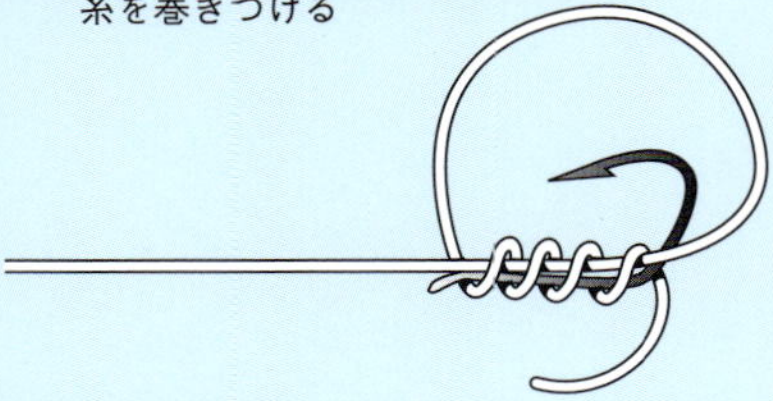

④ 糸が重ならないようにゆっくりと
糸の端を引く

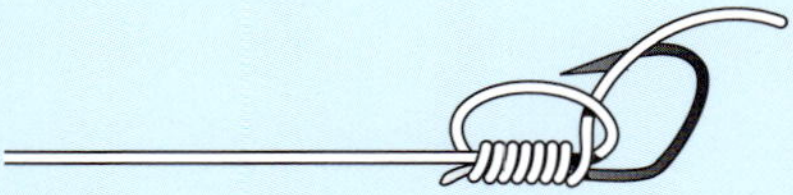

⑤ しっかり結び目を作ってから余り糸を
切り落とす

用語解説	>>> **一荷**	投げ釣りなど、多点バリ仕掛けで２尾以上の魚が付いている様子。キスの一荷釣りなどと使われる。

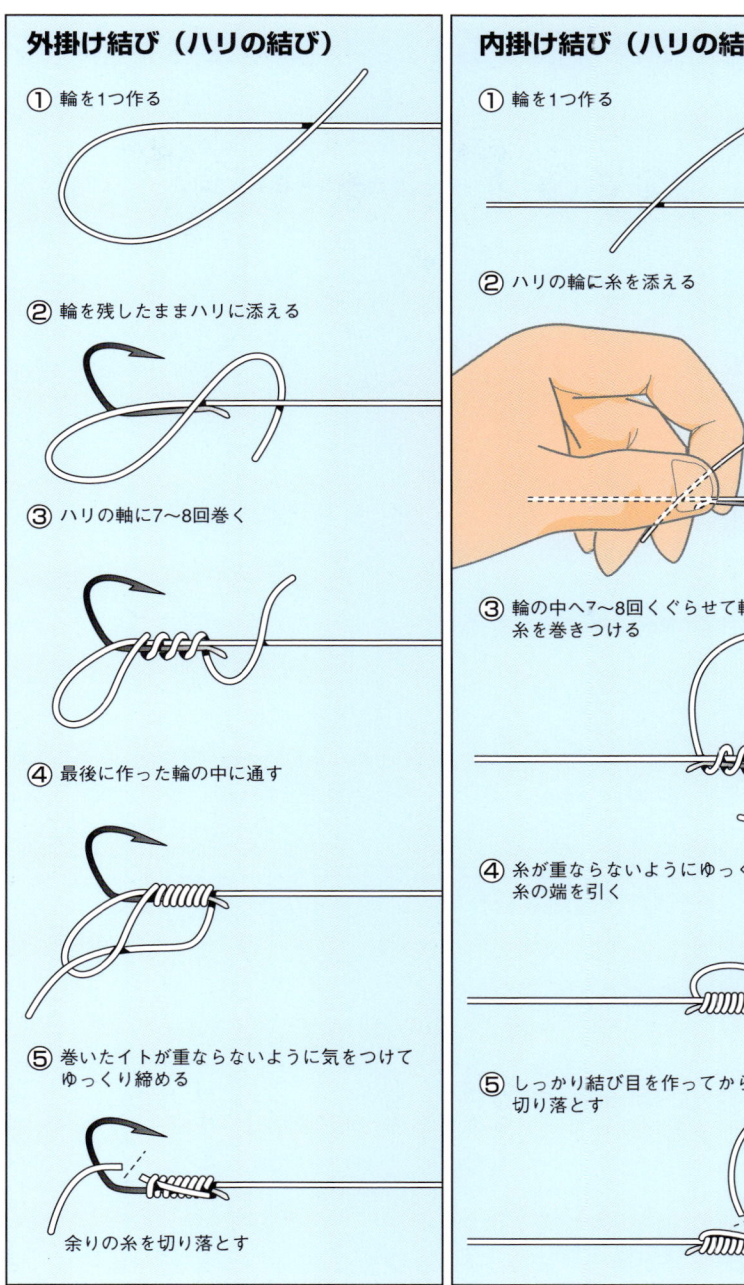

電車結び（糸と糸の結び）

①

② 輪を1つ作り

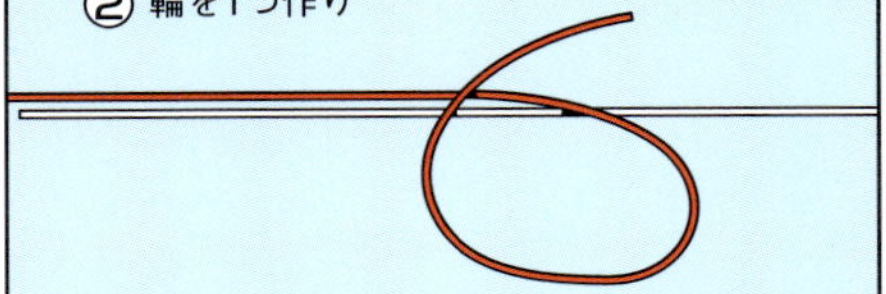

③ 3～4回巻いて強く糸を引き締める

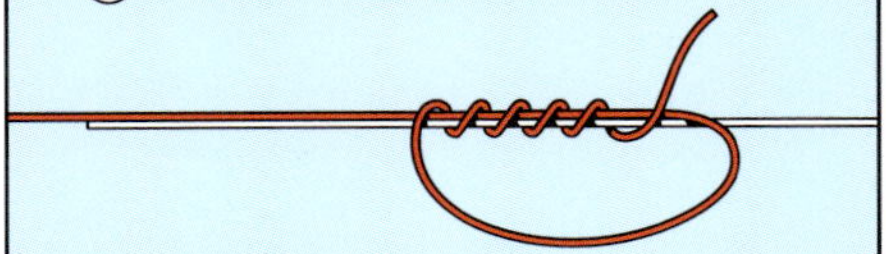

④ 同じことを反対側でも行う

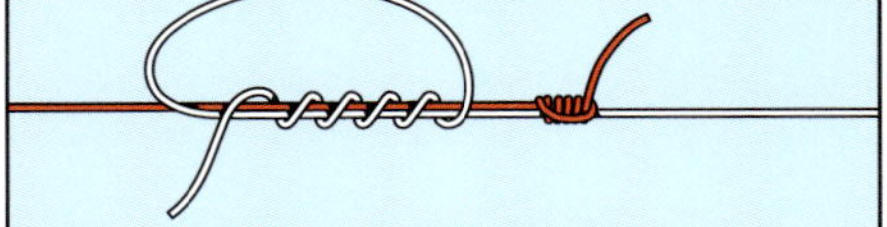

⑤ 2つの端を強く締めて余りの糸を切り落とす

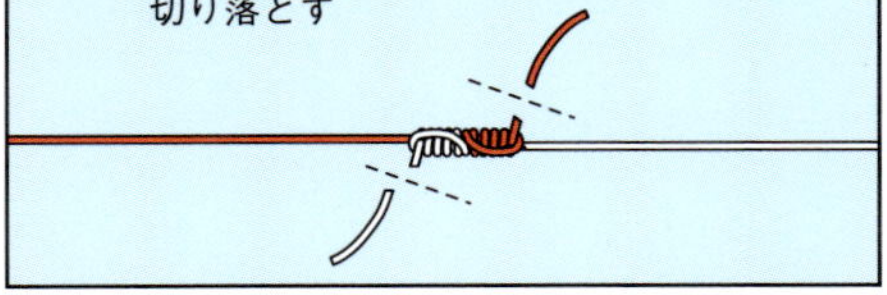

ブラッドノット（糸と糸の結び）

① 2本の糸をヨリ合わせていく。ヨリ合わせの回数は偶数回となる

② 中央をこじ開け、その中へ片方の先端部を通す

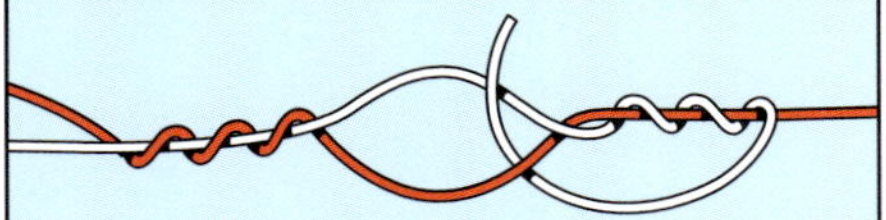

③ もう一方の先端部を反対側から通す

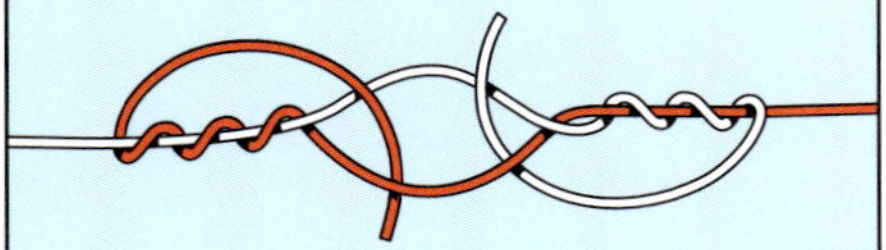

④ 左右に引っ張り締め込んでいく

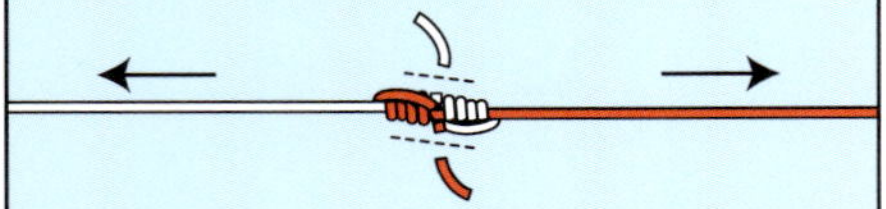

ウキ止め糸の結び方（電車結び）

① 太めの補修糸かナイロン糸

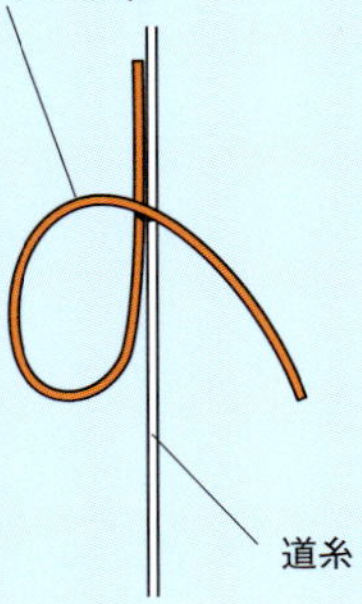
道糸

② 輪の中に4～5回通す

③ 両端を引いて締める

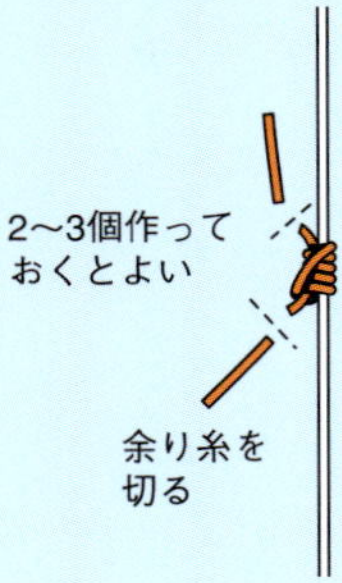
2～3個作っておくとよい
余り糸を切る

チチワの作り方

① 輪の大きさを決める

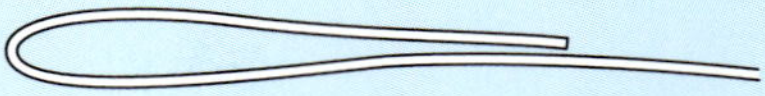

② 2本を合わせて1回ひねり輪にする

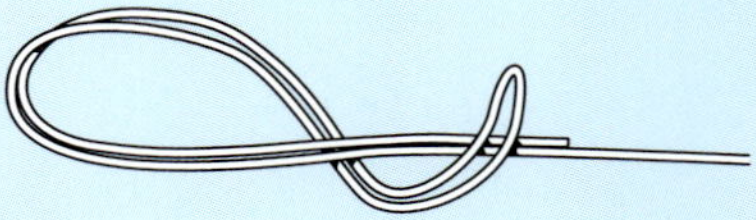

③ 作った輪に先端を通して8の字結びにする

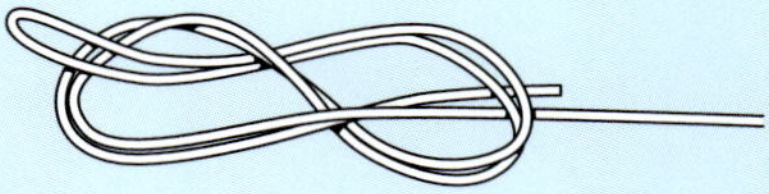

④ 輪の大きさを調節しながら締め、余りの糸を切り落とす

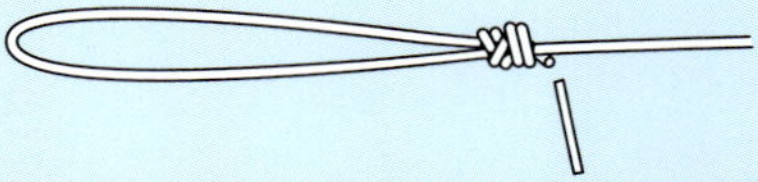

枝ハリスの出し方

① 8の字を作り枝ハリスをその中に通す。ハリは竿側になるようにする

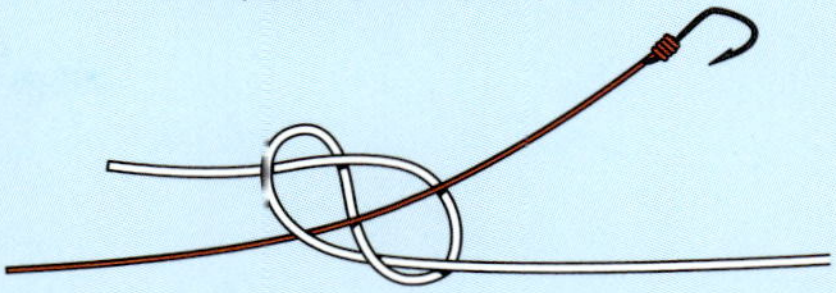

② 8の字を締める

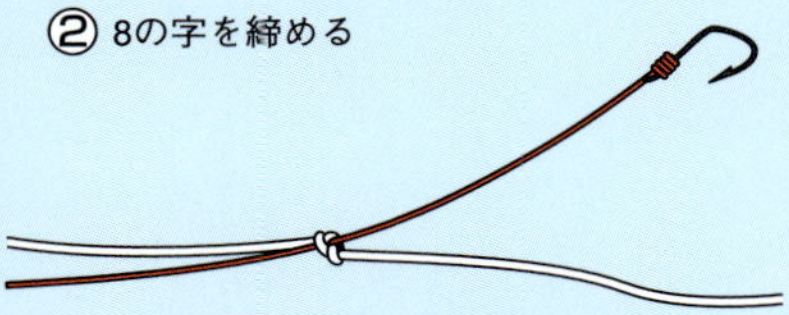

③ 枝ハリスの余り糸を2回幹糸に巻きつけて結ぶ

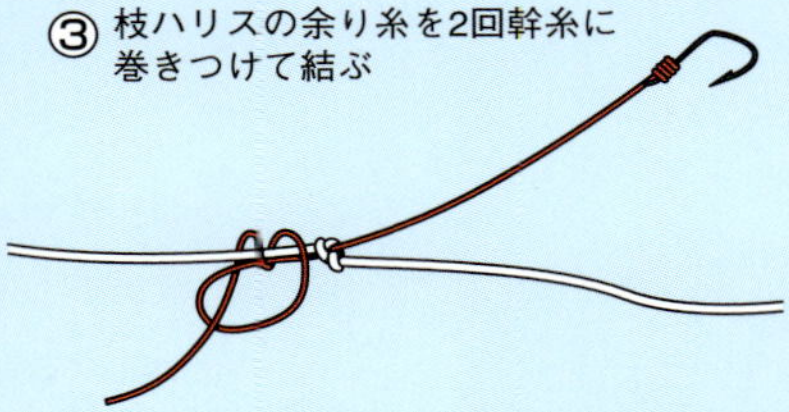

④ しっかり締めたら切り落とす

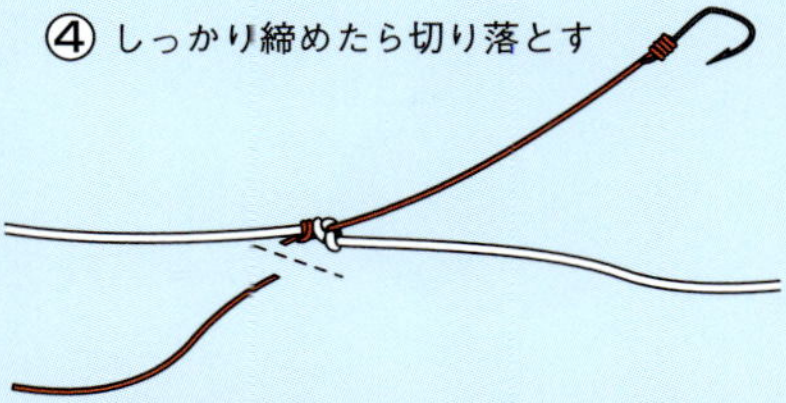

砂ズリの作り方

① 作る長さを決める

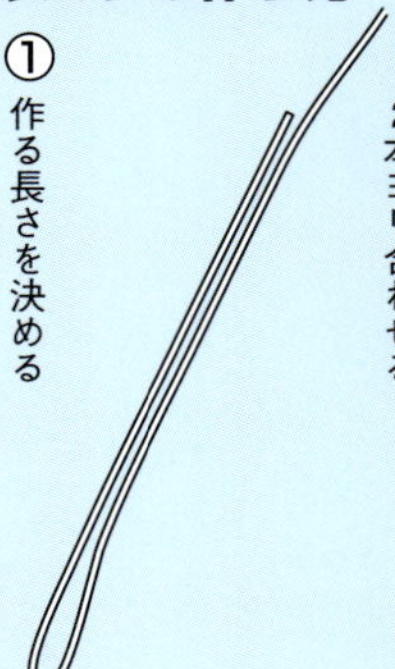

② こよりを作る要領で糸を2本ヨリ合わせる

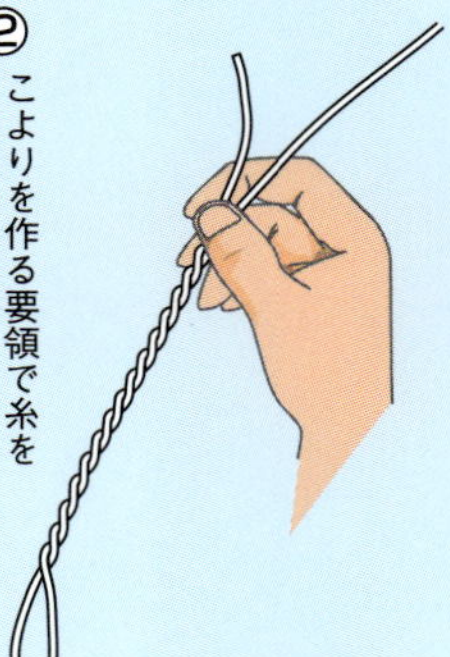

③ 8の字結びを作る

④ 余り糸を切り落とす

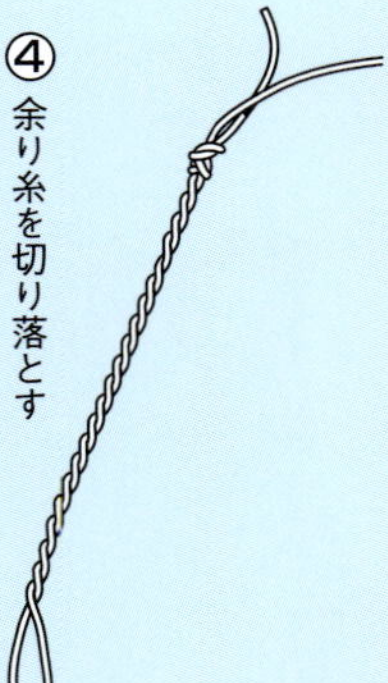

用語解説	>>> 糸フケ	竿先から海面までの道糸のたるみ。

海釣り基本の基本 4

堤防釣りの一般的な装備と服装

equipment

すべての釣り方に共通の基本装備をそろえよう

竿やリール、糸やハリは釣り方や狙う魚によってそれぞれ違うけれど、堤防で釣りを楽しむためには、それにふさわしい服装や装備がある。快適さや安全を確保するために欠かせないものだ。ここでは、そんなアイテムを紹介しよう!

←フィッシングキャップ

直射日光や風から頭を守るために欠かせない。また、ツバ付きのキャップは偏光グラスをかけた際、上からの光を遮ってくれるため、海中の様子がよく見えるという利点もある

↑偏光グラス

偏光グラスをかけると、海面のギラツキを抑えてくれるので海中の様子がよく見える。また紫外線から目を守るためにも、必ず使用したい

↓ライフジャケット

万が一、海に落ちたときに命を守ってくれる、釣りでは最も大切なアイテム。必ず着用すること

←レインウエア

突然、雨が降り出すなんて、アウトドアレジャーには付き物。そんなときに困らないように、用意しておこう。急に気温が下がった際のウインドブレーカー代わりにもなる

↑ジャケット

海は紫外線が強い。日焼けを防ぐ意味でもジャケットを着用しよう。季節に合わせて薄手の物や防寒仕様などを使い分ける

←スエットパーカー

とくに春や秋は、朝夕と日中の温度差が大きい。着たり脱いだりできるスエットを一枚用意しておくことをおすすめする

→ニーブーツ

基本的に堤防では、普通の長靴(ニーブーツ)でOK。濡れる心配がないなら、スニーカーでもOKだ

↓グローブ

堤防に手をついたり、魚をつかんだりするときにケガをしないために着用する

↓スパイクブーツ

古い堤防は、崩れた個所があったり、海面からの高さがなく常に濡れている場合がある。そんな釣り場では、必ずスパイクブーツを履こう

↓クーラーボックス

釣った魚を保冷するのはもちろん、食料や飲み物を保管するためにも必需品だ

用語解説	>>> **ウキ下**	ウキからハリまでの長さ(深さ)のこと。タナと同意語。

海釣り基本の基本 4

堤防釣りの一般的な装備と服装

←プライヤ

釣れた魚にガッチリとハリが掛かってはずれないようなときは、これの出番。ガン玉を付けたりはずしたりするときも便利だ

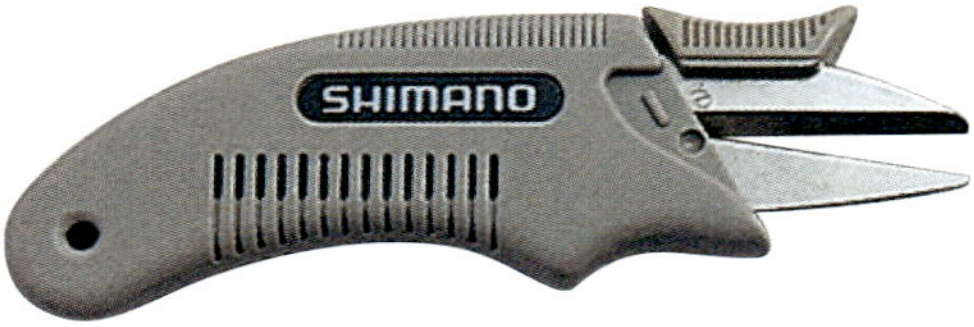

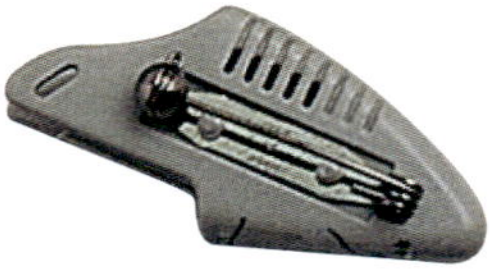

→ハサミ

仕掛けを切ったり作ったりするときに、なくてはならないアイテム

←ナイフ

魚の鮮度を保つためには、釣ったらすぐに生き締めにして血抜きをすることが大切。とくにお造りでいただくなら、これをするとしないとでは味がまったく変わってしまうこともある。ナイフは必ず用意しておきたい

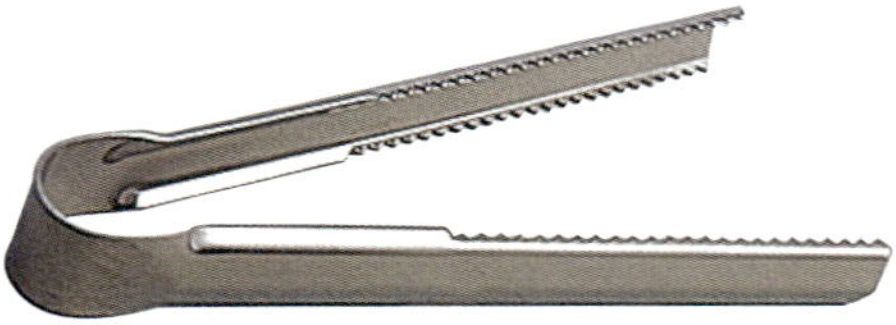

↑メゴチバサミ

ゴンズイやハオコゼなど、ときに毒トゲのある魚が釣れることもある。そんなときはこれで魚をはさんで、プライヤでハリをはずすのだ

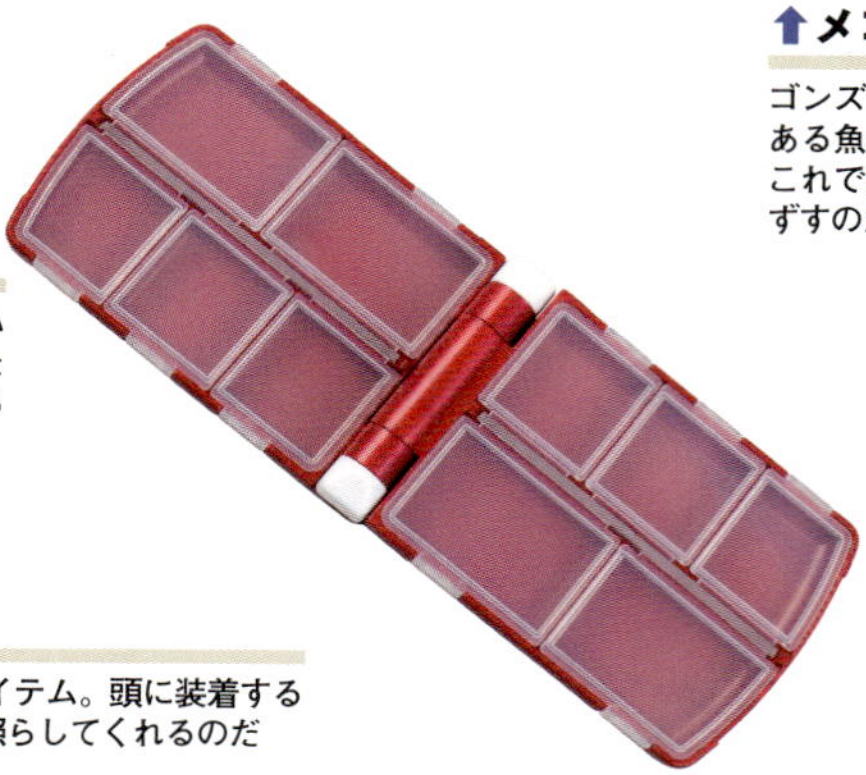

→小物ケース

仕掛けに使う小物類やハリなどをまとめておくために、こんなケースがあると便利だ

↓ハリハズシ

魚がのどの奥深くまでハリを飲み込んでいたら、これを使ってはずそう

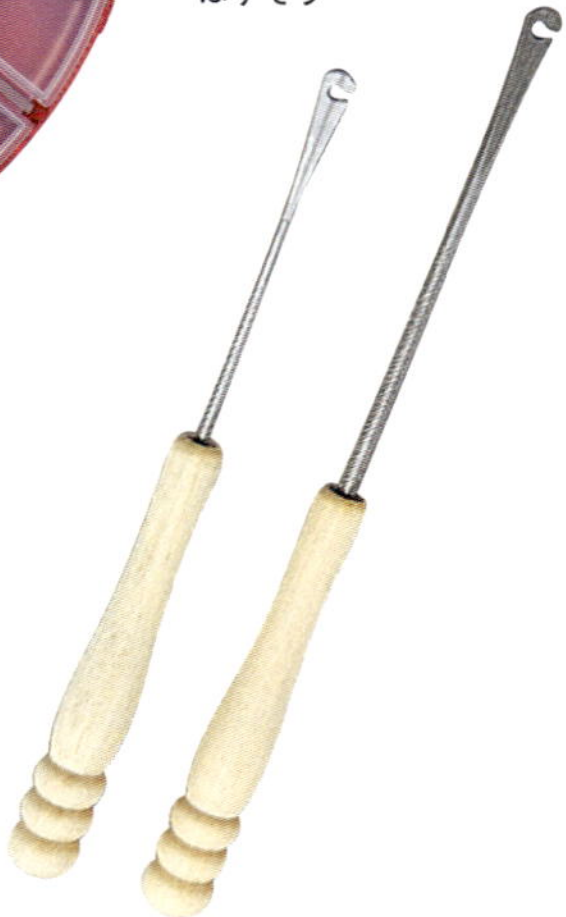

↓ヘッドライト

夜釣りには欠かせないアイテム。頭に装着するので、常に目線の方向を照らしてくれるのだ

【堤防での釣り方】

1

サビキ釣り

をマスターしよう

比較的手軽で簡単に釣れる堤防のサビキ釣りは、ファミリーフィッシングの定番釣法。
ターゲットは小アジやイワシなどで、数がたくさん釣れるうえ、食べてもとてもおいしい。
季節や釣り場によっては、イナダやソウダガツオだって狙えるぞ

SABIKI

堤防釣りの定番釣法がサビキ釣りだ こんな魚が狙えるぞ！

シンプルな道具立てで、比較的簡単に楽しめるのがサビキ釣り。ファミリーフィッシングにはもってこいの釣り方だ

サビキ釣りとは、本物のエサの代わりに魚皮やゴム片などを装着した「擬餌バリ」を、コマセで寄せた魚の群れの中に入れて釣る釣り方をいう。一番の特徴はハリにエサを付ける必要がないこと。魚の群れさえ寄せてしまえば、ビギナーでも簡単に数釣りが楽しめるのが大きな魅力だ。とくに夏の小アジ釣りなど、ノベ竿に市販のサビキ仕掛けというシンプルな道具立てで楽しめるため、ファミリーフィッシングの定番にもなっている。

サビキ釣りの対象魚は意外に多い。まず夏の堤防釣りの定番ともいえるのが小アジ。これにはサバやイワシなどが交じって釣れることも多い。ちなみに、イワシの仲間は種類が多く、堤防でもマイワシやウルメイワシ、カタクチイワシなど数種類が釣れる。

東京湾などのような大きな湾の奥や工業地帯、河口域などではサッパやコノシロが釣れる。逆に外洋に面した潮通しのよい釣り場では、ソウダガツオやワカシ、イナダ、カンパチ、シマアジなどの回遊魚も狙える。またどこでも釣れるわけで

サビキ釣りで狙えるおもな魚と遊泳層

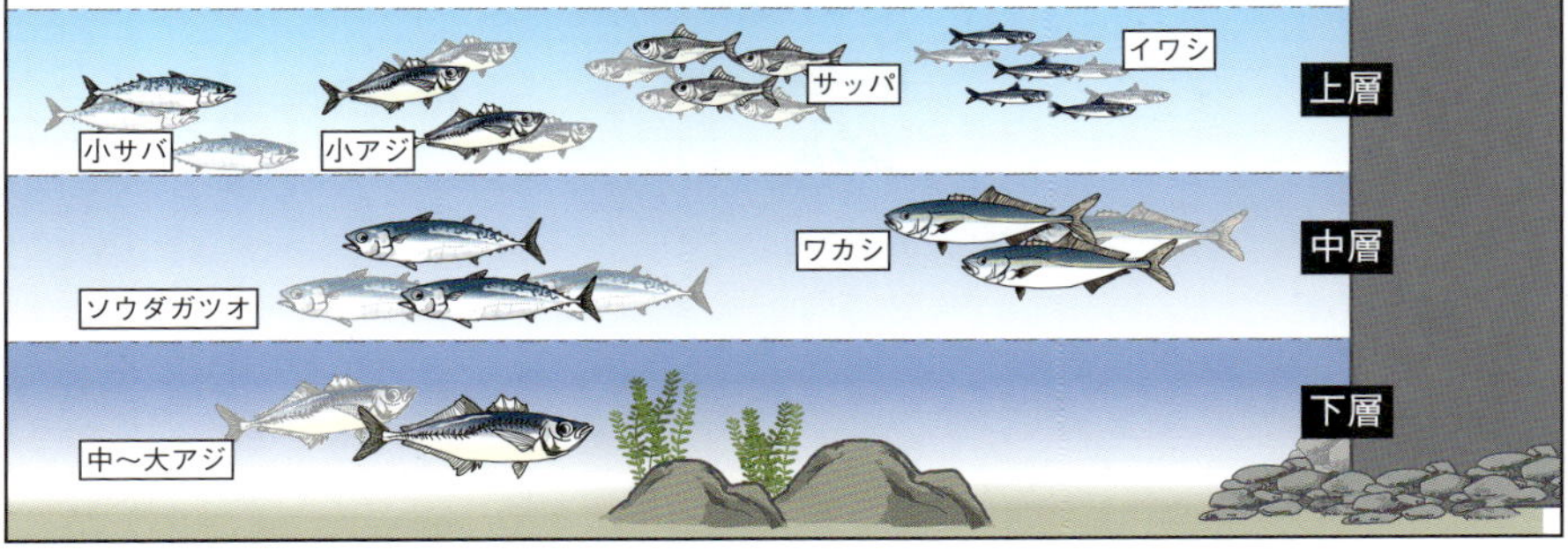

▶サビキ釣り対象魚の一般的な釣期

魚名	1月	2月	3月	4月	5月	6月	7月	8月	9月	10月	11月	12月
豆アジ（ノベ竿）					○	◎	●	●	◎	○		
中アジ（カゴ夜釣り）	○	○			○	○	○	◎	●	●	◎	○
イワシ＊	○	○	○	○	○	○	○	○	○	○	○	○
サッパ	○							○	○	◎	◎	◎
コノシロ	◎	◎	○							○	○	○
ソウダガツオ							○	●	●	◎	○	
ワカシ・イナダ							○	●	●	◎	○	

●最盛期　◎釣期　○場所によって狙える　＊種によって異なる

イワシも群れ次第では数釣りが楽しめる。マイワシ、ウルメイワシ、カタクチイワシなどがターゲットで、釣ったばかりの新鮮なイワシはとてもおいしい

サビキ釣りといえばアジ。簡単で数も釣れるから夏のファミリーフィッシングの人気ターゲット

はないが、場所によってはタカベやムロアジなどもターゲットになる。

　各魚種の釣りやすいシーズンは表に示したとおり。手軽に釣れる豆アジは6～9月が好期。イワシは種類によって真冬でも狙うことができる。またソウダガツオやカンパチなどの回遊魚は、8月以降本格的に釣れ始めることが多い。

　ただし、ここに挙げたようにサビキ釣りで狙うのは回遊性の魚が多い。つまり、そのとき魚が回遊していなければ、まったく釣れないこともあるわけだ。したがって釣行前に現地の釣具店に問い合わせるなどして、情報を十分に得てから釣り場を決めることが大切だ。

　外道としては、まずネンブツダイやスズメダイが挙げられる。これらの魚は、どちらかというと本命魚の食いの悪いときに多く釣れるようだ。またボラもよく釣れる外道で、とくにノベ竿でアジ釣りを行っているときなど、50センチ近い大物がハリ掛かりして、堤防中が大騒ぎになる光景もよく見かける。フグもよく掛かる外道だ。

用語解説	>>> ウキ止め	ウキを決めたタナで止めるための糸や専用具のこと。

サビキ釣りには、こんな道具が必要だ

竿やリール、仕掛けのほかにも必要なものがある。あれば便利なアイテムも紹介するぞ

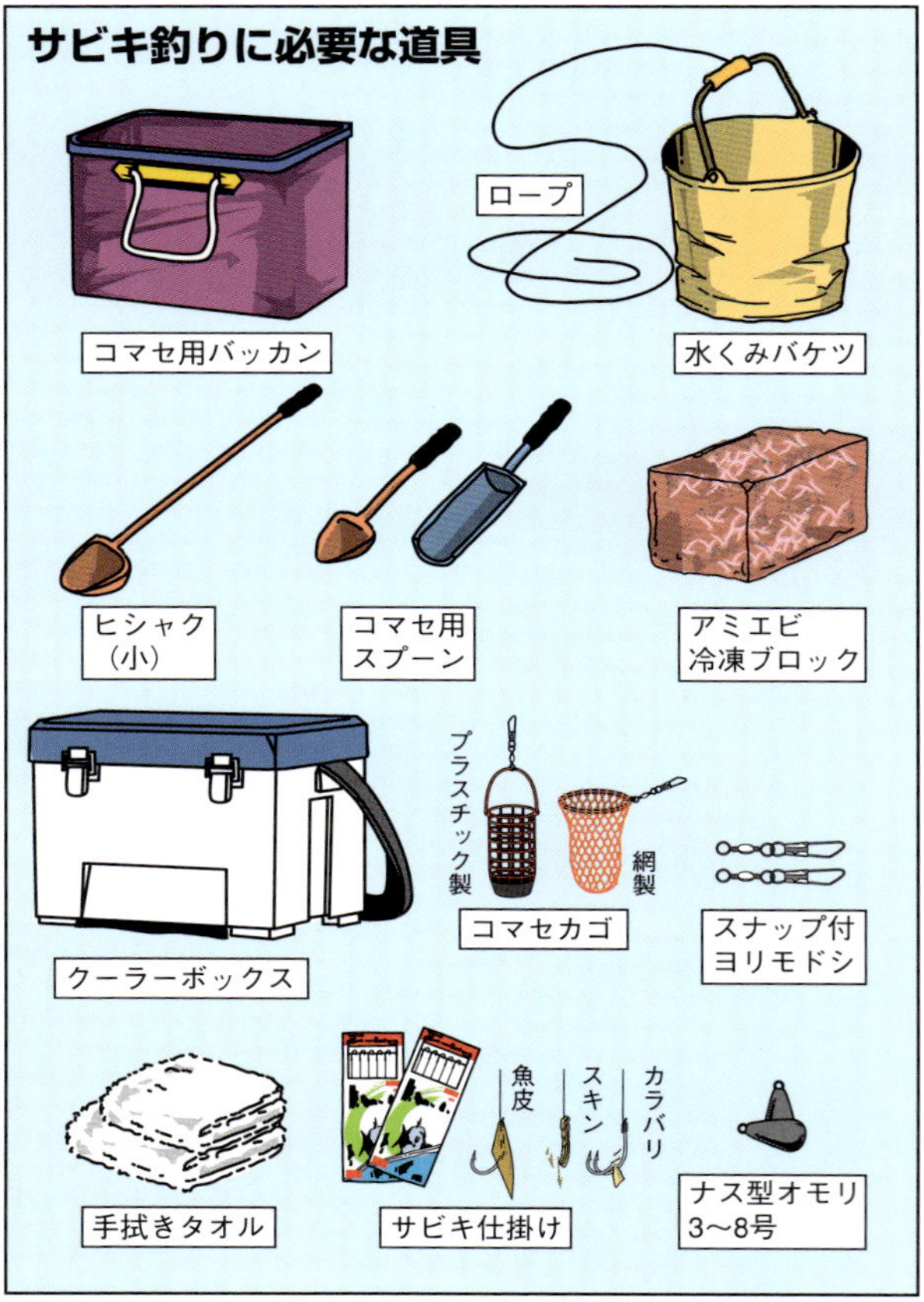
サビキ釣りに必要な道具
コマセ用バッカン
ロープ
水くみバケツ
ヒシャク（小）
コマセ用スプーン
アミエビ
冷凍ブロック
クーラーボックス
プラスチック製
網製
コマセカゴ
スナップ付
ヨリモドシ
手拭きタオル
魚皮
スキン
カラバリ
サビキ仕掛け
ナス型オモリ
3〜8号

サビキ釣りに必要なタックルを図にまとめて示した。

仕掛けの項や釣り方の項でも詳しく述べているように、竿は堤防の足下を狙うか、ある程度遠くに仕掛けを投げて狙うかによって、ノベ竿かリール竿を使い分ける。リール竿もポイントまでの距離や使用するオモリの号数などに応じて、各種磯竿を使い分けるといい。詳細は釣り方の項を参照されたい。

サビキ釣りではほとんどの場合、コマセにアミを使用するが、このアミは台所で用いるザルに入れて解凍しておくと、余計な水分が切れて使いやすくなる。

また、釣った魚をバケツの中に入れている人をよく見かけるが、サビキ釣りの対象魚の多くは鮮度が落ちやすいので、釣れたらすぐにクーラーに入れ、きちんと保冷して持ち帰りたい。このとき、クーラーの中には氷とともに海水を少し入れておくと、保冷効果も増大する。このような方法できちんと保冷して持ち帰った小サバやイワシを空揚げにすると、驚くほど美味だ。

エサ付け器はトリック仕掛けに効率よくアミをハリ付けできる。中央部にアミのかたまりを乗せ、左右の切れ込みに仕掛けを通してハリに付ける

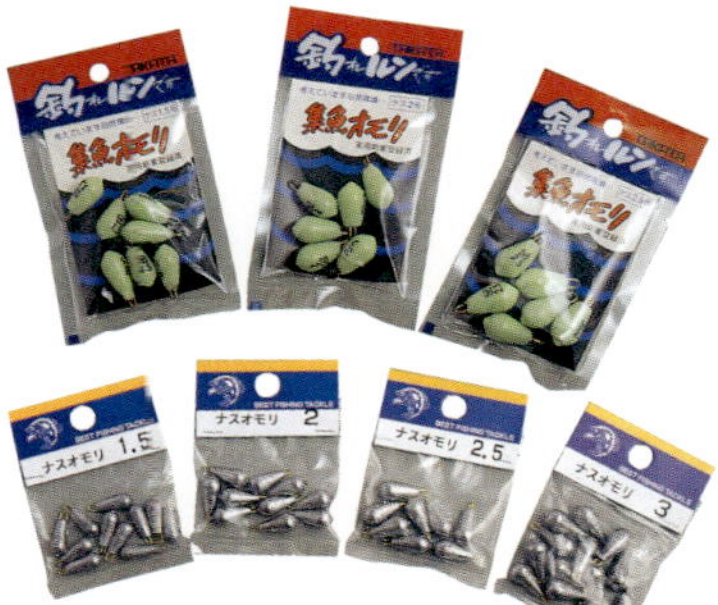

下オモリ式のサビキ仕掛けではナス型オモリを使用する。重さは釣り場や仕掛けによって違うが、足下で小アジを狙うなら、2～3号が使いやすい

コマセカゴはいくつも種類がある。ここに紹介するのは、足下サビキのコマセカゴ。左から、上カゴ式、下カゴ式、一番右も下カゴ式だがこれはアミコマセをクリップではさむ要領で詰めることができるもの。手が汚れないアイデア商品だ

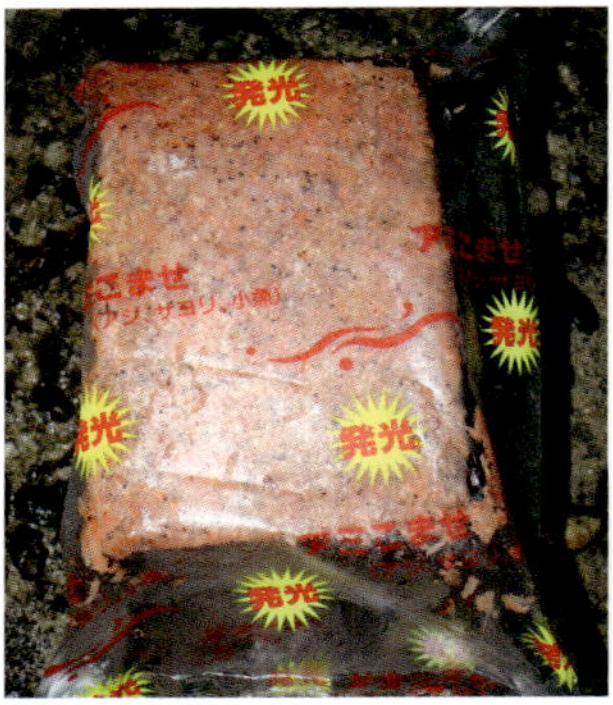

コマセは冷凍アミブロックを購入し、解かして使用する

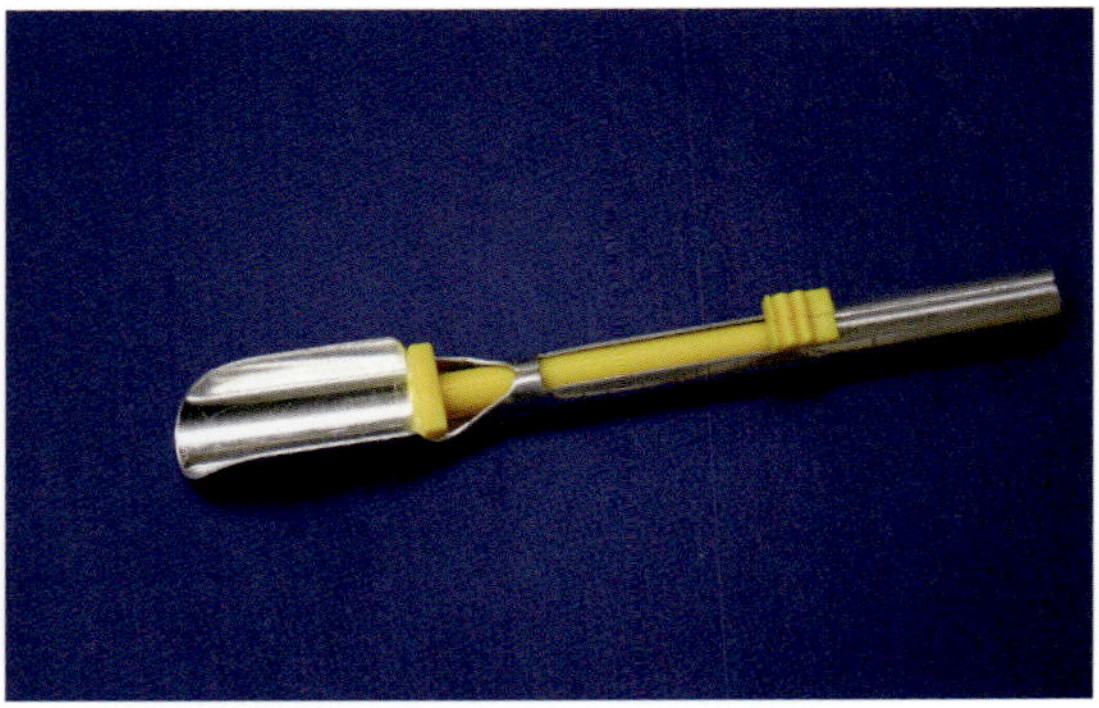

コマセカゴにアミを詰めるための専用スプーンも販売されている

用語解説	>>> 上潮	海面に近い部分の潮の流れ。上潮と底潮が違う、などと使われる。

3つのパターンのパターンを使い分けろ

サビキ釣りには、大きく分けて3つのタイプがある。釣り場の条件や狙う魚に合った釣り方をしよう

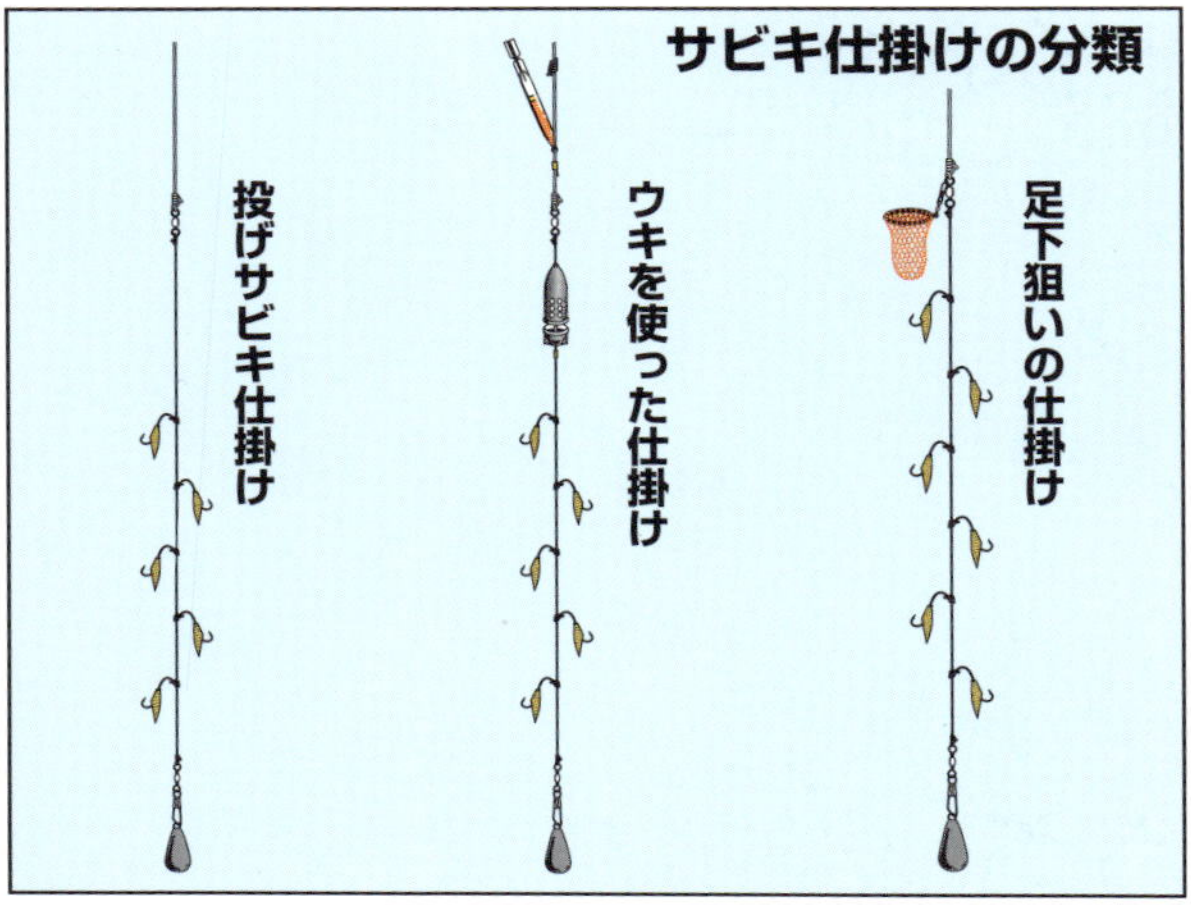

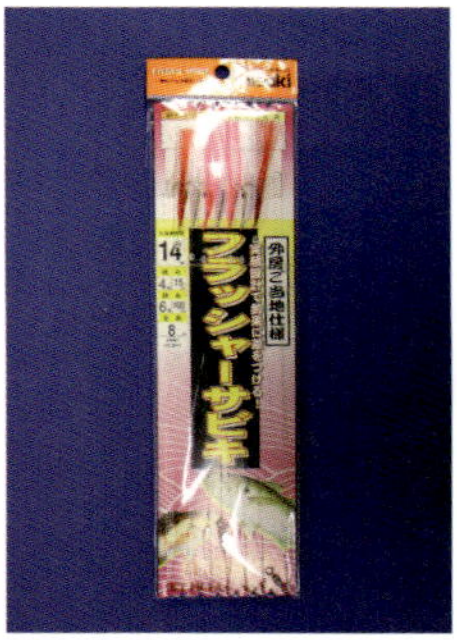

フラッシャーサビキはカマスや回遊魚狙いに使用する

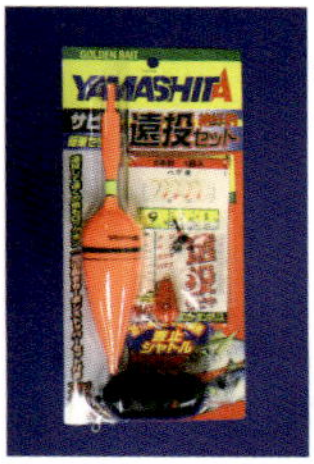

ウキサビキの仕掛け。一式がセットになった市販品もある

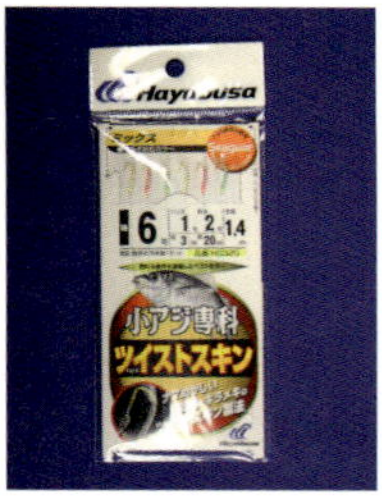

こちらがごく一般的な堤防サビキ仕掛け。足下で小アジやイワシ、サッパなどを狙う

サビキ釣りの仕掛けは、大きく3種に分けられる。

まず最もポピュラーなのが足下狙いの仕掛けで、一般的なファミリーフィッシングでお馴染みだ。ノベ竿かリール竿を使い、足下に仕掛けを下ろして、袋に詰めたコマセを振り出し、魚を寄せて釣る。特徴は仕掛けがシンプルな点で、女性や子供でも気軽に楽しめる。ただし、狙うことができるのは足下から竿下までの範囲に限られるため、岸近くに魚が寄ってこない釣り場ではどうにもならない。

次にウキを使ったカゴ釣り仕掛けでは、リール竿を用いる。この場合、遠くのポイントを狙うことができると同時に、一定のタナ（ウキ下）を狙うことができる利点もある。ただし、ハリが何本も付いたサビキ仕掛けを絡ませることなく投入しなければならず、ある程度のキャスティング技術が必要だ。

この2種に加え、コマセをまったく用いない投げサビキ仕掛け（フラッシャーサビキともいう）と呼ばれるものもある。これはおもにカマス狙いで用いられ、ル

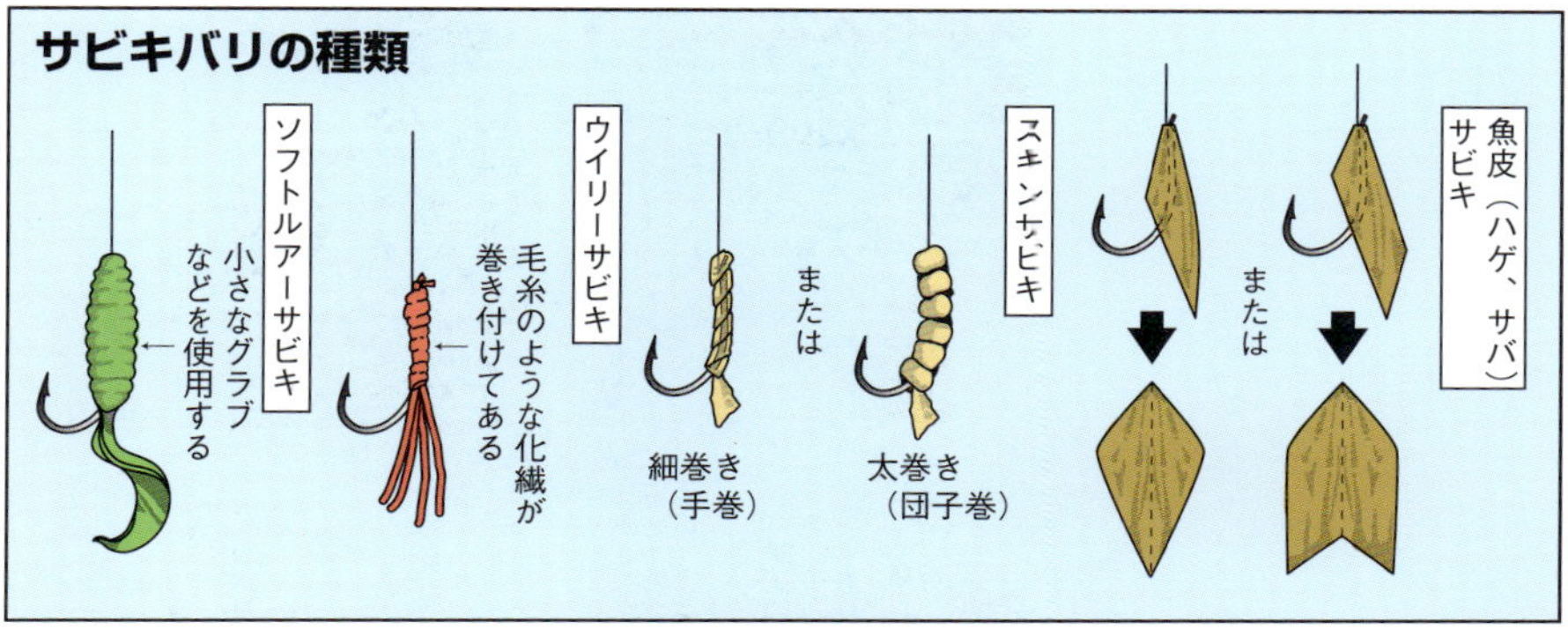
サビキバリの種類
ソフトルアーサビキ
小さなグラブなどを使用する
ウイリーサビキ
毛糸のような化繊が巻き付けてある
細巻き（手巻）
または
太巻き（団子巻）
スキンサビキ
または
魚皮（ハゲ、サバ）サビキ

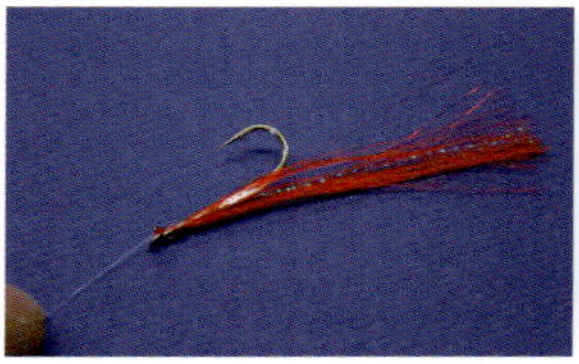
派手なハリフラッシャーサビキ。ルアー釣り感覚で使用する

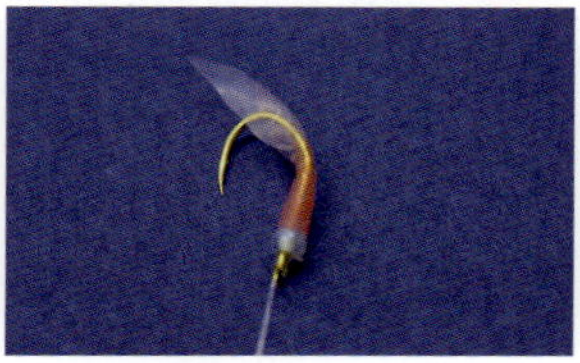
こちらはスキンサビキ

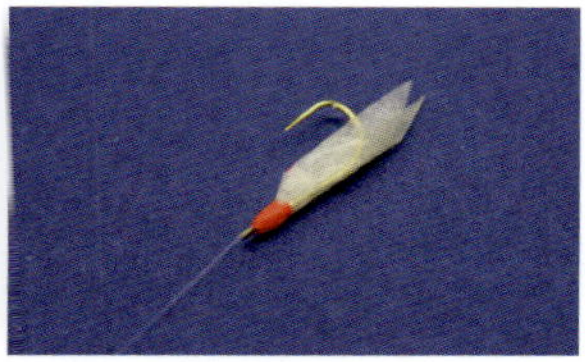
サビキバリの定番のひとつ、魚皮を使ったもの

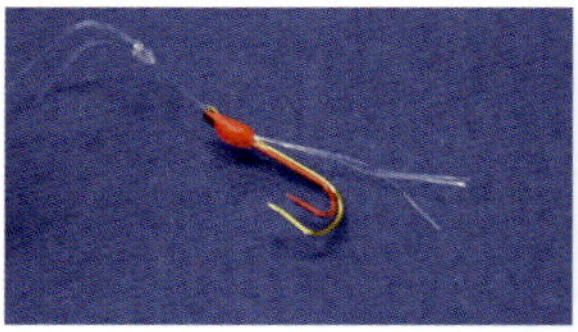
トリックサビキは擬餌バリではなく、アミを付けて使用する。これはアミが引っ掛かりやすいように2本バリになっている

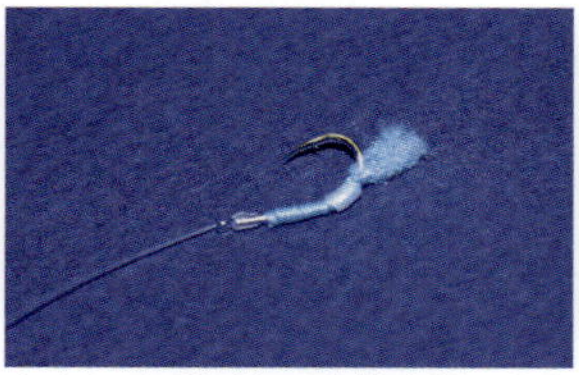
ウイリーと呼ばれる化繊を巻いたものもある

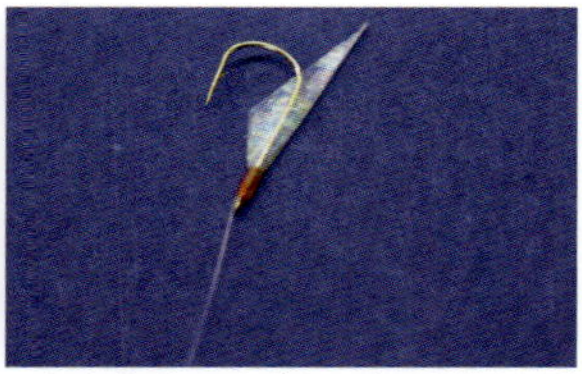
これも魚皮のサビキ。皮の種類や形が違う

アー釣りの要領でアクションを加えながらリーリングし、ハリを踊らせて魚を釣ろうというものだ。

　こうした仕掛けの分類に加え、用いられる擬餌バリも素材の種類によっていくつかに分類される。

　まず、最もポピュラーなのが魚皮を使ったもの。魚皮はサバ皮、ハゲ皮、バラ皮、フグ皮など様ざまな魚の皮が用いられる。魚皮と並んでポピュラーなのがスキン。南伊豆の下田がスキンサビキ発祥の地と言われている。これはコマセに使うアミにそっくりで、とくに夏のアジ釣りでは定番だ。ただし、ここが釣りのおもしろいところでもあるのだが、アミに似たピンク色のハリがいつもよく釣れるとは限らず、状況によっては緑色や青、黒などでよく釣れることもある。

　また魚皮やスキン以外にも、毛糸のような化繊をハリに巻き付けたウイリーと呼ばれるものや、最近ではルアー釣りで用いられるグラブと同じ形の超小型グラブを装着したハリなど、多種多様な擬餌バリのサビキ仕掛けも市販されている。

用語解説	>>> 上物	水面近くを泳ぐタナの魚の総称。磯釣りではメジナ釣りの意味もある。

サビキ釣りのポイントを探せ

ひとくちに堤防といっても狙う魚や時期によって、釣れるポイントが変わってくるぞ

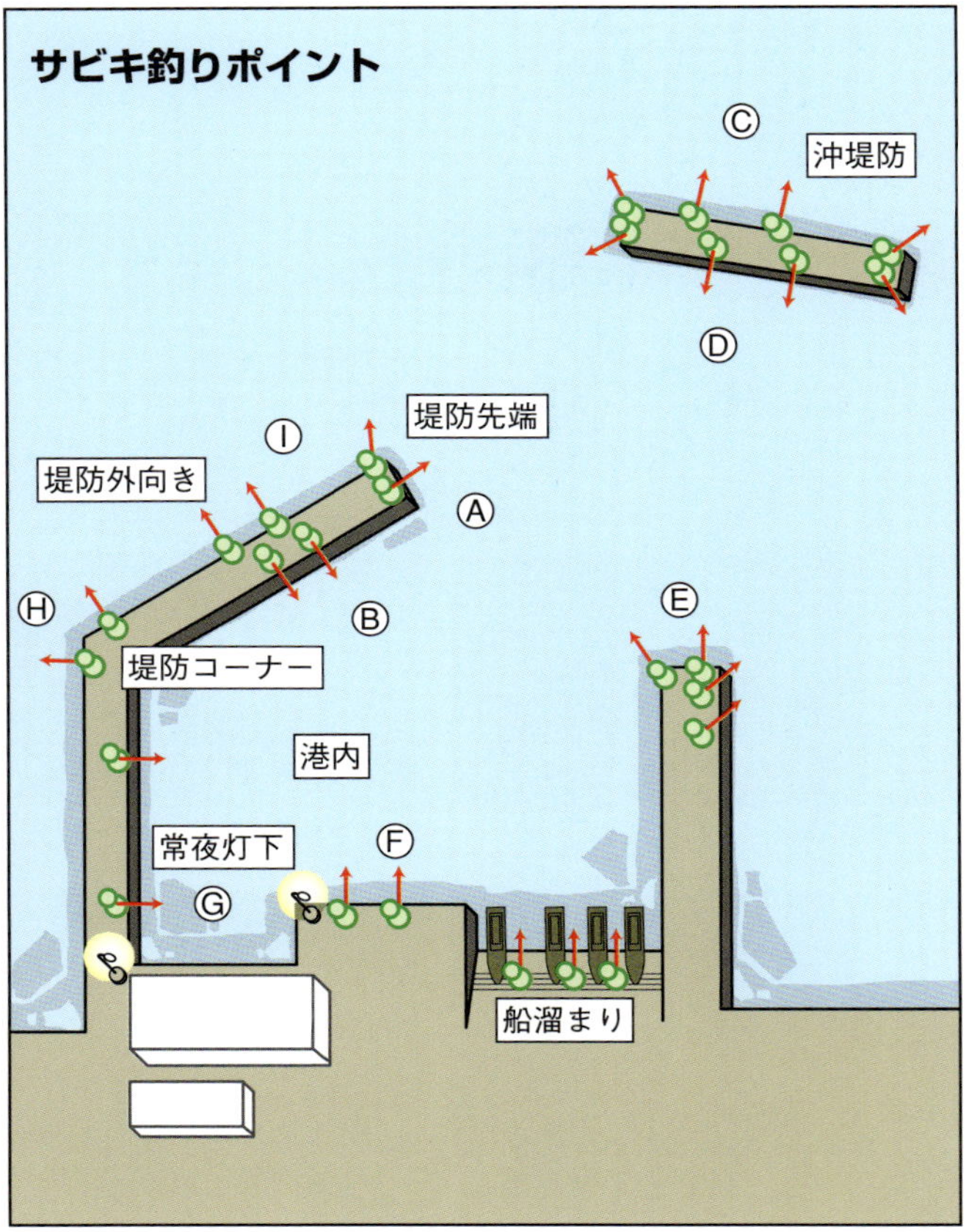

図を見てほしい。これはよくある一般的な堤防釣り場の例だ。この図をもとに、サビキ釣りのポイントを見てみよう。

AやEは堤防の先端部に位置し、船道でもあるため潮通しがよい。こういう場所は港内に出入りする魚の通り道となっており、イワシやアジなどはシーズン初期や終盤に好釣果が期待できる。

盛期を迎え、アジやイワシが本格的に港内に入り込んでくると、港内向きのBで安定して釣れるようになる。さらに状況によってはFやGなどの港内奥でも狙えるようになる。これらの場所は、手軽にノベ竿でサビキ釣りが楽しめることが多い（足場となる堤防が、水面から極端に高い場合はリール竿が必要）。

またFやGのような場所には常夜灯が設置されていることもある。常夜灯の周辺では、夜にアジの数釣りが楽しめることもある。

一方、C、D、H、Iのような沖堤防や堤防の沖向きのポイントでは、ウキを使ったサビキ仕掛けで遠くのポイントや深いタナを攻めることにより、足下狙いよりはひと回り大きい20センチ前後の中アジが釣れることもある。

また外洋に面した潮通しのよい場所にある堤防なら、盛夏から秋にかけてソウダガツオやワカシ、イナダなどの回遊漁も狙える。

外海に面した堤防では、夏になるとソウダガツオやワカシ・イナダなどの回遊魚が釣れることもある

堤防の先端や曲がり角付近はよいポイントになることが多い。イケス周りも魚が集まる所だ

規模の大きな港の岸壁なら、気軽にファミリーでサビキ釣りを楽しむことができる

用語解説	>>> エサ取り	目的以外の魚で、エサだけ食べてハリ掛かりしないものを指す。

さあ、釣ってみよう【1】足下狙いのサビキ釣り

最も手軽な釣り方が足下狙い。仕掛けがシンプルで手返しも早い、効率のいい釣り方だ

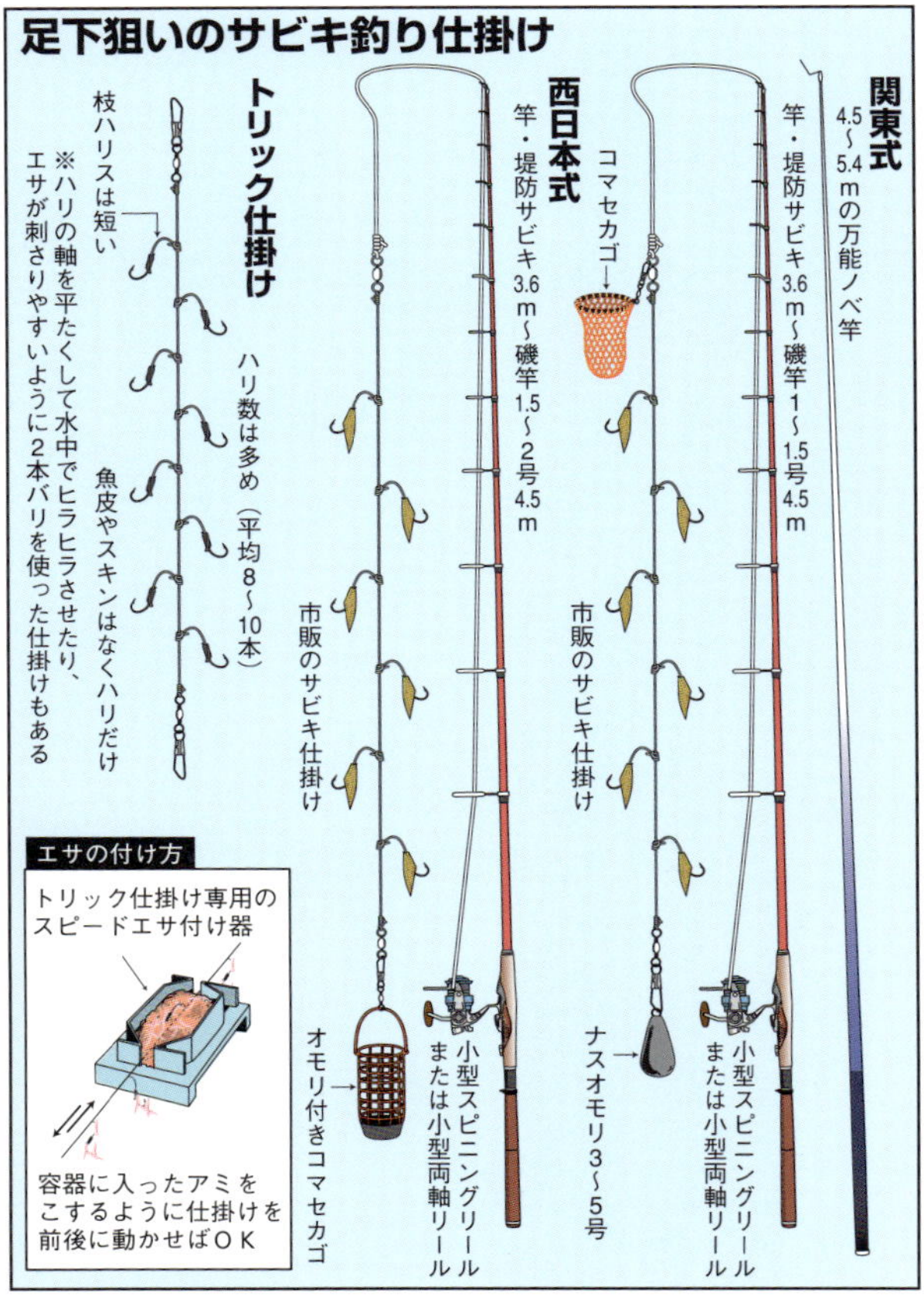

足下狙いのサビキ釣り仕掛けは、図に示したようにさらに細かく分けることができる。竿はノベ竿、リール竿のいずれでもよいが、釣れるタナが深くないのであればノベ竿のほうが手返しも早く釣りやすい。中通し竿を除き、リール竿はガイドが多数付いているため穂先絡みなどのトラブルも多く意外に効率が悪い。

　さて、関東地方で最もポピュラーなサビキ仕掛けは、仕掛けの上部にコマセカゴが付いたパターン。この仕掛けを用いる場合のコツは、竿を鋭く振ってコマセを勢いよく出すこと、コマセを振ったあと仕掛けを静止させてアタリを待つことの2点だ。とくに大事なのは2つめで、魚の食いが悪いときなど、ただやみくもに竿を上下させていても逆効果となり、さらに食いが悪くなるので注意したい。

　仕掛けの上部にコマセカゴが付いている関東式に対して、関西では下部にコマセカゴが付いたサビキ仕掛けが普及している。比較的魚影の濃い西日本の釣り場では、下カゴ式のほうが仕掛けを下ろすだけで魚が釣れてくるため、竿をシャク

サビキ釣りの手順（足下釣りの場合）

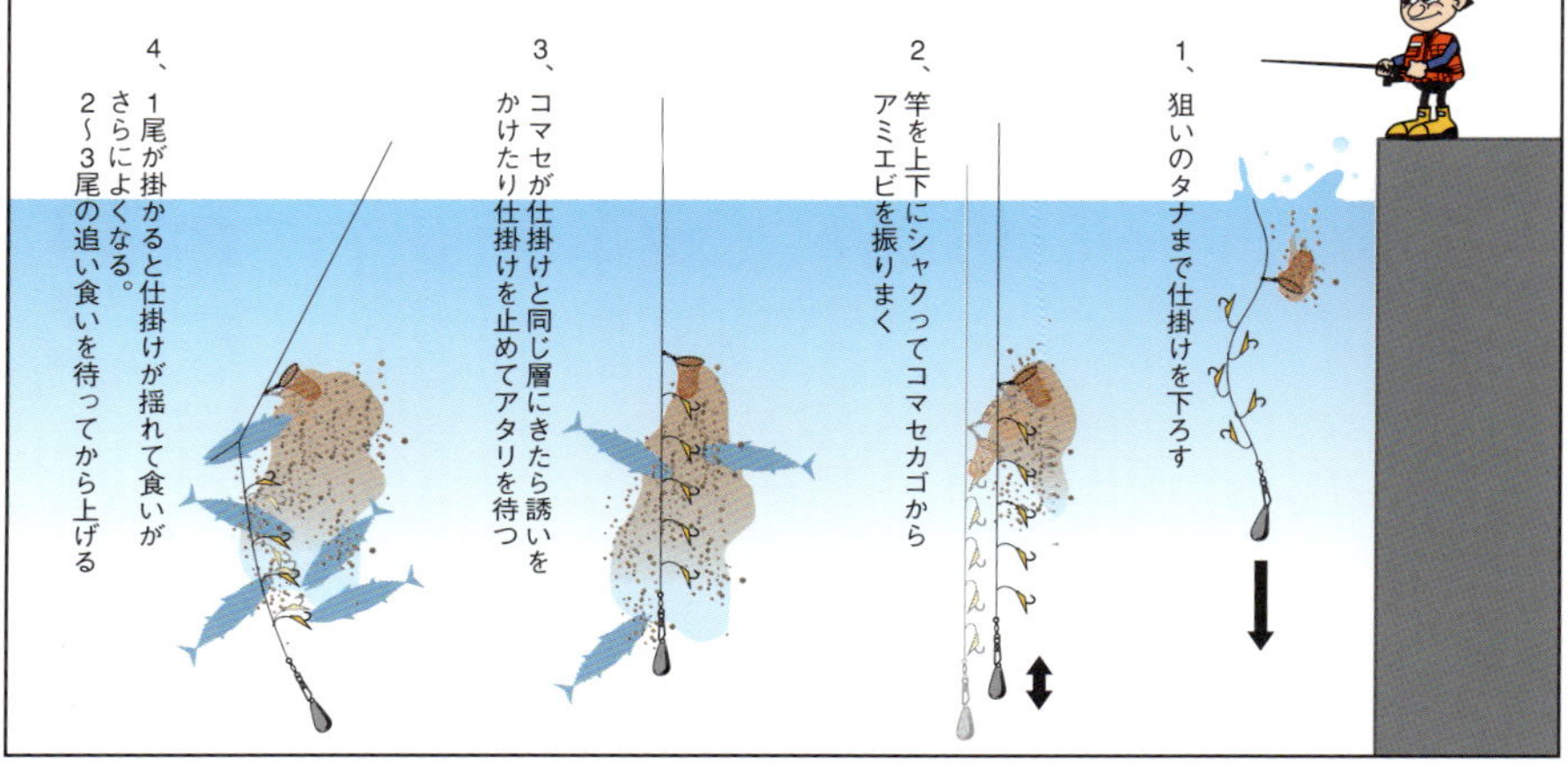
1、狙いのタナまで仕掛けを下ろす
2、竿を上下にシャクってコマセカゴからアミエビを振りまく
3、コマセが仕掛けと同じ層にきたら誘いをかけたり仕掛けを止めてアタリを待つ
4、1尾が掛かると仕掛けが揺れて食いがさらによくなる。2～3尾の追い食いを待ってから上げる

下カゴ式仕掛けの利点

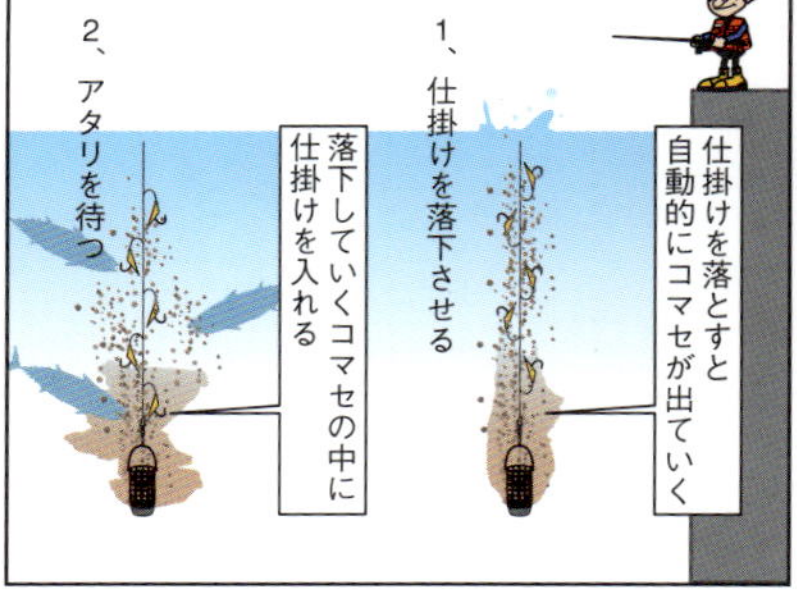
1、仕掛けを落下させる
仕掛けを落とすと自動的にコマセが出ていく
2、アタリを待つ
落下していくコマセの中に仕掛けを入れる

Marufuji
4号
8本組
スピードエサ付対応
トリックエース
P-59S
¥350

擬餌バリではなくハリにアミを付けて狙う、いわゆるトリック仕掛け。魚の食いが悪いときでも、これを使うとよく釣れることがある

トリック仕掛けにアミを付ける「エサ付け器」とバケツが一体になったもの。ヒシャクでまいたりコマセ袋に詰める分はバケツで解凍し、トリック仕掛けにこすりつける分はエサ付け器に乗せる
※写真の商品は第一精工（☎06-6971-7666）のスピードバケツ

る手間がない分効率はよいようだ。ただし、それぞれの地域で試してみたところ、釣果に大きな差は見られなかったことも書き添えておく。

　一般にサビキ仕掛けには擬餌バリが使われているが、これを使わないトリック仕掛けと呼ばれるものもある。使い方は、アミコマセのかたまりに仕掛けをこすり付けるようにするとハリにアミが付くので、これをそっと下ろして魚を釣るというもの。トリック仕掛けにはコマセカゴを付けてもよいが、一般にはコマセを別にまき、魚が集まったところに仕掛けを下ろす。擬餌バリではなく本物のエサで釣るトリック仕掛けは魚の食いの悪いときに効果的なことがある。タックルボックスに忍ばせておいて損はないだろう。

　足下狙いで釣れる魚は小物が多く、ハリもそれなりの大きさのものを選ぶようにしたい。アジを例にとると、全長5センチ前後の豆アジには3～4号、全長7～10センチの小アジには5～6号、15～20センチの中アジには7～8号を用いるといいだろう。

用語解説	>>> 円錐ウキ	上下が円錐状になったドングリ型のウキのこと。

さあ、釣ってみよう【2】ウキを使ったサビキ釣り

ポイントが岸から遠いときはこの釣り方。手返しは悪くなるが広範囲を狙うことができる

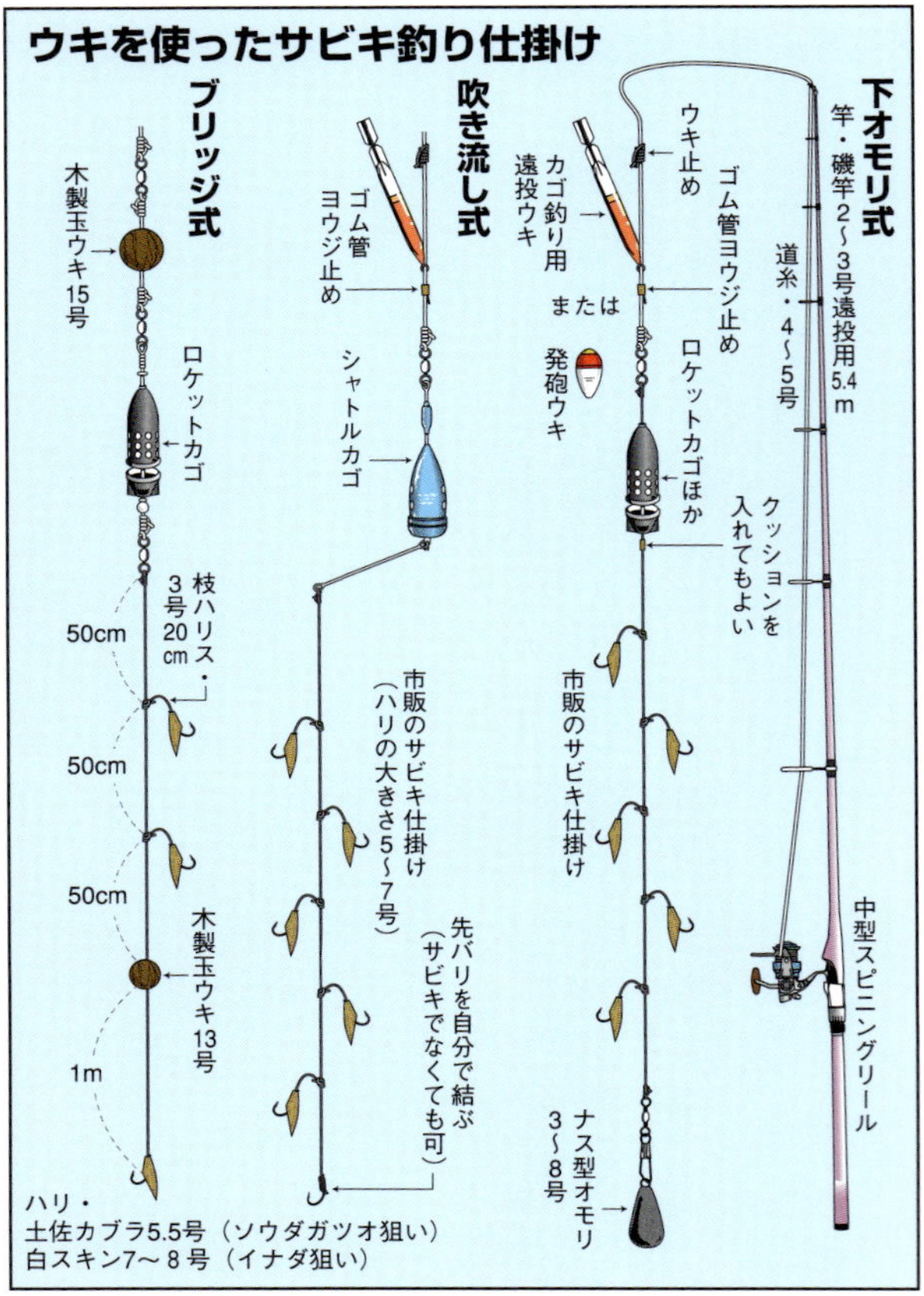
ウキを使ったサビキ釣り仕掛け
下オモリ式
竿・磯竿2~3号遠投用5.4m
道糸・4~5号
ウキ止め
ゴム管ヨウジ止め
カゴ釣り用遠投ウキ
または
発砲ウキ
ロケットカゴほか
クッションを入れてもよい
市販のサビキ仕掛け
中型スピニングリール
ナス型オモリ3~8号
吹き流し式
ゴム管ヨウジ止め
シャトルカゴ
市販のサビキ仕掛け（ハリの大きさ5~7号）
先バリを自分で結ぶ（サビキでなくても可）
ブリッジ式
木製玉ウキ15号
ロケットカゴ
枝ハリス・3号20cm
50cm
50cm
50cm
木製玉ウキ13号
1m
ハリ・
土佐カブラ5.5号（ソウダガツオ狙い）
白スキン7~8号（イナダ狙い）

ウキを使ったサビキ釣りには、遠くのポイントを攻めることができる、一定のタナを流すことができるなどの利点がある。使用する竿は磯竿の2〜3号が一般的だ。このウキを使ったサビキ釣りも、さらに細かく3つに分けられる。

まず下オモリ式仕掛けは、足下狙いのサビキ仕掛けをそのまま遠くのポイントまで投げて（または流して）釣るのと同じで、コマセカゴの真下に仕掛けが位置するため、潮の流れの緩やかな内湾などでアジを狙う場合によく用いられる。

次に吹き流し式仕掛けは、下オモリ式のオモリを取り去ったもので、オモリの代わりに先バリを結ぶ。先バリは擬餌バリでなくてもよく、普通のハリにオキアミなどのエサを刺すことも多い。吹き流し式はコマセと仕掛けが一体化しやすく、潮の流れのある釣り場で効果的だ。仕掛け自体が海中でなびくため、魚の食いもよいようだ。ただし投入時に絡みやすいので、シャトルカゴのようなテンビン式コマセカゴを使用したい。

ブリッジ仕掛けは、仕掛けの上部と下

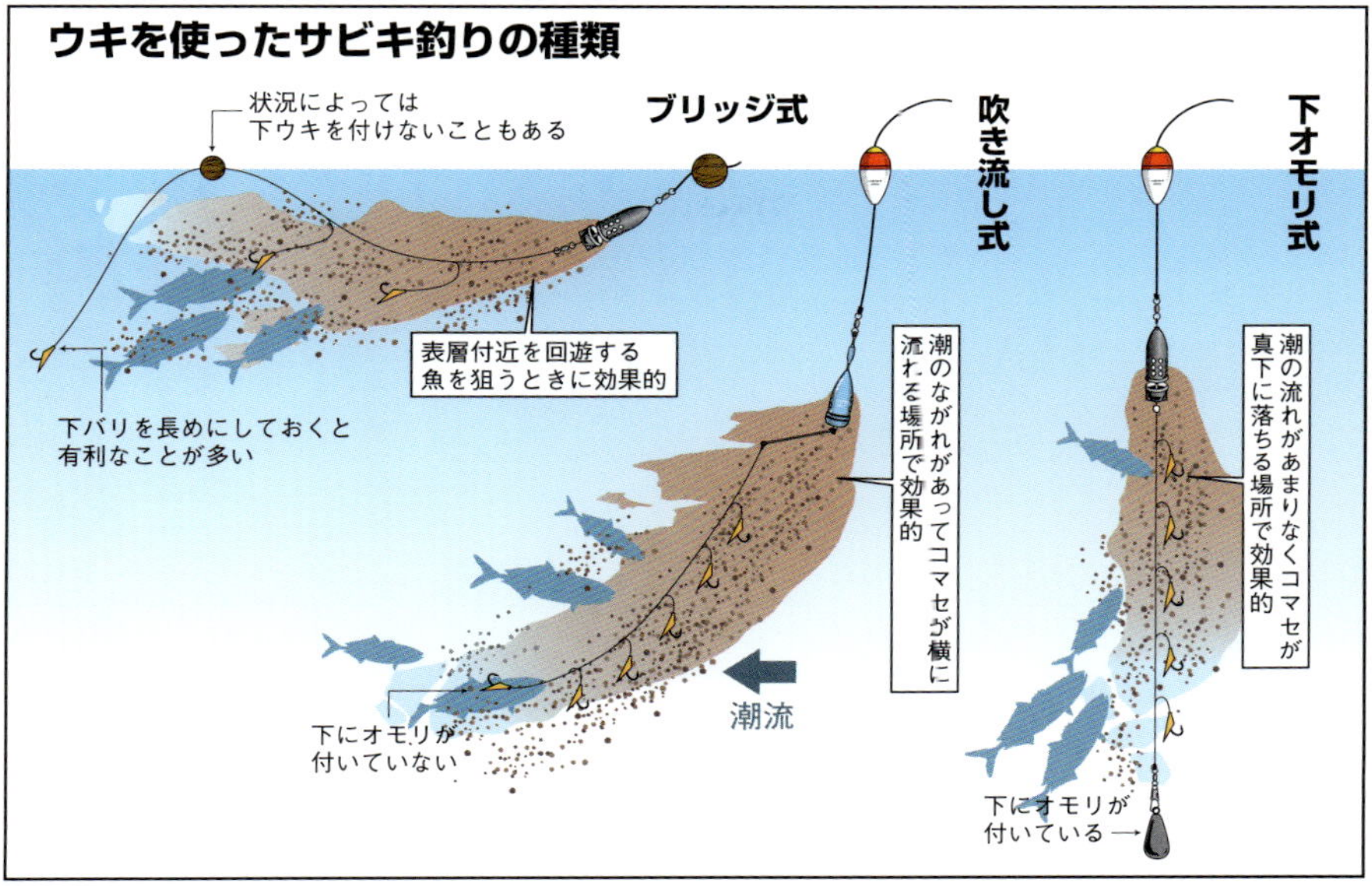
ウキを使ったサビキ釣りの種類
状況によっては下ウキを付けないこともある
ブリッジ式
吹き流し式
下オモリ式
表層付近を回遊する魚を狙うときに効果的
下バリを長めにしておくと有利なことが多い
潮のながれがあってコマセが横に流れる場所で効果的
潮の流れがあまりなくコマセが真下に落ちる場所で効果的
下にオモリが付いていない
潮流
下にオモリが付いている

遠投用のコマセカゴ

下オモリ式のウキサビキ仕掛け。遠投が可能なので広範囲にポイントを探れるのがメリットだ

部にウキが付いており、2つの玉ウキの間で仕掛けが橋のようになるのが特徴。ハリは表層付近を漂うためソウダガツオやイナダなどの回遊魚を狙う際に有効だ。ソウダガツオ狙いの場合は土佐カブラと呼ばれるカブラバリを、イナダ狙いならスキンサビキを用いる人が多い。ほかのサビキ釣りに比べて釣れる魚のサイズが大きい（場合によっては1キロオーバーも）ブリッジ仕掛けでは、ハリ数を3本程度と少なめにすることが多い。

どの仕掛けを使うにせよ、サビキ釣りでは投入後、必ず竿を大きくあおってコマセをカゴから出してやることが大切だ。仕掛けを巻き上げるたびにコマセが半分以上カゴに残っているようでは、コマセの効果がほとんど発揮されていないと考えたほうがよい。また、吹き流し式やブリッジ式の場合はとくに、投げた仕掛けをただ潮に流してやるだけではなく、絶えず道糸を張り気味にして流してやることが大切で、場合によってはゆっくりと手前に仕掛けを寄せながら、魚の居場所を探ってくるのも効果的だ。

用語解説	>>> 大潮	干満による潮位差が大きな潮。満月または新月の前後3日間に起こる。

SABIKI

さあ、釣ってみよう【3】投げサビキ

コマセを使わず、ルアーのような感覚で擬餌バリを踊らせる釣り方。ターゲットはカマスや回遊魚だ

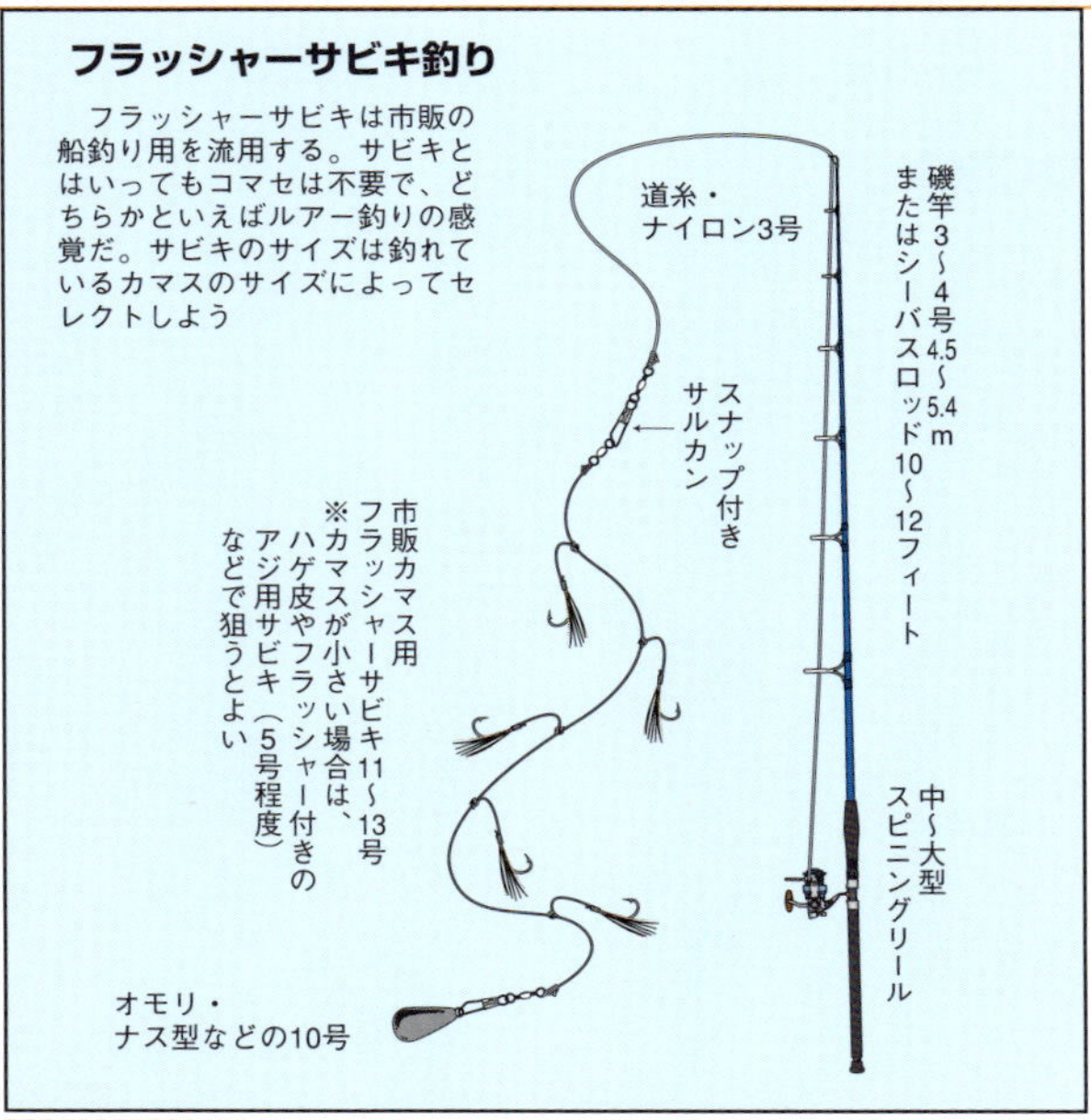
フラッシャーサビキ釣り
フラッシャーサビキは市販の船釣り用を流用する。サビキとはいってもコマセは不要で、どちらかといえばルアー釣りの感覚だ。サビキのサイズは釣れているカマスのサイズによってセレクトしよう
磯竿3～4号4.5～5.4m
またはシーバスロッド10～12フィート
道糸・ナイロン3号
スナップ付きサルカン
市販カマス用フラッシャーサビキ11～13号
※カマスが小さい場合は、ハゲ皮やフラッシャー付きのアジ用サビキ（5号程度）などで狙うとよい
中～大型スピニングリール
オモリ・ナス型などの10号

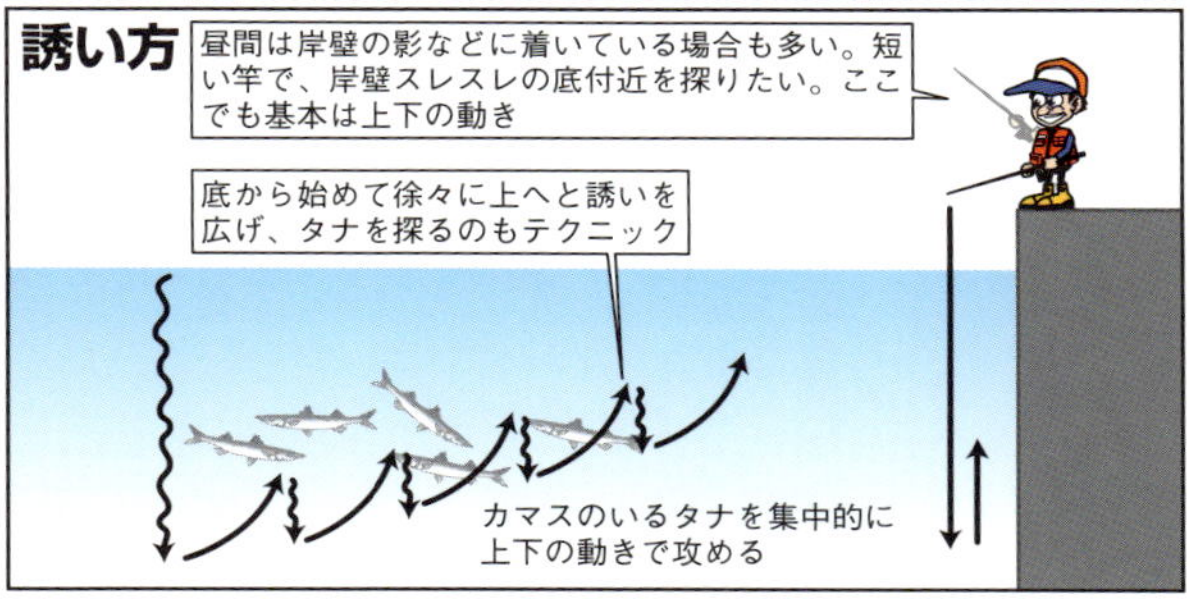
誘い方
昼間は岸壁の影などに着いている場合も多い。短い竿で、岸壁スレスレの底付近を探りたい。ここでも基本は上下の動き
底から始めて徐々に上へと誘いを広げ、タナを探るのもテクニック
カマスのいるタナを集中的に上下の動きで攻める

投げサビキ釣りのメインターゲットはカマス。伊豆半島を始めカマスが狙って釣れる地方で盛んに行われている釣り方だ。コマセを使わない点がほかのサビキ釣りと大きく異なる。

カマスはフィッシュイーター（魚食魚）であるため、小魚に似せた比較的大きめの擬餌バリを結んだ仕掛けを用いる。小魚に似せてあるためか、ほかのサビキ仕掛けに比べてハリが大きく、しかもカマスの鋭い歯でハリスが切られないように軸長のものが用いられている。

釣り方は、仕掛けをポイントに向けてキャストし、ルアー釣りの要領でゆっくりとリーリングしたり、シャクりながら手前まで誘ってきたりする。リーリングの際にはタナを徐々に上げながら探ってくるようにし、その日の魚の泳層を探り当てるようにしたい。

竿はあまり長いとかえって使いづらいので、4メートル前後の軟らかめの投げ竿か5号クラスの磯竿を用いる人が多い。堤防からのカマス用サビキ仕掛けの市販品は少ないが、船釣り用の市販仕掛

堤防から遠投してカマスや回遊魚を狙う投げサビキ。コマセは使わない

オモリは10号前後を使用する

竿は磯竿の4号前後、リールは中～大型のスピニングリールを使用する

投げサビキ用の仕掛けは、フラッシャーサビキなどの名称で各種販売されている

け（フラッシャーサビキ）をやや短めに切って使用してもいい。また、地元の人にオリジナル仕掛けを見せてもらうと色いろと参考になるだろう。

なお、カマスの時合は早朝であることが多く、とくに盛夏の早朝には地元のカマスファンが大勢並んでいる光景をよく目にするものだ。

カマス以外のターゲットとしては、小型の回遊魚やメバルを狙うこともある。

伊豆の伊東周辺では、この釣り方でアジを狙う。ただし伊東のアジ狙いはやや特殊で、コマセカゴにコマセを詰めて行われる。

また新潟あたりの堤防では、秋にワカシ・イナダを狙う人が多い。

メバルを狙うのは、おもに瀬戸内地方。カマスや回遊魚は仕掛けの先にオモリを付けいったん底を取ってからシャクリ始めるが、メバル仕掛けはオモリではなく飛ばしウキを付ける。これを遠投し、表層を引いてくる。夜、浅ダナに浮いてくるという習性を持つメバルを効率よく狙う釣法といえる。

用語解説	>>> 押さえ込み	ウキや竿先がアタリによって一定位置まで動き、そこで止まってしまうこと。

column.1

堤防以外の釣り場

1

磯

ひとくちに磯といっても、本流激流の通す離島の離れ磯から、波静かな内湾の小磯まで様ざまだ。離島の荒磯では大型のメジナやイシダイ、カンパチやヒラマサなど大物が狙えるけれど、もちろん不慣れな人に安易にすすめられるような釣り場ではない。

まだあまり海釣りの経験がない方なら、小磯の釣りから始めるのがいいだろう。

ターゲットは、ウミタナゴやメバル、小メジナなど。ウキ釣りでのんびりと竿を出すことができる。それでも、足元は岩場だから、堤防とはひと味違った雰囲気が味わえる。

海中に目をやれば、岩がゴツゴツと入り組み、海藻が生え、波が磯に当たり白い泡となって（これをサラシという）払い出されているはず。

沈んだ岩（根という）の陰には、いかにも大物が潜んでいそうじゃないか。

また小磯には、所どころに潮だまりがあったりする。そこには小さなカニやヤドカリ、イソギンチャクなどが生息している。子供と一緒なら、これらを捕まえたり観察する磯遊びも楽しいものだ。

【堤防での釣り方】

②

ウキ釣り

をマスターしよう

ターゲットに合わせ、ポイントの地形に合わせて、
臨機応変に仕掛けを変えて魚を狙うウキ釣り。
四季折おりの魚が釣れるので、一年を通して楽しむことが可能だ。
数ある釣り方のなかで、最も安定した釣果が望めるウキ釣りにチャレンジしよう!

UKI

堤防での万能釣法がウキ釣りだ

臨機応変にウキ下を調整することで、表層から海底まで狙うことができる。岩礁帯やテトラ帯だって狙えるぞ

堤防釣りと聞いて、まず思い浮かぶのはサビキ釣りと投げ釣りだろう。とくに初心者は、このどちらかの釣り方しか知らないことも多いようだ。確かに、いずれも手軽で簡単に楽しめる。けれども、もっと確実に魚が釣れる釣法がある。それがウキ釣りなのだ。

ウキ釣りは、ウキから下の仕掛けの長さ（ウキ下という）を調整することによって表層を泳ぐ魚から海底にへばり着いている魚まで、幅広く狙うことができる。さらに、魚が好むエサを使い分けることだって可能だ。また、軽い竿に軽い仕掛けを使うので魚の引きがダイレクトに伝わり、ほかの釣り方よりも一段と迫力ある釣り味が楽しめる。

ウキ釣りならば、季節ごとに狙える魚があって一年を通して楽しめるし、岩礁帯やテトラなどのブロック周辺も根掛かりを避けつつ釣ることが可能だ。もちろん魚をコマセで寄せて釣ることもできる。まさに万能の釣法で、いつでもどこの堤防でも魚を狙うことができる釣り方だといえる。

表層で釣れる魚の代表選手がサヨリ。とくに秋口は、小型サヨリが海面に群れる姿をよく見かけるものだ

ウキ釣りでクロダイを狙う場合、付けエサが海底付近を漂うようにウキ下を設定するのがセオリーだ

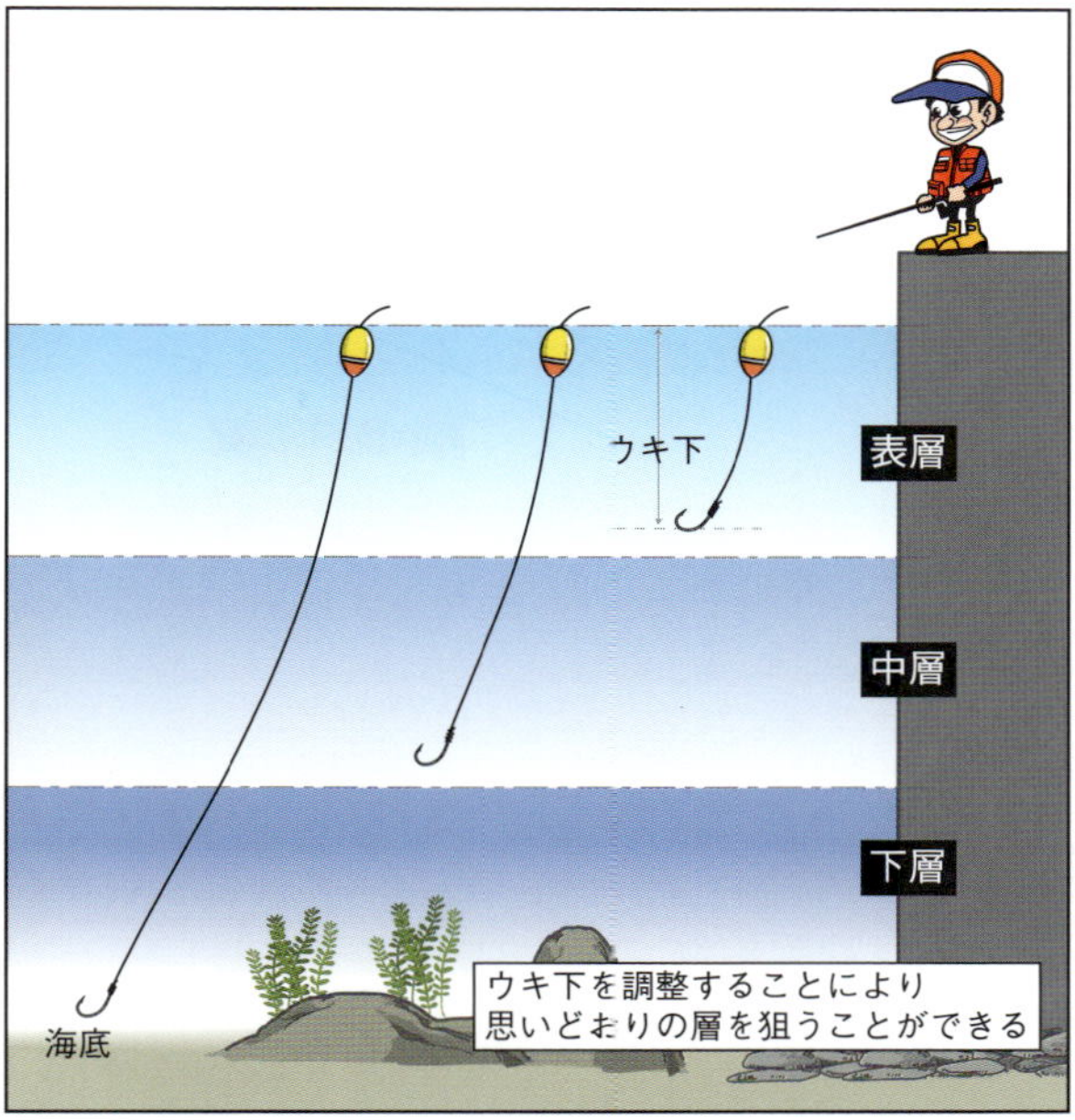

ウキ下
表層
中層
下層
海底
ウキ下を調整することにより
思いどおりの層を狙うことができる

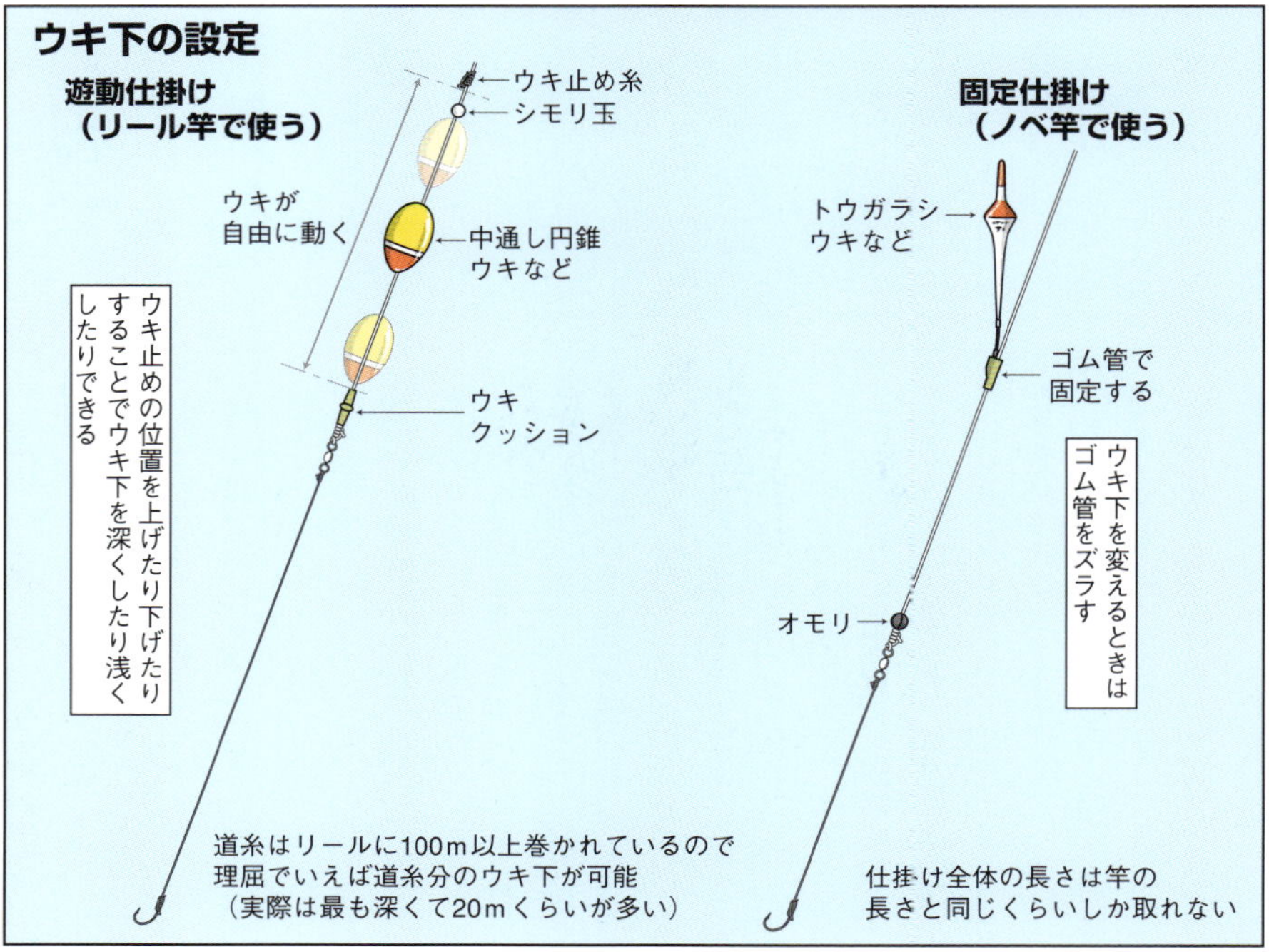

ウキ下の設定
遊動仕掛け
（リール竿で使う）
ウキ止め糸
シモリ玉
ウキが
自由に動く
中通し円錐
ウキなど
ウキ止めの位置を上げたり下げたりすることでウキ下を深くしたり浅くしたりできる
ウキ
クッション
道糸はリールに100m以上巻かれているので
理屈でいえば道糸分のウキ下が可能
（実際は最も深くて20mくらいが多い）
固定仕掛け
（ノベ竿で使う）
トウガラシ
ウキなど
ゴム管で
固定する
ウキ下を変えるときはゴム管をズラす
オモリ
仕掛け全体の長さは竿の
長さと同じくらいしか取れない

用語解説	>>> **落ち**	浅場にいた魚が産卵や越冬のため深場へと去っていく直後または途中の状態。

ウキ釣りではこんな魚が狙えるぞ

堤防の大物クロダイやメジナ、ファミリーフィッシングの定番であるアジやイワシのほか、中型回遊魚もターゲットだ

ウキ釣りのポイント

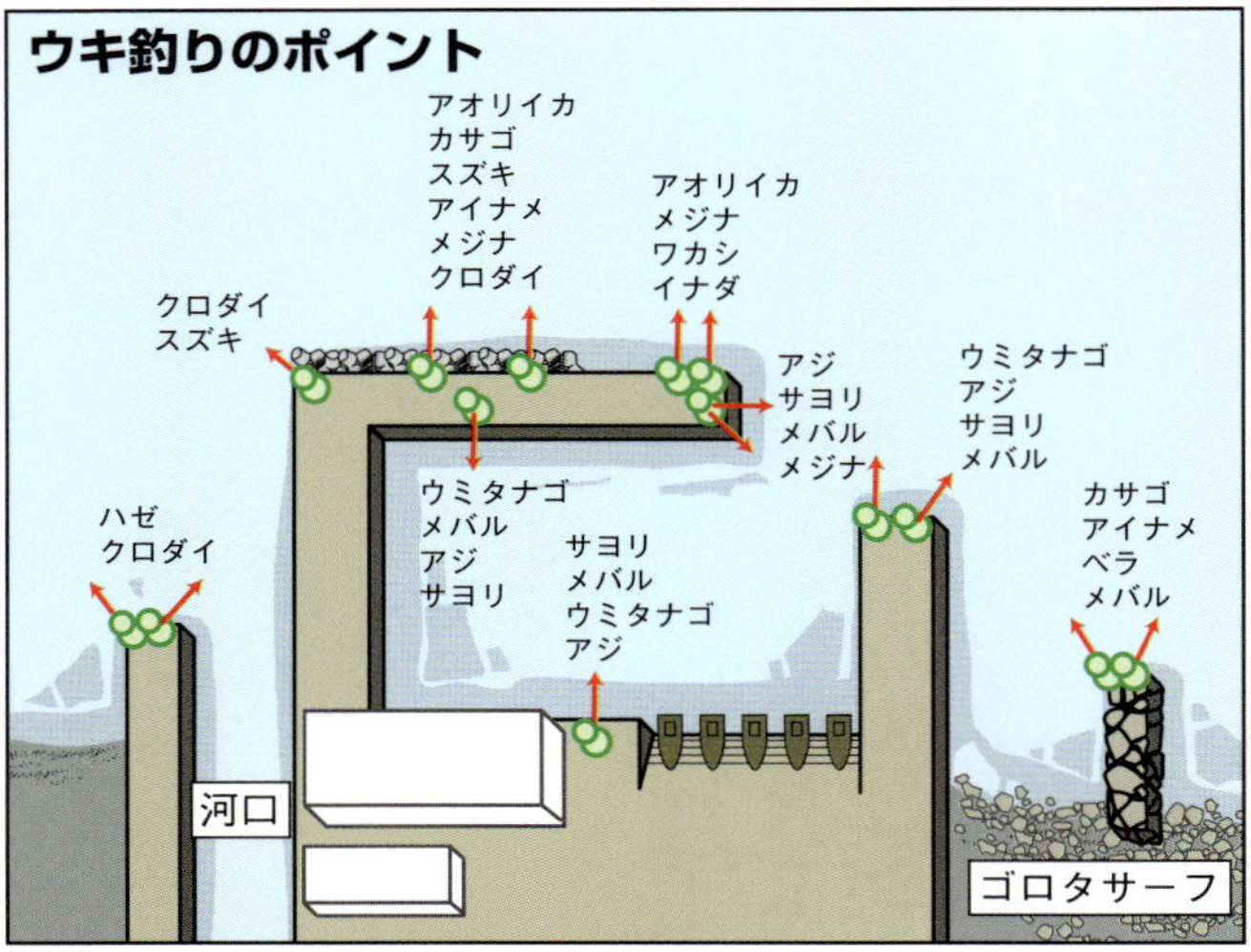
クロダイ
スズキ
アオリイカ
カサゴ
スズキ
アイナメ
メジナ
クロダイ
アオリイカ
メジナ
ワカシ
イナダ
アジ
サヨリ
メバル
メジナ
ウミタナゴ
アジ
サヨリ
メバル
カサゴ
アイナメ
ベラ
メバル
ハゼ
クロダイ
ウミタナゴ
メバル
アジ
サヨリ
サヨリ
メバル
ウミタナゴ
アジ
河口
ゴロタサーフ

ウキ釣り対象魚のウキ下の目安

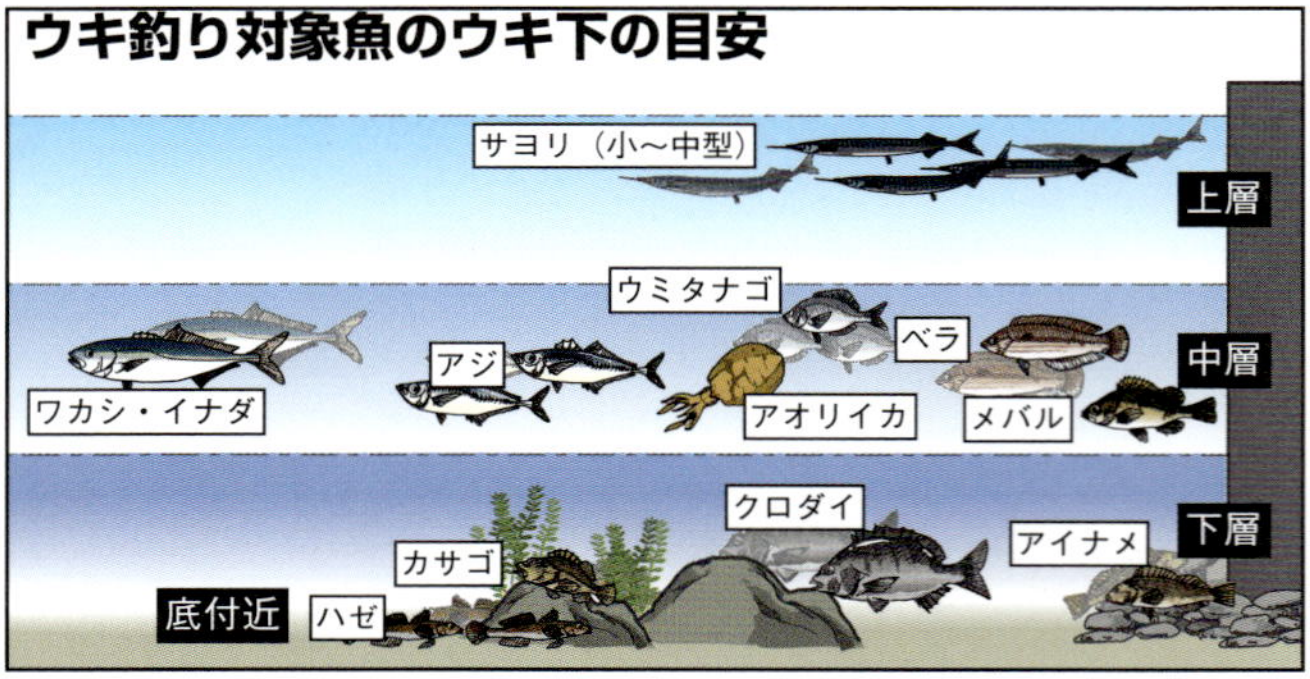
サヨリ（小〜中型）
上層
ウミタナゴ
ベラ
中層
アジ
ワカシ・イナダ
アオリイカ
メバル
クロダイ
下層
アイナメ
カサゴ
底付近
ハゼ

では、ウキ釣りでどんな魚が釣れるのだろう。

代表的なターゲットについては表にまとめてみた。この表からもウキ釣りならば、一年を通してなにかしらの魚を狙えることがお分かりだろう。ただし、それぞれ狙う魚ごとにポイント、つまり生息場所があるので、これを把握しておくことが大切だ。

一般には岩礁帯がポイントになる魚が多く、捨て石帯やテトラ周り、堤防のヘチ際、隠れ根際などが狙い目。このような場所でウキ下や仕掛けの太さ、ハリの大きさなどを変えることによって狙う魚を絞り込んでいく。

またアジなどの回遊魚は、海底の地形よりも潮通しの状況をよく観察してポイントを選ぶ。当然、アジは潮がよく通す所に回遊してくるので、竿を出すなら堤防の先端や角などがよい。

サヨリもやはり潮通しのよいことが条件で、海底の地形は関係ない。ただ、浅い所ではあまり釣れず、深いほうが有利。表層を泳ぐ魚だが、釣り場の水深にも気

▶ウキ釣りのターゲットと釣期

魚名	季節	タナ（泳層）	ポイント	備考
クロダイ	一年中	下層	●ブロック際　●隠れ根際 ●カケ上がり　●砂と根が交じる所	大型は春、夏から秋は中小型の数
メジナ	〃	中層	●ブロック際　●隠れ根周り ●岩礁地帯	大型は冬から春、日本海側は春から秋
ウミタナゴ	秋〜春	〃	●海藻地帯　●ブロック周り ●岩礁地帯	春がベストシーズン
メバル	冬〜初夏	中〜下層	●海藻地帯　●ブロックの中と周辺 ●岩礁地帯	夜釣りで良型
サヨリ	秋〜春	表層	●船道　●潮目　●水深の深い所	秋は小型の数、冬から春は大型
アジ	春〜秋	表〜下層	●潮目　●堤防先端や角 ●水深の深い所　●常夜灯周辺	日中は小型、夕方から夜に良型
ハゼ	夏	海底	●水深の浅いヘチ寄り　●砂底	テキの小型は深場にいない
スズキ	春〜初夏	中〜下層	●潮目　●堤防先端や角	夜釣り有利
シマダイ	夏	下層	●捨て石帯　●岩礁帯	ヘチ寄りに多い
カワハギ	夏〜冬	中〜下層	●岩礁帯でも砂底でも可　●水深の深い所	エサ取りが上手
アイナメ	秋〜冬	海底	●岩礁帯　●隠れ根周り ●捨て石帯　●ブロック周り	夜釣り有利
カサゴ	一年中	〃	●岩礁帯　●ブロックの中と周辺 ●捨て石帯　●隠れ根周り	夜釣り有利
ベラ	春〜秋	中〜下層	●岩礁帯及び周辺の砂地　●ブロック際	種類が多い

アジは潮通しのよい所がポイントとなる。型のよいアジを狙うなら、夜釣りが有利だ

クロダイのポイントは、障害物の陰や砂地と岩礁の入り交じった所。タナは海底付近だ

を配ろう。秋になると小型のサヨリがたくさん港内に入ってくるが、冬から春の大型は足元近くに寄らず、10〜20メートルほど沖に群れていることが多い。

表に挙げた魚以外にもイシモチ、アイゴ、スズメダイ、ウマヅラハギ、ボラ、コノシロ、シマアジなどなど、多彩な魚種が釣れる。これもウキ釣りの大きな魅力のひとつなのだ。

ウミタナゴは岩礁帯や海藻の生えた所がポイント。手軽に狙えるウキ釣りの人気ターゲットだ

用語解説	>>> オデコ	まったく釣果の得られない状態。ボウスと同意語。

ウキ釣りに必要なタックル類【1】竿、リール

釣り物に合わせ、リールなしの竿とリール竿を使い分ける。リールは小型スピニングリールがおすすめだ

●ノベ竿

渓流竿やヘラブナ用の竿など、リールなしの振出竿。長さは4.5〜6.3メートルが使いやすい

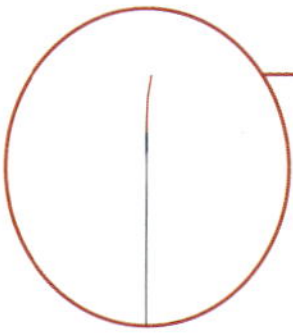

蛇口
ここに道糸を結ぶ

●リール竿

堤防からのウキ釣りでは磯竿を使う。0.6〜1.5号、5.3メートルが使いやすい

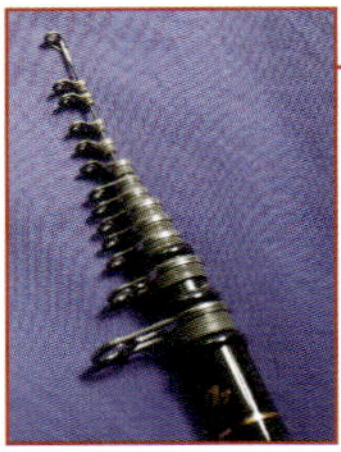

ガイド
ここを通って道糸が出し入れされる

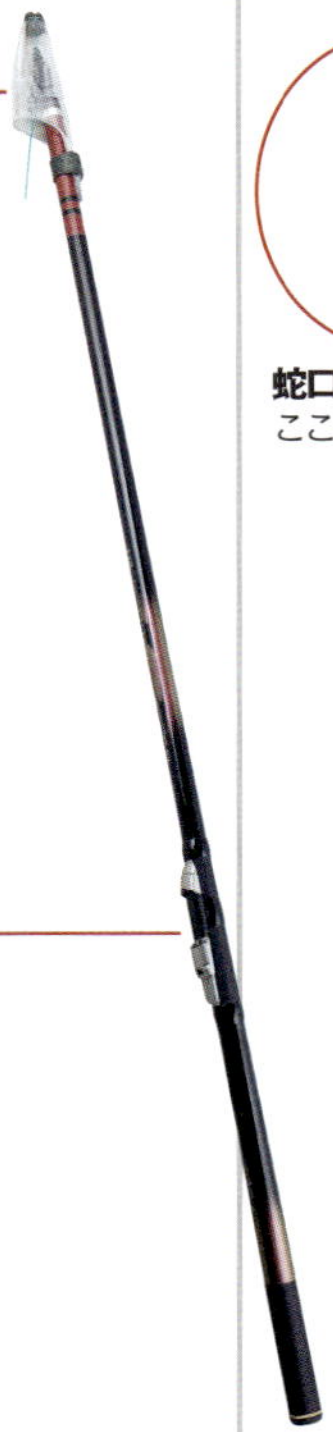

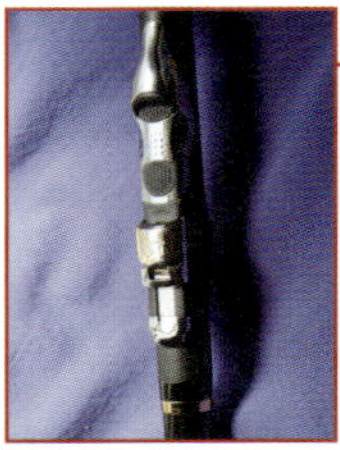

リールシート
ここにリールをセットする

竿は小物用には渓流竿やヘラブナ用の竿など、リールなしの振出竿がおすすめ。長さは4.5～6.3メートルくらいが買いやすい。材質はカーボン、価格は1～3万円くらいのものでいいだろう。

　この竿で釣ると小物といえども迫力十分の引き味が楽しめるし、リール操作がいらないので手返しが早くなる。とくに竿下がポイントで中上層のタナを狙う場合に有利だ。魚種を挙げるとウミタナゴ、小メジナ、小アジ、小サヨリ、ハゼ、ベラ、メバルなどを狙うのに適している。

　ポイントが遠い場合や足場が高い所、テトラの上から釣るとき、潮が速いとき、大物を狙うときなどは、磯竿に小型スピニングリールの組み合わせがよい。

　磯竿は、カーボン製で長さ5.3メートルが標準。さらに竿には調子（硬いか軟らかいか）があって、磯竿の場合、1号とか2号といった号数で表示されている。この数字は大きくなるほど硬い（強い）という意味で、ふつう堤防からのウキ釣りで使用するなら、0.6～1.5号がおすすめだ。

●フロントドラグリール

最も一般的なスピニングリール。スプールの上部についたドラグノブを締めたり緩めたりすることで、ドラグの滑り出しを調整できる。締め込めば締め込むほど、強い力で引かないとスプールが逆転し始めない

●レバーブレーキリール

メジナやクロダイのウキ釣り専用リールといってもいいだろう。魚が強く引いたときは、レバーを放すとローターが逆転して糸を出す。ドラグリールとの最大の違いは、ドラグが魚の引きに対してテンションをかけながら糸を出すのに対し、レバーを放すとフリーで糸が出ていく点。使いこなすにはやや慣れが必要だ

●スピニングリールの構造

スピニングリールは、ハンドルを巻くとローターが回転して道糸をスプールに巻き取っていく。魚に強く引かれたときはスプールが逆転して糸が出るため、道糸が切れない。ストッパーはローターの逆転を止めるもの。ストッパーをオフにするとローターはフリーになり、右回転も左回転もしてしまう。通常はオンにして使用する

ラインローラー
ドラグノブ
リールフット
スプール
ストッパー
ハンドルノブ
ベール
ローター
ハンドル

なお、磯竿には外ガイド式と中通し式（道糸を竿の内部を通す方式）があり、穂先絡みなどのトラブルがない中通しロッドがビギナーには使いやすい。

磯竿にはかなり高価なものもあるが、初めての人は1～3万円程度で十分だ。

リールは3号の道糸が100～150メートル巻ける小型スピニングリールが適している。スピニングリールにはドラグ式とレバーブレーキ式があるが、ドラグ式から入門することをおすすめしたい。

ドラグとは、魚の引きに応じて道糸が滑り出る機構。魚に強く引かれたら道糸が出るように、あらかじめ調整しておくわけだ。

レバーブレーキは、魚に強く引かれたときに、釣り人の意思で好きなだけ道糸を送り出せるリールだ。ただし、どれだけ道糸を出すか瞬時に的確に判断するのは簡単ではない。したがって、使いこなすには慣れが必要なリールといえる。

どちらのリールがよいかは各自の好みにもよるが、機械まかせにできるドラグ式のほうが初心者向きといえるだろう。

用語解説	>>> オマツリ	仕掛けや道糸が絡まる状態のこと。

ウキ釣りに必要なタックル類【2】ウキ

ひとくちにウキといっても、実に多くの種類がある。ターゲットに合わせ、釣り場に合わせて使い分けよう

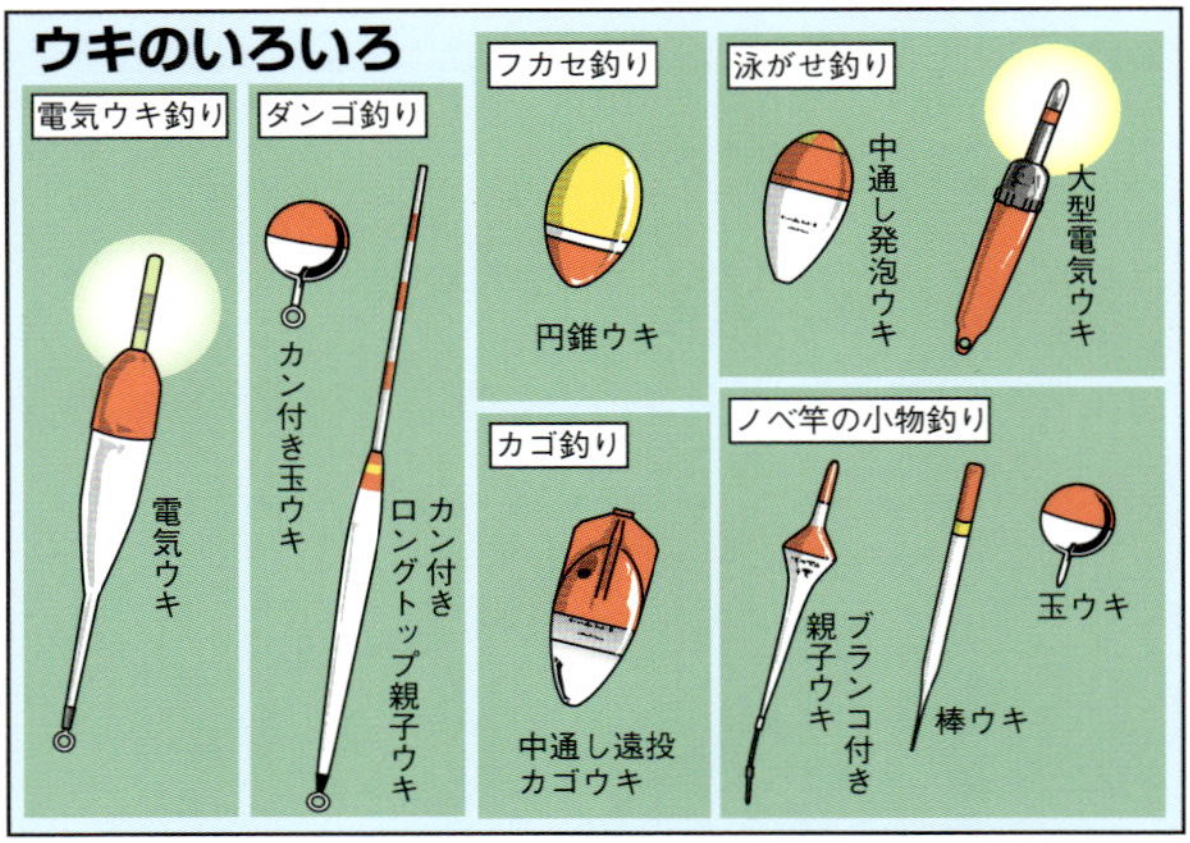
ウキのいろいろ
電気ウキ釣り
電気ウキ
ダンゴ釣り
カン付き玉ウキ
カン付きロングトップ親子ウキ
フカセ釣り
円錐ウキ
泳がせ釣り
中通し発泡ウキ
大型電気ウキ
カゴ釣り
中通し遠投カゴウキ
ノベ竿の小物釣り
ブランコ付き親子ウキ
棒ウキ
玉ウキ

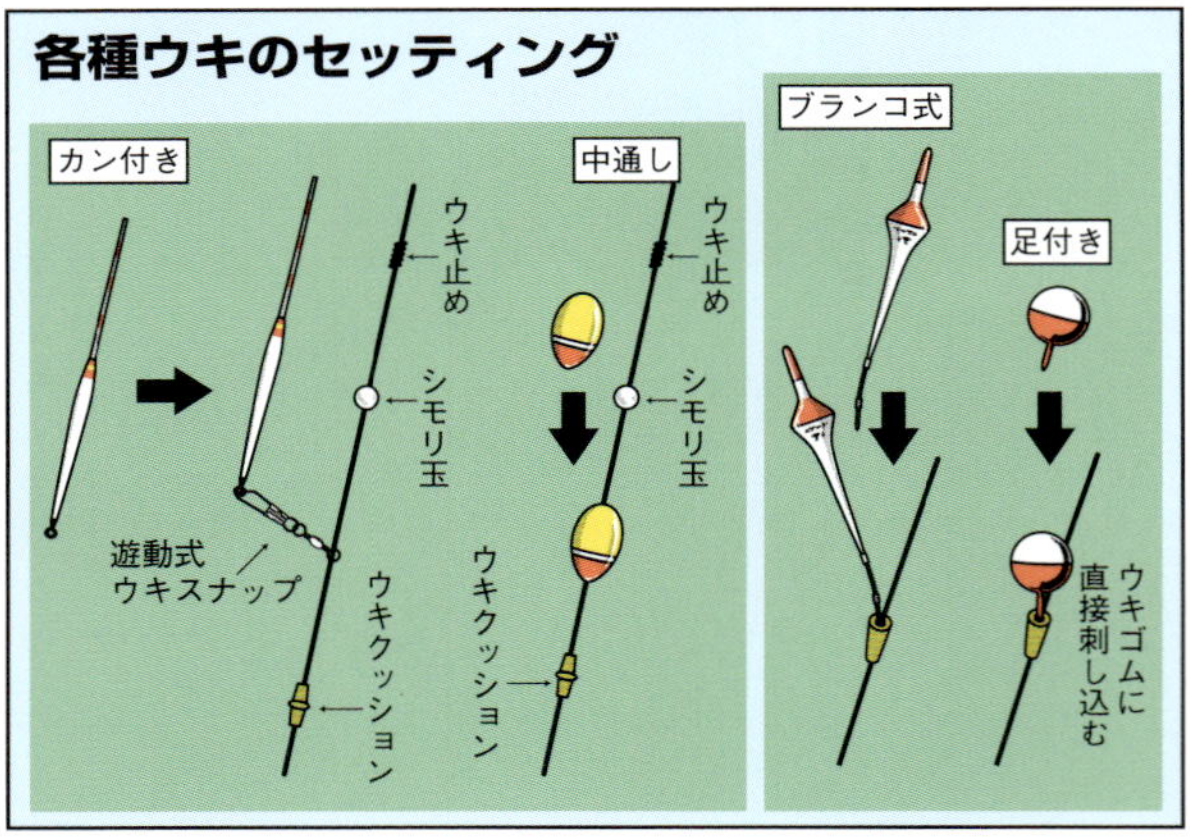
各種ウキのセッティング
カン付き
遊動式ウキスナップ
ウキ止め
シモリ玉
ウキクッション
中通し
ウキ止め
シモリ玉
ウキクッション
ブランコ式
足付き
ウキゴムに直接刺し込む

堤防釣りで使われるウキには、様ざまなタイプがあるが、最もよく使われるのが立ちウキとか棒ウキと呼ばれる細長いタイプ。木製あるいは樹脂でできたボディに見やすいトップを付けたものが一般的で、オモリが内蔵された自立ウキとそうでない非自立ウキがある。堤防でのクロダイ釣りに一番よく使われるウキがこのタイプだ。

また棒ウキには、小型のトウガラシウキや、軽いヘラウキ、セルロイド製の小型ウキなどもある。これらはゴム管に固定するタイプで、ウミタナゴやアジ、メバル、小メジナ、サヨリなどの小物釣りに適している。

立ちウキや棒ウキ以外では、玉ウキタイプが使いやすい。代表的なものに円錐ウキがあり、波の高い日や潮流の速い釣り場向き。

円錐ウキには中通しタイプとカン付きタイプがあり、中通しのほうが人気が高い。テトラからのメジナ、クロダイ釣りでよく使われる。

小物用には、ゴム管に差し込む玉ウキ

[小物用のウキ]

トウガラシウキ
見たとおり、トウガラシのような形のウキ。やはり道糸にゴム管で固定する

玉ウキ
小物用として最もよく目にするウキ。道糸にゴム管で固定する

シモリウキ
この小さなウキを3連とか4連で使う。下の2つくらいが水中に沈むようオモリで調整し、このウキの動きを見てアタリを取る

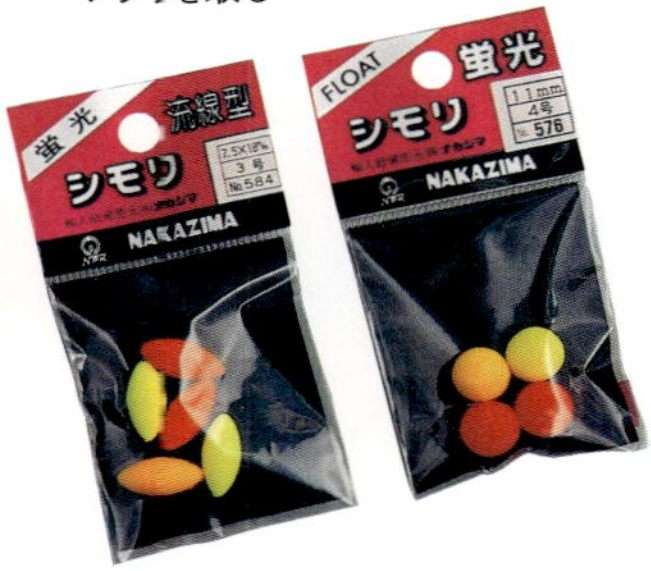

カン付き円錐ウキ
ウキの下部の環（カン）に直接またはウキスイベルを介して道糸を通す。遊動仕掛けでは、道糸が通るとき中通しウキより抵抗が少ないため、速く遊動する

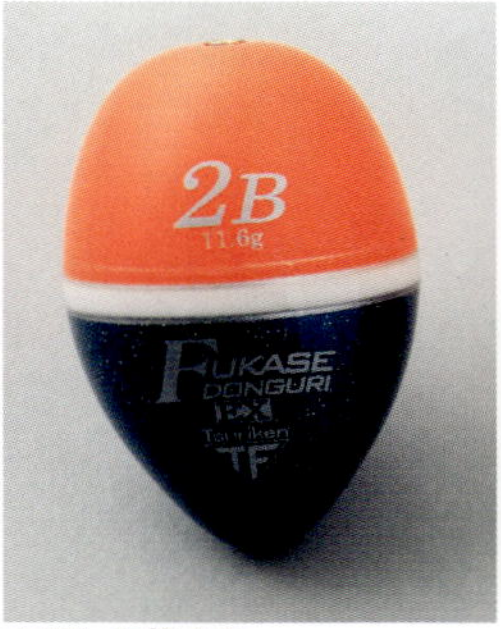

中通し円錐ウキ
メジナ釣りでは最もポピュラーなウキ。遊動仕掛けで使用することが多い

電気ウキ
電池を入れ、トップ部分を点灯させて使う夜釣り用のウキだ

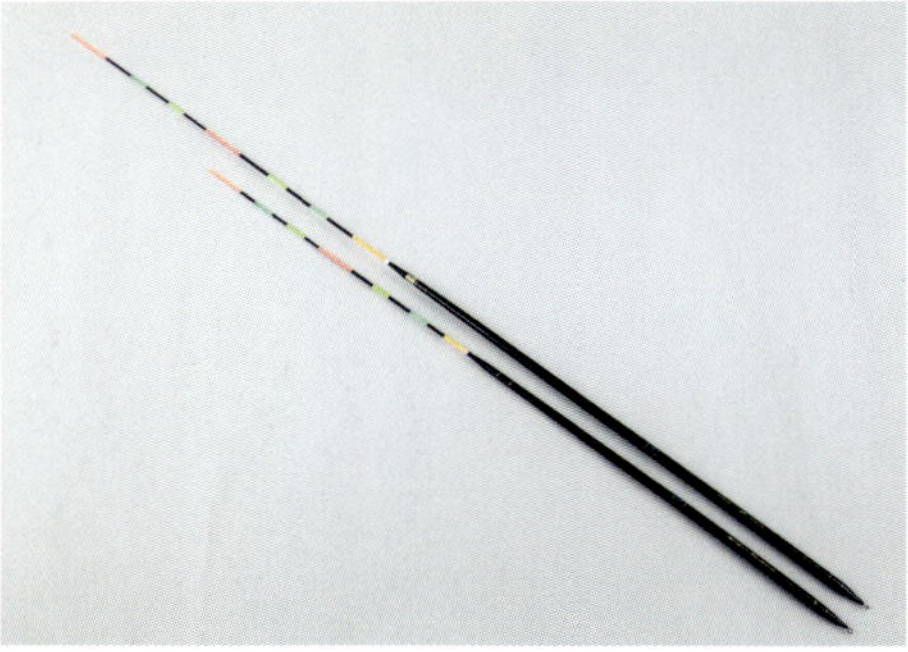

立ちウキ
クロダイ釣りで使われることが多い。細いトップの目盛りに現れる繊細なアタリを取ることができる

が一般的。ウミタナゴ、アジ、小メジナ、ハゼ、サヨリなど、多彩な魚種に対応できる。

　ほかに夜釣り用のリチウム電子ウキ（棒ウキタイプ）やサヨリ用の転倒ウキ、ブダイ用の大型ブダイウキ、カゴ釣り用の大型発泡ウキなど色いろなタイプがある。

用語解説	>>> 隠れ根	水面の下に隠れている岩礁帯のこと。シモリ根とも呼ぶ。

ウキ釣りに必要なタックル類【3】その他のタックル

ハサミや水くみバケツ、クーラーなどのほか、ウエア類や帽子、ブーツも必要。ライフジャケットは必ず着用しよう

ウキ釣りではコマセをまくことが多いが、その際、足元にバッカン（コマセ入れ）や水くみバケツを配置する。バッカンにはエサを入れておくエサバケットを付ける

ウキ以外では、まずウエア類をそろえたい。とくに雨具は必需品だ。ビニール製のものはムレて汗をかくので、透湿素材のものがおすすめ。以前はかなり高価だったが、最近は値段も手ごろになってきた。帽子、ライフジャケット、スパイクシューズやラジアルブーツ、グローブなども必要だ。とくにライフジャケットは必ず着用すること。

スパイクシューズに関しては、場所によってはかえって滑るケースもあるから注意。濡れたテトラなどは、スパイクが役に立たない場合が多いので絶対に乗らないこと。平らで足場のよい堤防なら、スパイクよりもラジアルブーツのほうがおすすめだ。

偏光グラスは海中の隠れ根を見つけやすいし、逆光のウキも見やすくなるので用意したい。

釣り具類ではハサミ、水くみバケツ、コマセ用バッカン、ヒシャク、玉網、クーラーボックス、仕掛け類、タオルなどが必要。コマセ用のバッカンはフタ付きのほうがいい。バケツタイプは底が深く

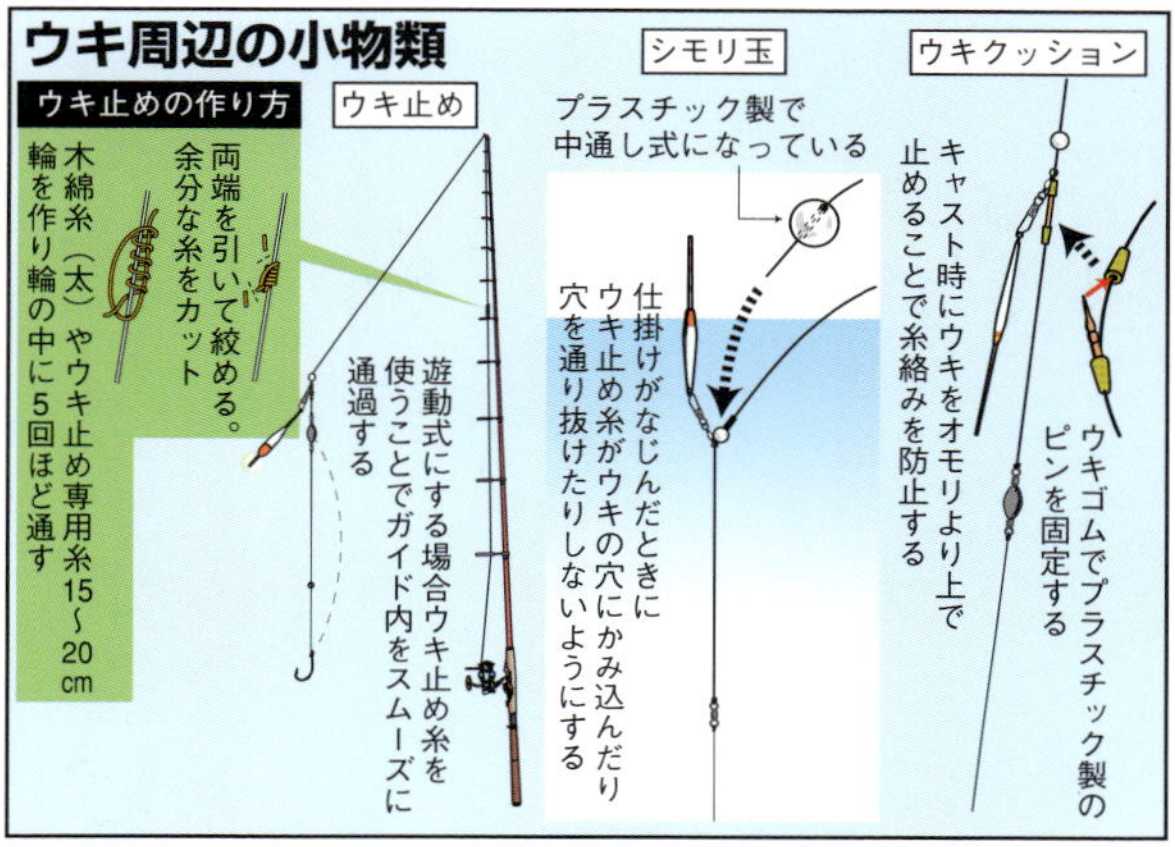
ウキ周辺の小物類
ウキ止めの作り方
木綿糸（太）やウキ止め専用糸15～20cm輪を作り輪の中に5回ほど通す
両端を引いて絞める。余分な糸をカット
ウキ止め
遊動式にする場合ウキ止め糸を使うことでガイド内をスムーズに通過する
シモリ玉
プラスチック製で中通し式になっている
仕掛けがなじんだときにウキ止め糸がウキの穴にかみ込んだり穴を通り抜けたりしないようにする
ウキクッション
キャスト時にウキをオモリより上で止めることで糸絡みを防止する
ウキゴムでプラスチック製のピンを固定する

玉網
小さい魚なら竿で抜き上げてしまえばいいが、大きな魚が掛かったらそうはいかない。必ず玉網を用意しよう

パーツケース
ウキ釣りでは仕掛けに様ざまな小物を使用する。小さなパーツも多いので、ケースにまとめておくと便利だ

コマセヒシャク
これでコマセをすくってまく。柄の長さやカップの大きさが色いろある

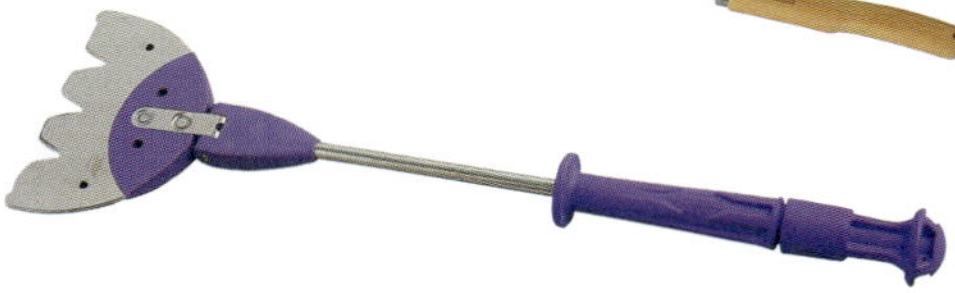

コマセカッター
凍ったオキアミを崩し、混ぜる道具。とはいえ、カチカチの状態だとなかなか崩れないから、半解凍状態にしてから崩すといい

ハリ&ガン玉
ハリやガン玉もケースに入れておこう

なるので不便だ。

ヒシャクは、うっかり海に落としたり折れたりすることがあるので、予備として2本以上持参したい。水くみバケツは8メートルほどのロープ付きのもの、バケツの直径は17～20センチ程度が標準だ。

クーラーはイス代わりにも使えるが、表面に小さなフタがあるものは、座ると破損する恐れがあるから注意。パイプイスを用意すればその心配もない。玉網は枠が40センチ、柄が4～5メートルあれば、ほぼ間に合う。

用語解説	>>> カケ上がり	海底の状態のことで、浅場から深場へと落ち込む斜面のことをいう。

ウキ釣りの仕掛けパターン

ウキ釣りの仕掛けには様ざまなバリエーションがある。ここでは基本的なパターンをいくつか紹介しよう

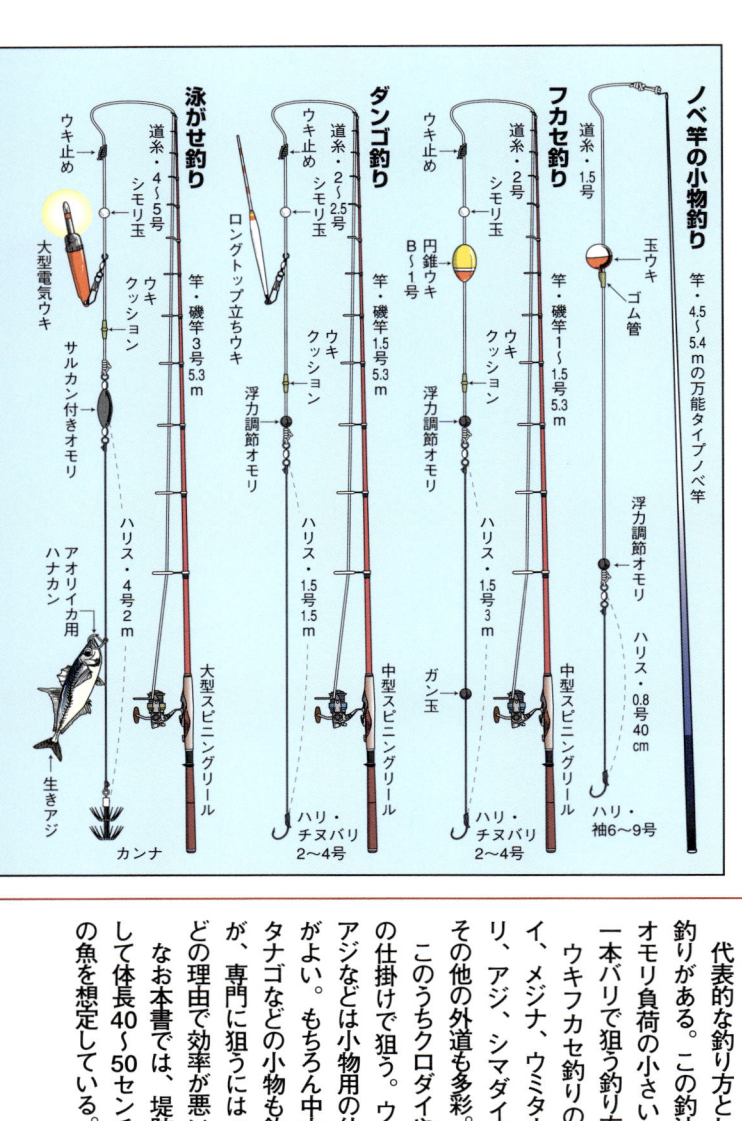

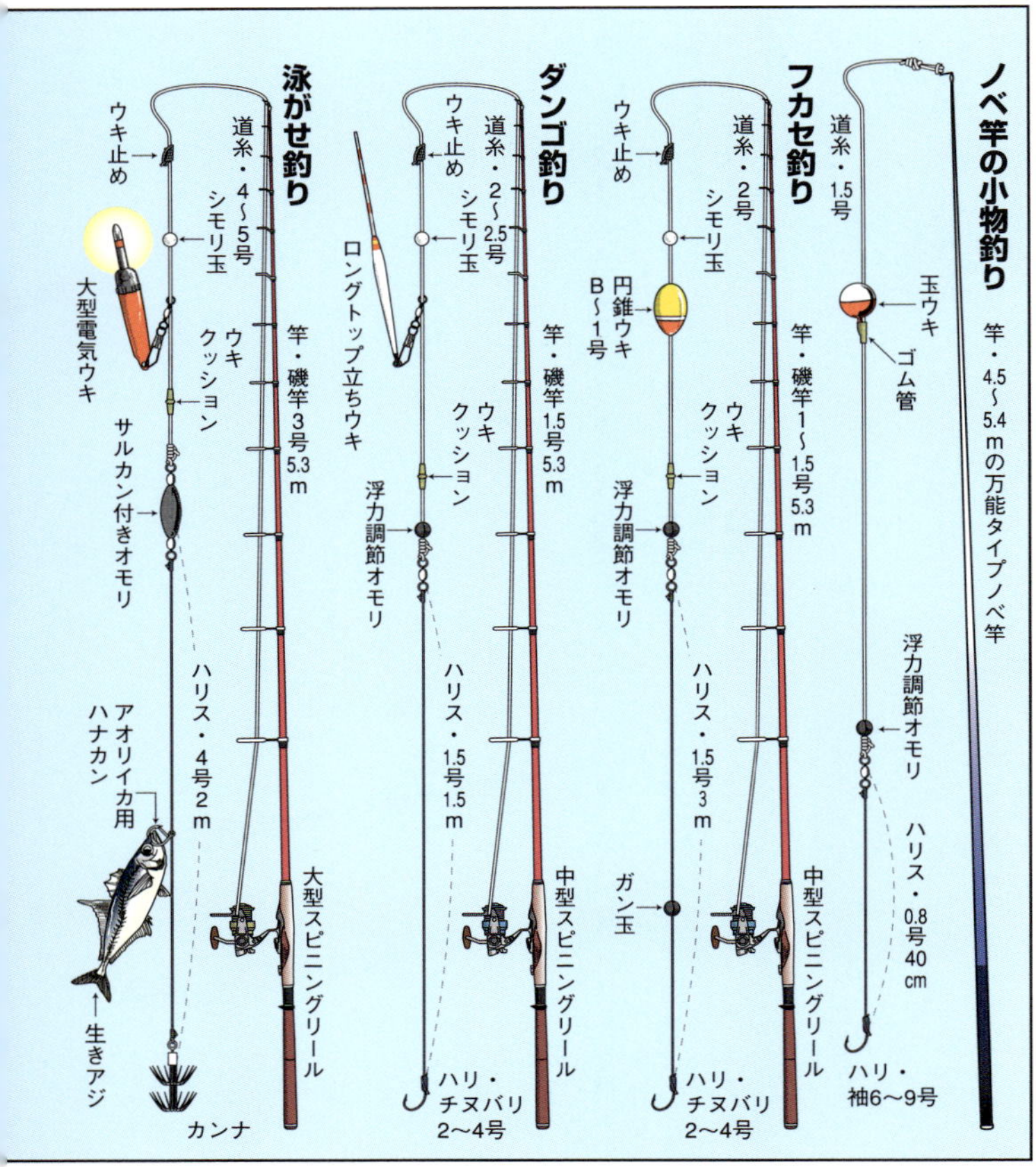
ノベ竿の小物釣り
竿・4.5～5.4mの万能タイプノベ竿
道糸・1.5号
玉ウキ
ゴム管
浮力調節オモリ
ハリス・0.8号40cm
ハリ・袖6～9号
フカセ釣り
竿・磯竿1～1.5号5.3m
道糸・2号
ウキ止め
シモリ玉
円錐ウキB～1号
ウキクッション
浮力調節オモリ
ハリス・1.5号3m
ガン玉
中型スピニングリール
ハリ・チヌバリ2～4号
ダンゴ釣り
竿・磯竿1.5号5.3m
道糸・2～2.5号
ウキ止め
シモリ玉
ロングトップ立ちウキ
ウキクッション
浮力調節オモリ
ハリス・1.5号1.5m
中型スピニングリール
ハリ・チヌバリ2～4号
泳がせ釣り
竿・磯竿3号5.3m
道糸・4～5号
ウキ止め
シモリ玉
大型電気ウキ
ウキクッション
サルカン付きオモリ
ハリス・4号2m
アオリイカ用ハナカン
生きアジ
大型スピニングリール
カンナ

堤防からウキ釣りを楽しむ場合、仕掛けはそれぞれ狙う魚種に合わせて作るのが一般的。しかし「中大物狙い」と「小物狙い」という分け方をすると、それぞれ仕掛けの一部を変えるだけで兼用できるものもけっこう多い。

代表的な釣り方としては、ウキフカセ釣りがある。この釣法は軽めの仕掛けにオモリ負荷の小さいウキをセットして、一本バリで狙う釣り方だ。

ウキフカセ釣りの対象魚にはクロダイ、メジナ、ウミタナゴ、メバル、サヨリ、アジ、シマダイ、ベラなどがあり、その他の外道も多彩。

このうちクロダイやメジナは中大物用の仕掛けで狙う。ウミタナゴやサヨリ、アジなどは小物用の仕掛けで釣ると効率がよい。もちろん中大物用仕掛けでウミタナゴなどの小物も釣れないことはないが、専門に狙うにはハリが大きすぎるなどの理由で効率が悪い。

なお本書では、堤防釣りでの中大物として体長40～50センチ、重さ1～2キロの魚を想定している。

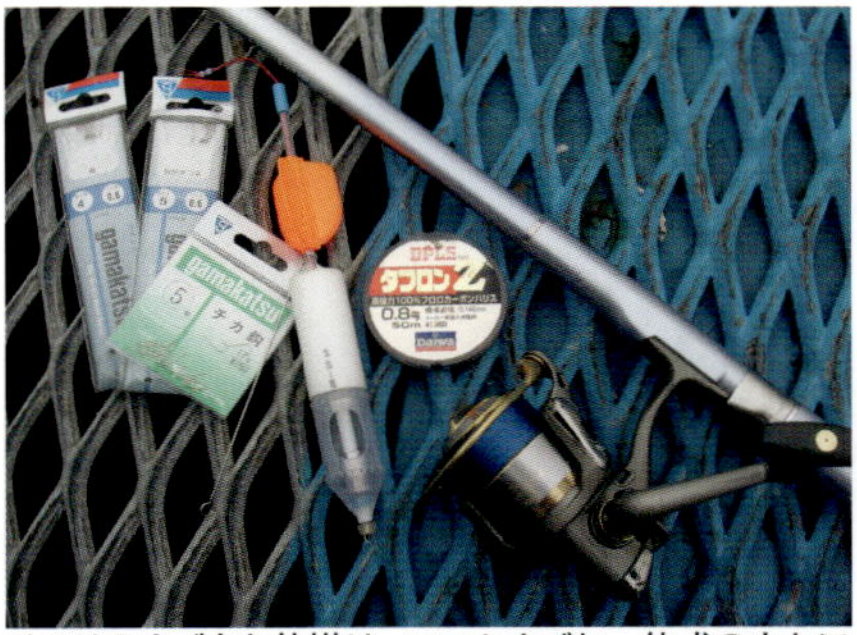
gamakatsu
チカ釣
5
ダブロンZ
0.8号
50m
DAIWA

サヨリのカゴウキ仕掛け。コマセカゴと一体式のウキにコマセを詰めて、やや遠投してサヨリを狙う。ハリは自分でハリスに結んでもいいが、市販のハリス付きのものを使う手もある

ハゼ狙いのシモリウキ仕掛け。シモリウキと呼ばれる小型のウキを4〜5連で付け、下の2〜3個を水中に沈め（シモらせるという）て使う。水中にシモったウキの動きでアタリを捉える繊細な仕掛けだ

各種ウキ釣り仕掛け

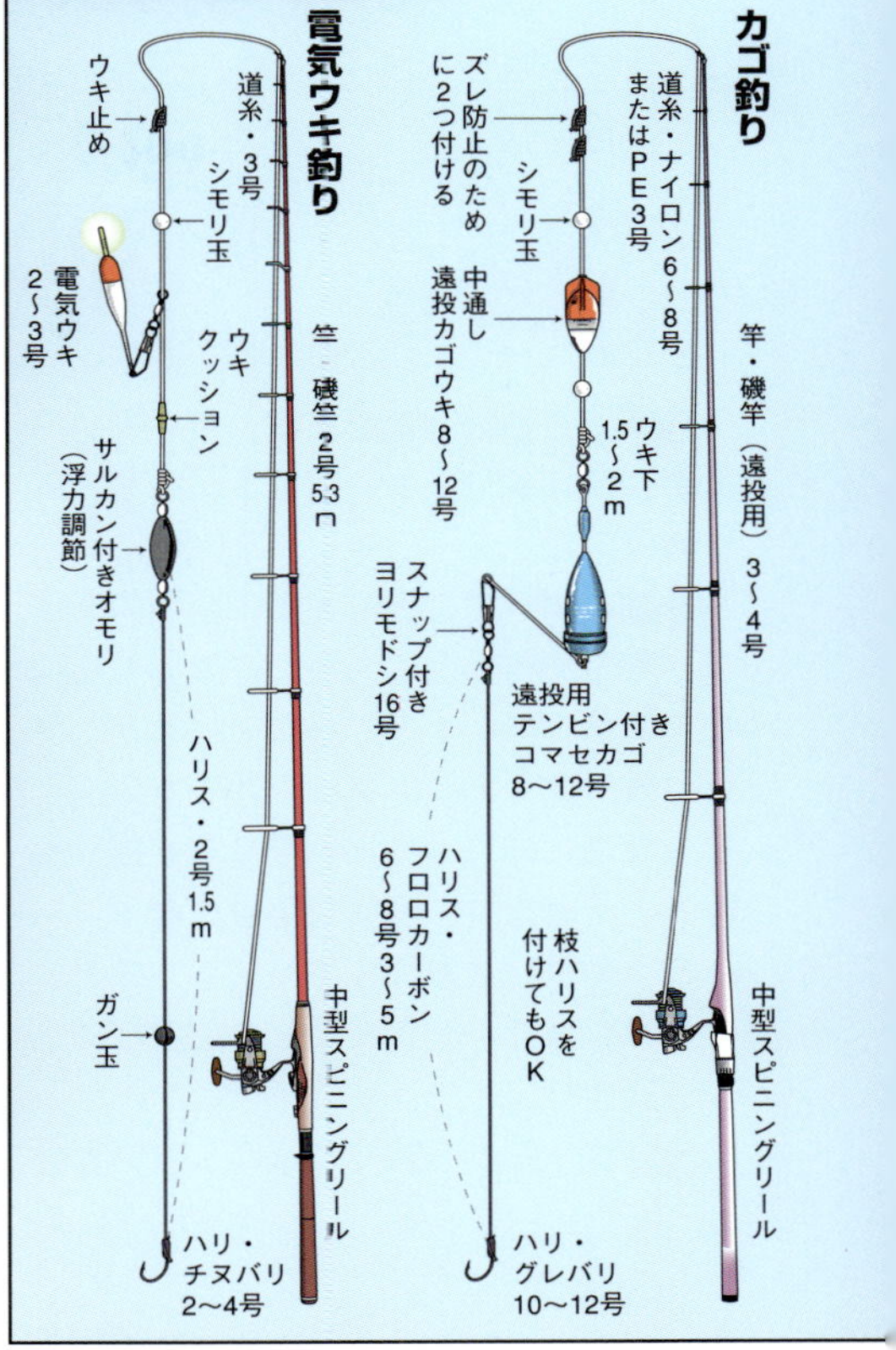
電気ウキ釣り
ウキ止め
道糸・3号
シモリ玉
電気ウキ
2〜3号
ウキクッション
竿・磯竿2号5.3m
サルカン付きオモリ
（浮力調節）
ハリス・2号1.5m
ガン玉
中型スピニングリール
ハリ・チヌバリ2〜4号
カゴ釣り
ズレ防止のために2つ付ける
道糸・ナイロン6〜8号またはPE3号
シモリ玉
中通し遠投カゴウキ8〜12号
竿・磯竿（遠投用）3〜4号
ウキ下1.5〜2m
スナップ付きヨリモドシ16号
遠投用
テンビン付き
コマセカゴ
8〜12号
ハリス・フロロカーボン6〜8号3〜5m
枝ハリスを付けてもOK
中型スピニングリール
ハリ・グレバリ10〜12号

浮力の調整

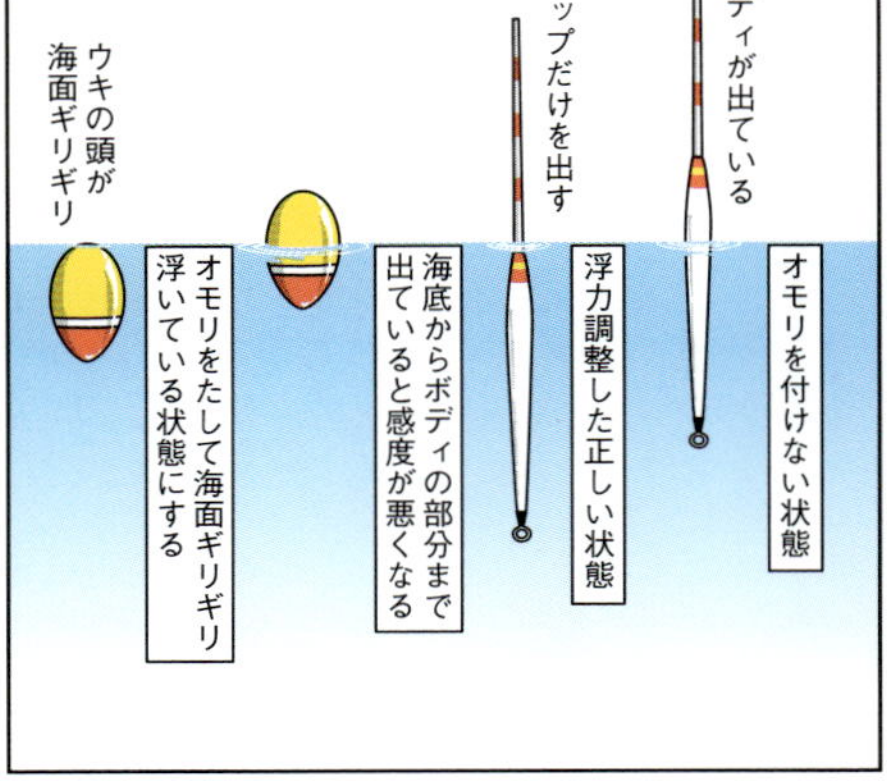
ウキの頭が海面ギリギリ
オモリをたして海面ギリギリ浮いている状態にする
トップだけを出す
海底からボディの部分まで出ていると感度が悪くなる
浮力調整した正しい状態
ボディが出ている
オモリを付けない状態

底の取り方

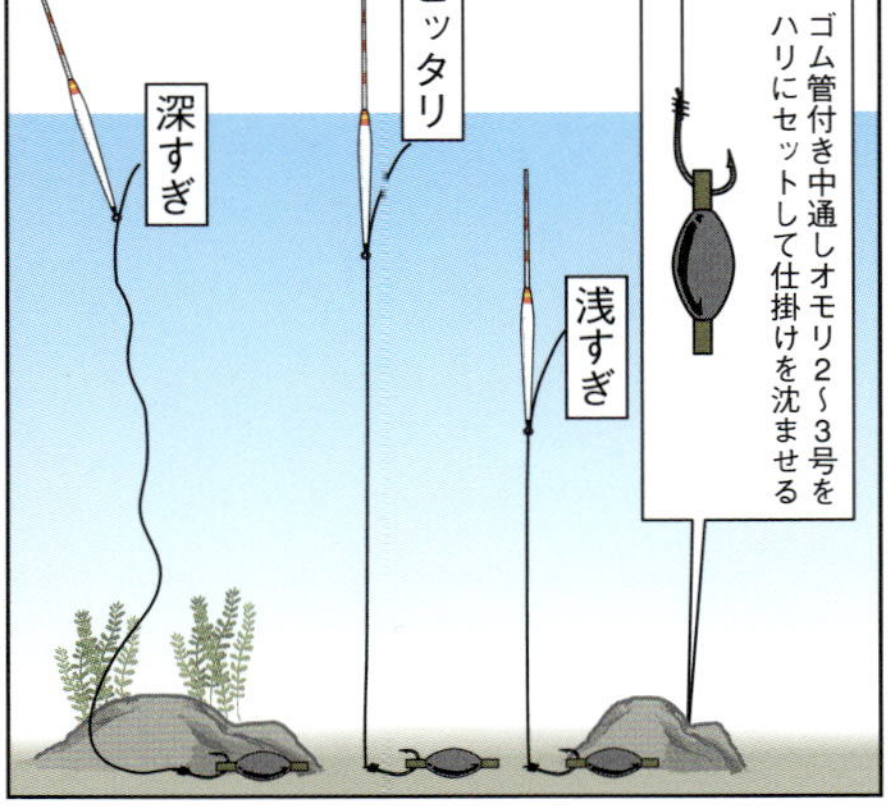
深すぎ
ピッタリ
浅すぎ
ゴム管付き中通しオモリ2〜3号をハリにセットして仕掛けを沈ませる

用語解説	>>> 型	魚のサイズのこと。釣れたことを「型を見る」とも言う。

column.2

堤防以外の釣り場

2

砂浜

砂浜からの釣りといえば、まず思いつくのが投げ釣り。ターゲットはもちろんシロギスだ。

季節によっては波打ち際で小型の数釣りが楽しめることもあるし、やみくもに遠投すればいいものでもないけれど、やはり投げ釣りの醍醐味はフルキャスト。広大な海に向かって思い切り竿を振り抜くと、それだけで爽快な気分になる。ベテランの釣り人がフルキャストすると、仕掛けは200メートル以上も飛ぶというから驚きだ。

投げ釣りだから遠くに飛ばしたいというシンプルな欲求のほかに、仕掛けを遠くに投げて引いてくれば、それだけ長くポイントを探れるという利点もある。ゆっくり仕掛けを引いて（サビいて）くれば、海底の起伏も分かる。潮の流れを感じることもある。そして魚のアタリ。こんなふうに海と向き合うのが砂浜の投げ釣りだ。

投げ釣りのほかに、近年はヒラメやマゴチを狙うルアーマンも訪れる。波打ち際からそう離れていない所で魚がヒットすると、新鮮な感激があるものだ。

《堤防での釣り方》

3

ヘチ釣り

をマスターしよう

カラス貝やフジツボ、海藻などが着いたり、
ブロックの継ぎ目の溝や崩れ部分がある堤防のヘチ際は、
多くの魚が集まる絶好のポイント。クロダイをメインターゲットに、
多彩な魚種が狙えるヘチ釣りに挑戦してみよう!

HECHI

ヘチ際には多くの魚が集まるのだ！

エサが豊富で、地形的に非常に変化に富む堤防のヘチ際。ここに集まる多くの魚を直撃するのがこの釣りだ

ヘチ釣りは、文字どおり堤防のヘチ（コンクリートブロックの壁面）を中心に狙う釣りのことだ。

堤防釣りでは、ビギナーほどやたらと遠くのポイントを攻めたがる傾向があるが、ヘチ釣りを体験してみると「なんだ、こんな足元近くに魚がいたんだ」と例外なく驚く。

堤防のヘチは、カラス貝やフジツボ、海藻などが付着したり、コンクリートブロックの継ぎ目の溝や崩れ部分があったりして、非常に変化に富んだ形をしている。カラス貝、フジツボ、海藻などは、それ自体が魚のエサにもなるし、そこにはカニ、エビ、虫類が繁殖して、魚にとってはレストラン街のような雰囲気さえある。加えてコンクリートブロックの継ぎ目は、警戒心が強い魚たちには絶好の隠れ家ともなるのだ。

つまり、ヘチというのは魚が集まるような変化に富んだ海底が、縦に折れ曲がったポイントだとイメージするとよい。

またヘチ釣りで必要な道具は、短竿（ヘチ竿）にタイコリール、ハリス、ガ

足元の堤防際（ヘチ）を探って歩くのがヘチ釣り。どんどんポイントを移動しながらの釣りだけに、タックル、仕掛けや装備はシンプルで身軽だ

2.1〜2.7メートルほどの短竿にタイコリールをセットした非常にシンプルな道具立てで楽しめるのがヘチ釣りの特徴だ

こうしたブロックとブロックの隙間は、魚が身を隠すことができる場所。また、この隙間を潮が行き来するため、多くの魚が集まる好ポイントとなる

ヘチ際にはカラス貝（イガイ）やフジツボがたくさん着き、そこにカニやエビなどの小動物が生息する。これらを狙って魚も集まってくるのだ

ン玉、ハリといった程度でシンプルそのもの。加えて、釣り場は大都会の港の埋立地の護岸から、地方の小漁港の船着き場まで無数にある。手軽に、あまり費用もかけずに楽しめるのがヘチ釣りの魅力のひとつ。「いつでもどこでも堤防釣り」という感覚でヘチ釣りを楽しんでいただきたい。

用語解説	>>> ガン玉	丸い小さなオモリのこと。1〜8号まででは数字が小さくなるほどオモリは大きくなり、1号以上ではB、2B、3BとBが付き数字が大きくなるほどオモリは重くなる。

ヘチ釣りではこんな魚が狙えるぞ

なんといってもメインターゲットはクロダイ。ほかにアイナメ、メバル、スズキなど実に多くの魚が釣れるのだ！

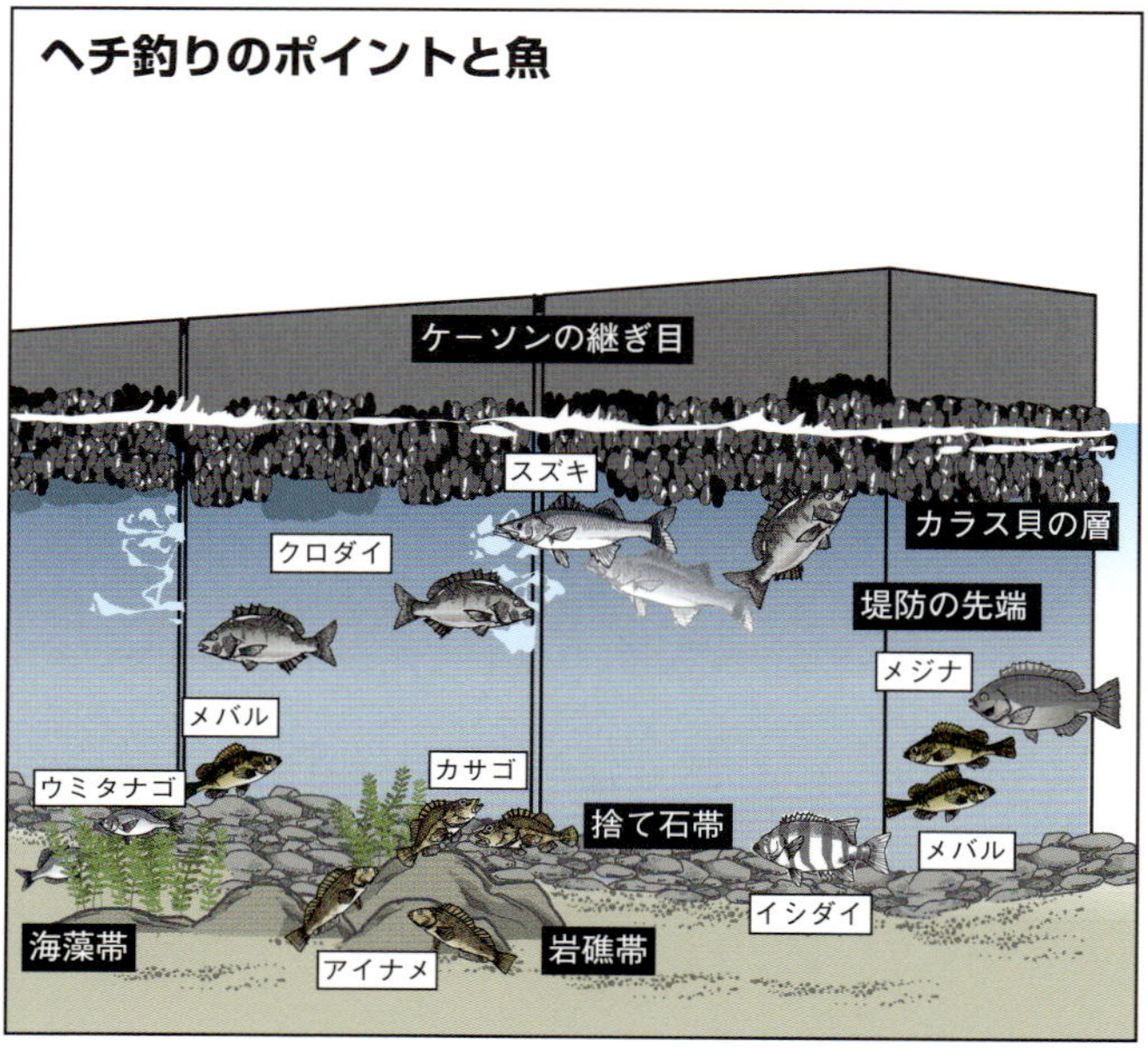
ヘチ釣りのポイントと魚
ケーソンの継ぎ目
スズキ
カラス貝の層
クロダイ
堤防の先端
メジナ
メバル
カサゴ
ウミタナゴ
捨て石帯
メバル
イシダイ
海藻帯
岩礁帯
アイナメ

冬季はアイナメ釣りも楽しい。乗っ込みで浅場に入ってくる個体は40センチを超える大型魚も少なくない

堤防でヘチ釣りのターゲットとなる魚は、ざっと思いつくだけでもアイナメ、イシダイ（シマダイ）、ウミタナゴ、カサゴ、カワハギ、クロダイ、スズキ、ハゼ、メジナ、メバルなどが挙げられる。これだけの魚が相手だから、オールシーズン楽しむことができる。また、これらターゲットは釣るのが難しいクロダイ（中上級者向け）やビギナーにも釣りやすいアイナメ、カサゴ、ウミタナゴ、ハゼ、メジナがいて、それぞれに合った幅広い楽しみ方ができる。

アイナメ、カサゴは海底の障害物周りで釣れる根魚だ。堤防の基礎として入っている捨て石部分を積極的に探ってみよう。とくにコンクリートブロックが崩れているような場所は狙い目だ。

メバルはやはり根に着く魚だが、海底ベッタリというよりも、やや浮いた状態で群れていることが多いので、少し上のタナも探ってみる。暗くなってからが有利だが、日中でもコンクリートブロックの継ぎ目の中や、堤壁が崩れてえぐれた中を探ると釣れる。

ヘチ釣り対象魚の一般的な釣期

魚名	1月	2月	3月	4月	5月	6月	7月	8月	9月	10月	11月	12月
クロダイ				○	◎	●	●	●	●	◎	◎	○
スズキ			○	◎	◎	●	●	◎	●	●	●	◎
アイナメ	●	●	◎	◎	○					○	◎	●
カサゴ	●	●	●	◎							◎	●
メバル	◎	●	●	●	◎						◎	●
カワハギ	○	○	○					○	○	○	○	○
ウミタナゴ		○	◎	●	●	◎			○	◎	○	
ベラ					○	◎	●	●	●	◎	○	
メジナ				○	◎	●			◎	●	◎	○

●最盛期　◎釣期　○場所によって狙える

ヘチ釣りのメインターゲットはなんといってもクロダイ。釣り師はみな、この美しく堂々たる姿に憧れてしまう

スズキもヘチ釣りで釣れるターゲット。60センチ、70センチといった大物がヒットしたときは大迫力だ

早春から初夏にかけてはメバルもおもしろい。場所によっては日中も釣れるが、基本的には夜釣りで狙う

ウミタナゴ、メジナ、カワハギは堤防の中腹にびっしりと付着したカラス貝やフジツボの層の下あたりを狙ってみよう。船揚げ場のスロープがあるような釣り場では、スロープの先端の縦に落ち込んでいる部分も好ポイントだ。

スズキは潮がよく通る堤防の先端周辺がとくに狙い目。朝夕マヅメや夜釣りに分がある。

クロダイ、シマダイは障害物や変化があるポイントのすべてを、たんねんに探っていくくらいの気持ちが必要だ。

ただ、なにを釣るにしても、潮が流れていることが絶対的な条件で、ベテランは「潮を読んで釣る」。よく「トローッとした潮が効いている」という表現をするが、それがベストの状態。仕掛けがまったく流れないようでは釣れないし、逆にスーッと流されてしまっても困る。

潮の状態は、一日のうちでも刻々と変化するが、同じ堤防でもポイントごとに状態が異なる。まずはその時どきにトローッとした潮が効いている所を探し出すことが好釣果を得るための近道だ。

用語解説	>>> 聞く	魚がハリに掛かったかどうか、道糸をそっと張って確かめること。

ヘチ釣りには3パターンの釣り方がある

ヘチ釣りは大きく分けてフカセ釣り、落とし込み釣り、ミヤク釣りの3種。釣り場の条件や魚種に合わせて使い分けろ

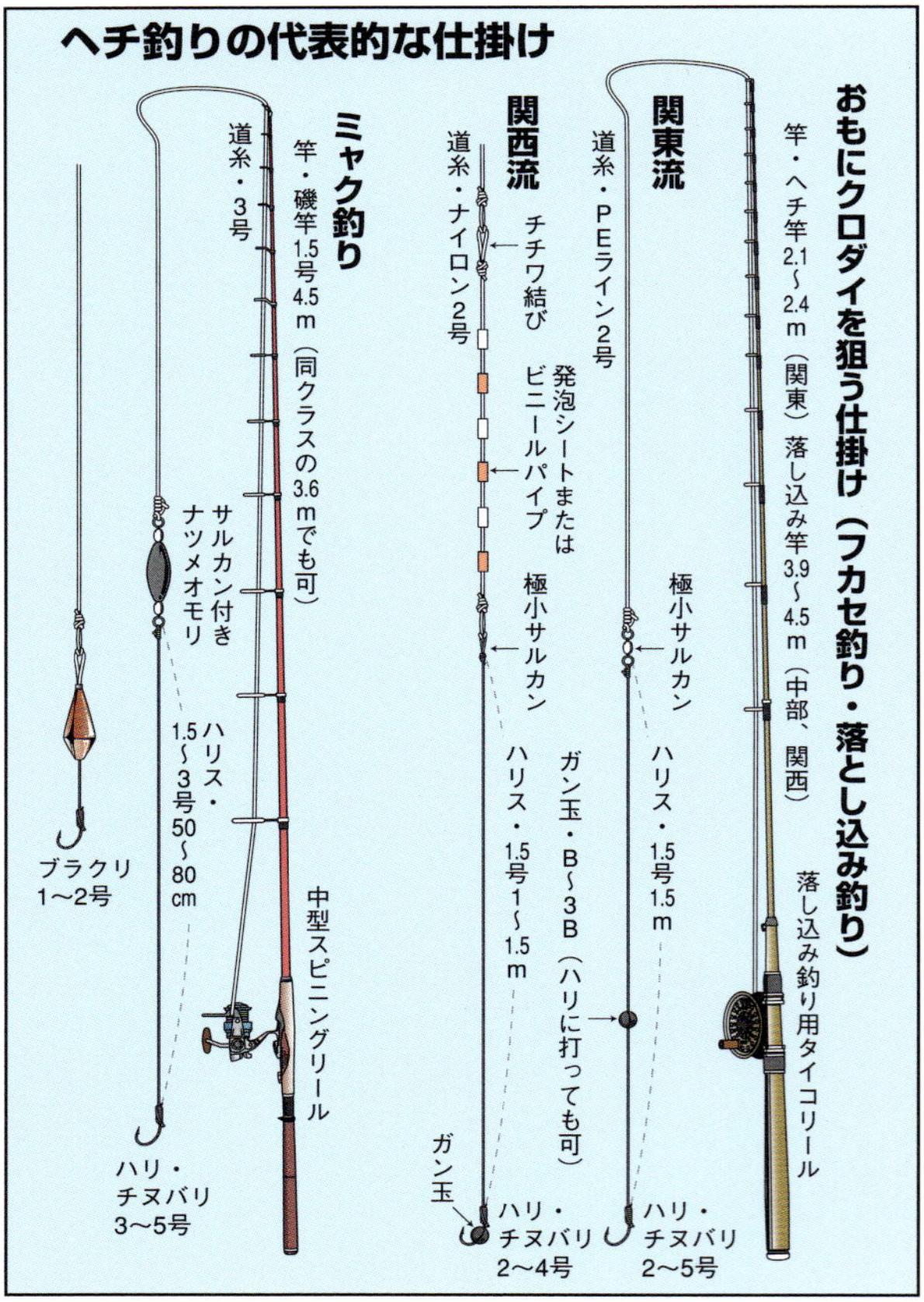
ヘチ釣りの代表的な仕掛け
おもにクロダイを狙う仕掛け（フカセ釣り・落とし込み釣り）
竿・ヘチ竿2.1～2.4m（関東）落し込み竿3.9～4.5m（中部、関西）
落し込み釣り用タイコリール
関東流
道糸・PEライン2号
極小サルカン
ハリス・1.5号1.5m
ハリ・チヌバリ2～5号
関西流
道糸・ナイロン2号
チチワ結び
発泡シートまたはビニールパイプ
極小サルカン
ガン玉・B～3B（ハリに打っても可）
ハリス・1.5号1～1.5m
ガン玉
ハリ・チヌバリ2～4号
ミャク釣り
竿・磯竿1.5号4.5m（同クラスの3.6mでも可）
道糸・3号
サルカン付きナツメオモリ
ハリス・1.5～3号50～80cm
中型スピニングリール
ハリ・チヌバリ3～5号
ブラクリ1～2号

ヘチ釣りでは多彩な魚種を釣ることができると前項で述べた。が、本格的にヘチ釣りに取り組んでいる人たちの多くはクロダイを狙っている。クロダイは警戒心が強く、簡単にはハリに掛からない。だが、ひとたびハリ掛かりするや、その引きは強烈だ。掛けるまでの繊細な駆け引きや掛けたあとの引き味に魅了される人が多いのだ。そこで、ここからはクロダイ狙いに重点を置いて解説していく。

ひとくちにヘチ釣りといっても、短竿を使った関東方面の釣りと、長竿と目印パイプを使った名古屋、関西方面の釣りがある。いずれもヘチというポイントを攻める原理は同じだ。

ヘチを攻めるというのは「エサの落下を演出して、魚の食いを誘う」ということだ。ヘチに付着していたエサが、波に洗われてユラユラと落下する様子をイメージして釣ることになる。

落下の演出については、おおまかに分けて3つの方法がある。

まず、最も軽いオモリを使い道糸のフケ（弛み）を作りながら潮にまかせてユ

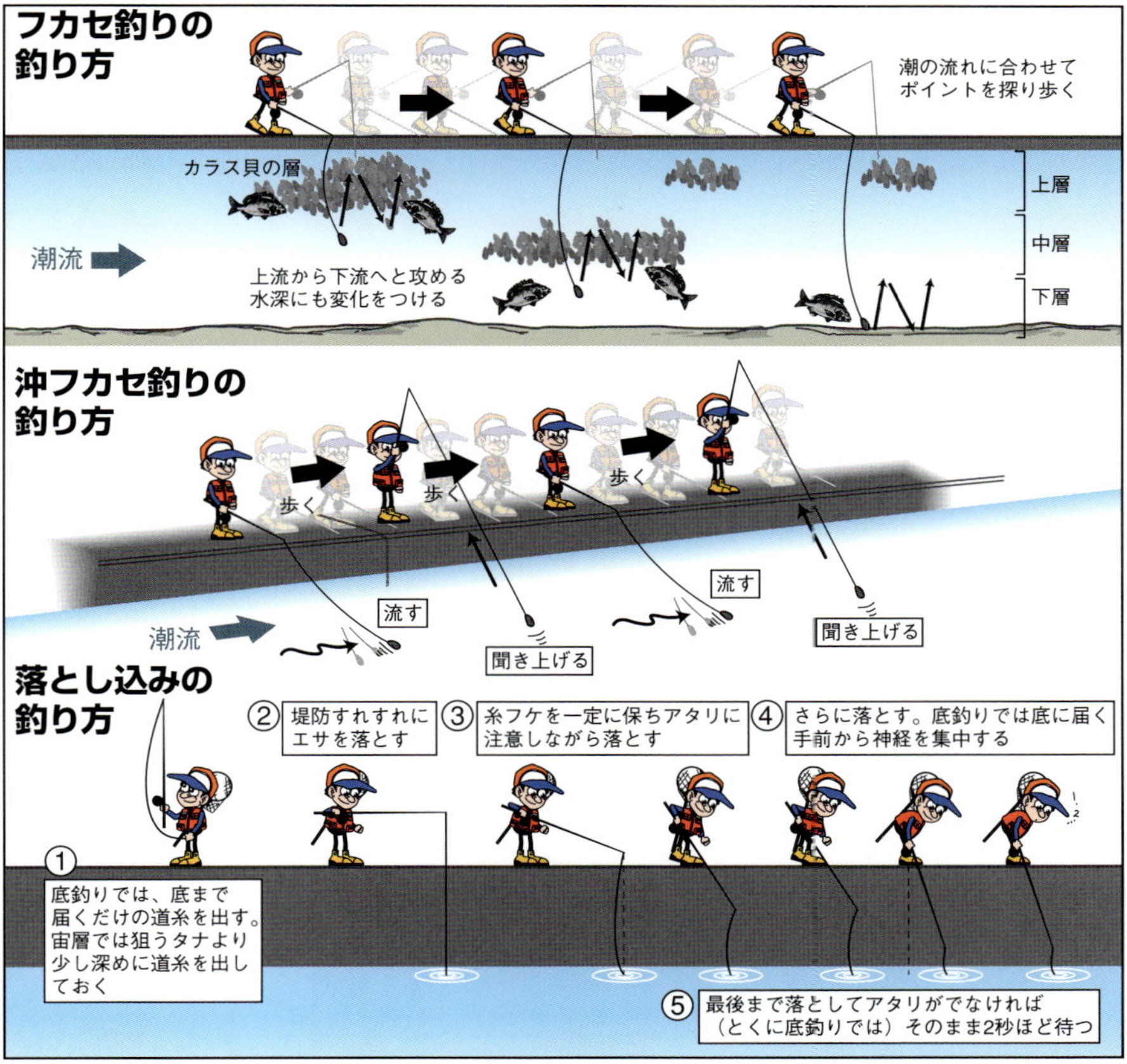
フカセ釣りの
釣り方
潮の流れに合わせて
ポイントを探り歩く
カラス貝の層
上層
中層
下層
潮流
上流から下流へと攻める
水深にも変化をつける
沖フカセ釣りの
釣り方
歩く
歩く
歩く
流す
流す
潮流
聞き上げる
聞き上げる
落とし込みの
釣り方
② 堤防すれすれに
エサを落とす
③ 糸フケを一定に保ちアタリに
注意しながら落とす
④ さらに落とす。底釣りでは底に届く
手前から神経を集中する
①
底釣りでは、底まで
届くだけの道糸を出す。
宙層では狙うタナより
少し深めに道糸を出し
ておく
⑤ 最後まで落としてアタリがでなければ
（とくに底釣りでは）そのまま2秒ほど待つ

ラユラと落下させるのがフカセ釣りだ。当然、エサは横に流されながら落下するので、堤防の上をゆっくりと歩きながら横にポイントを探ることになる。これがヘチ釣りの基本中の基本。

フカセ釣りの応用として、あらかじめ足元に相当量の道糸を出しておき、エサを下手投げで沖に飛ばしたあと沖目の海底付近を探る沖フカセ釣り（前打ち）がある。

ふたつめはやや重いオモリを使って、道糸を張り気味にしながらエサを落下させる落とし込み釣りだ。この場合、落下スピードや落下時の変化は竿先を下げる動きで調整することになる。ここぞと思うポイントを縦に探る釣り方だ。

さらに、竿先に重さを感じるような重いオモリを使った釣りがミャク釣りだ。おもに海底にいるアイナメやカサゴなどを狙うときの釣り方で、ブラクリ釣りもこれに含まれる。

以上の3つの方法をマスターすれば、堤防の周りに集まる魚のほとんどを、季節を問わずに釣ることができる。

用語解説	>>> **魚影**	そこにいる魚の量を指す。「魚影が濃い」とは、魚の量（数）が多いこと。

ヘチ釣りに必要なタックル類【1】竿、リール

竿はヘチの短竿かやや長めの前打ち竿。リールはギア比1対1のタイコリール。非常にシンプルな道具立てだ

海面からの高さがあまりない堤防が多い関東では、短い竿のほうがあつかいやすい

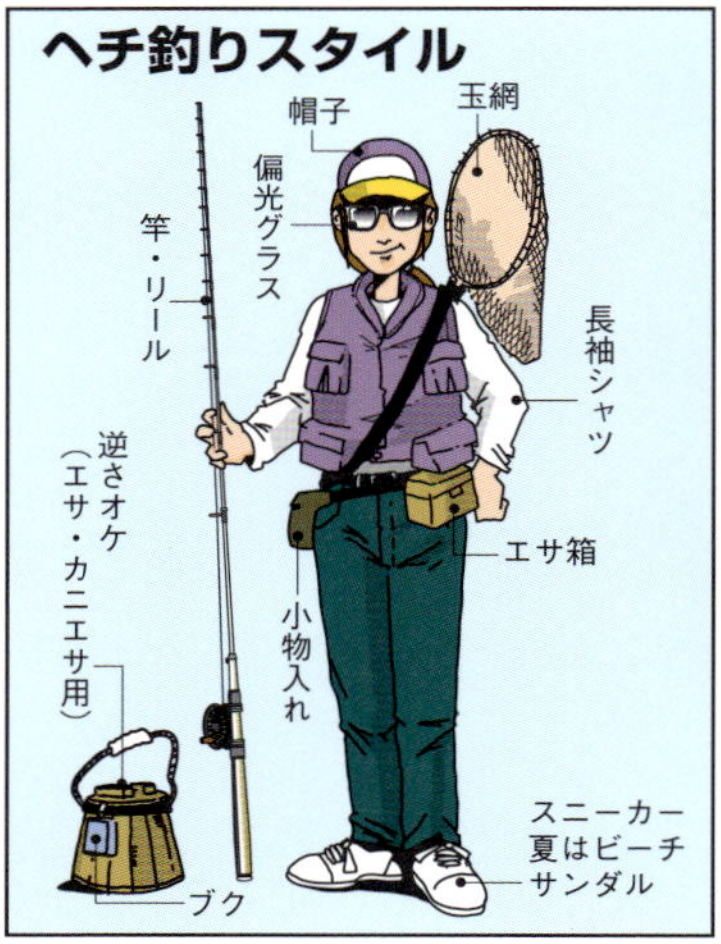
ヘチ釣りスタイル
帽子
玉網
偏光グラス
竿・リール
長袖シャツ
逆さオケ（エサ・カニエサ用）
小物入れ
エサ箱
スニーカー
夏はビーチサンダル
ブク

図のとおり、こんな格好で堤防を釣り歩く。季節や天候によっては、このようなフィッシング・ウエア（レイン・ウエア）を着用する

ヘチ釣りは、堤防上の一カ所でじっと腰を落ち着けて釣る釣りではない。常に歩いてポイントを探り続ける釣りであり、「釣果はどれだけ歩いたかによって決まる」といっても過言ではない。だからヘチ釣りの道具類は、身に付けて歩けるようにシンプルなものになっている。玉網を背負い、竿と逆さ桶を手にしたスタイルは釣りやすさ、機能性を追求した結果なのだ。そんなヘチ釣りタックルについて、説明していこう。

まずは竿から。関東地域では2.1〜2.7メートル程度の短竿が使われる。水面から堤防までの高さが比較的低いのでこの程度の短竿が使いやすい。調子は穂先部分が極端に軟らかく、穂持ち部分から手元までが硬い先調子竿で、横浜調子と呼ばれたりする。

一方、中京から関西地域では3.9〜5.4メートル程度の長竿が使われることが多い。前打ち竿とも呼ばれるU字ガイド仕様の竿だ（U字ガイドによって、道糸の絡みが少なくなる）。この長さは、水面からの高さが高い堤防が多いこの地域の

【ヘチ釣り用の竿とリール】

竿は穂先が極端に軟らかいのが特徴。警戒心の強いクロダイの微妙なアタリをキャッチし、違和感なく食い込ませるためのものだ。ただし、胴は強烈なクロダイの引きをタメられる強さを持っている。リールはごくシンプルな構造で、ギア比1対1の糸巻き。最近のモデルはアルミ製で軽くて丈夫なものが多い。

リール

●BJ85

マシンカット技術を活用し、3次元的に考えられたこだわりの形状により、ストレスのないラインコントロールを実現。ワンタッチスプール着脱、アジャスタブルスタンドなど、基本的な操作性も考慮されている。

価格は2万3500円

【ダイワ精工】TEL0120-506-204

●鱗夕彩Esplaty67

スプールとフレームはアルミマシンカット仕上げ、スムーズで安定したブレーキ力が得られる高性能ディスクドラグを採用。また、糸絡み防止フラットスプールはラインに優しい浅溝仕様となっている。ボディカラーはスタイリッシュなシルバー、ブルーの2色があり、価格は1万6000円

【シマノ】0120-861130

竿

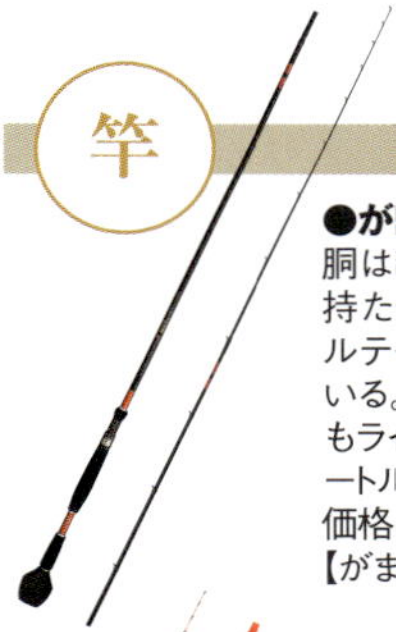

●がまチヌへちさぐり

胴は超硬調、竿先には適度な張りを持たせた軽量設計。穂先はオリジナルテーパーのグラスソリッドを採用している。より繊細な穂先を持つTYPE-Mもラインナップ。長さは2.4、2.7、3.0メートルの3種。

価格は3万5500～3万8500円

【がまかつ】TEL0795-22-5895

●黒鯛師THEヘチ　フカセ　プロ

チューブラー・インロー継ぎにより、細身、軽量で粘りのあるスムーズな胴の曲がりを実現。タナから底、沖フカセとオールラウンドな攻略が可能だ。長さは7尺、8尺、9尺、10尺(2.12～3.03メートル)の4種類、価格は2万7300～3万2300円

【黒鯛工房】TEL048-259-5450

特徴と関係する。なぜなら、堤防が高くて竿が短いと、道糸部分が海面上に多量に露出する結果となり、風がある日などには釣りづらい。調子は比較的、胴に乗ってくる軟らかい調子であり、竿でタメているだけでも、楽に魚を浮かせることができる。

　リールはいわゆるタイコリールだ。最も単純であり、それゆえに使い勝手がよい。ギア比1対1の単なる糸巻き感覚のリールなのだが、親指を軽くスプールに当てて微妙に滑らせることで道糸を出し(サミング)、大型魚とヤリトリするのに便利だ。

　以前は木製のリールが多かったが、最近はアルミ製やギア比が倍速になったものなど、各種機能を搭載した最新モデルが主流となっている。

　シンプルであるがゆえに、使うほどに手に馴染んでくるのがこのリール。やがて釣り人の手の一部となり、親指を使ってスプールを逆転させて道糸を出すような、微妙で細かい操作も自然にできるようになるはずだ。

用語解説	>>> 食い渋り	魚がいるにもかかわらず、エサを食わないこと。

ヘチ釣りに必要なタックル類【2】道糸、ハリス

海面の道糸の弛みを見てアタリを取るこの釣りでは、見やすい色が第一。ハリスはエサが自然に沈下するよう細めを使う

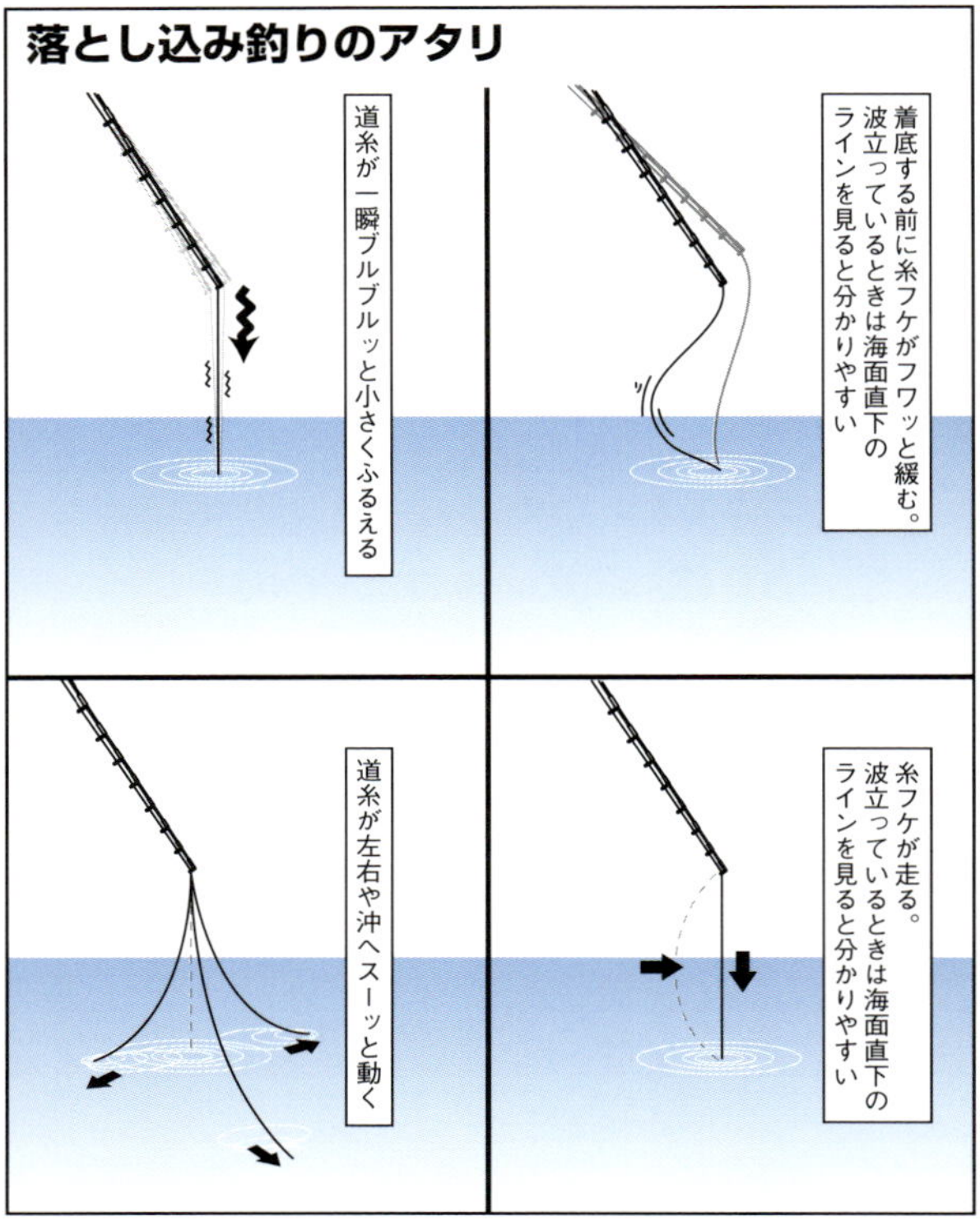
落とし込み釣りのアタリ
着底する前に糸フケがフワッと緩む。波立っているときは海面直下のラインを見ると分かりやすい
道糸が一瞬ブルブルッと小さくふるえる
糸フケが走る。波立っているときは海面直下のラインを見ると分かりやすい
道糸が左右や沖へスーッと動く

クロダイのヘチ釣りでは、竿先にダイレクトにアタリが出ることはほとんどない。海面上にある道糸の弛み（糸フケ）の変化でアタリを見極める。波立っているときや風の強いときなどは、水面直下のラインの動きを追うと分かりやすい。とにかく変化が出たときは合わせてみることだ

ヘチ釣りは、海面上にある道糸の弛み（フケ）の変化でアタリを取ることが多いので、見やすいカラーラインを使う。以前はイエローに染めた蛍光ナイロンラインを使うことが多かったが、最近はオレンジカラーが主流だ。確かに、オレンジのほうが逆光にも強い。

太さは3号程度。使うハリスによって道糸の太さも変えるのが基本だが、3号ラインを100メートルも巻いておけばほとんどの釣りに対応できる。

ハリスの太さは対象魚によって異なるが、可能な限り細いハリスを使うのが基本だ。別に「細いハリスのほうが魚に見えにくいから……」という、単純な問題ではない。ハリスや道糸が太いと、その分ラインが潮流や風に押されて大きくフケて（弛んで）しまう。したがって、ラインが太い場合にはそれに応じてオモリも重くしないと、エサをうまく落下させることができない。だがそれでは、軽いオモリを使ってユラユラと「自然に落下するエサ」を演出するフカセ釣りには致命的だ。

仕掛けを落とし込んだり流したりする際は、常に道糸の変化に気を付けることだ

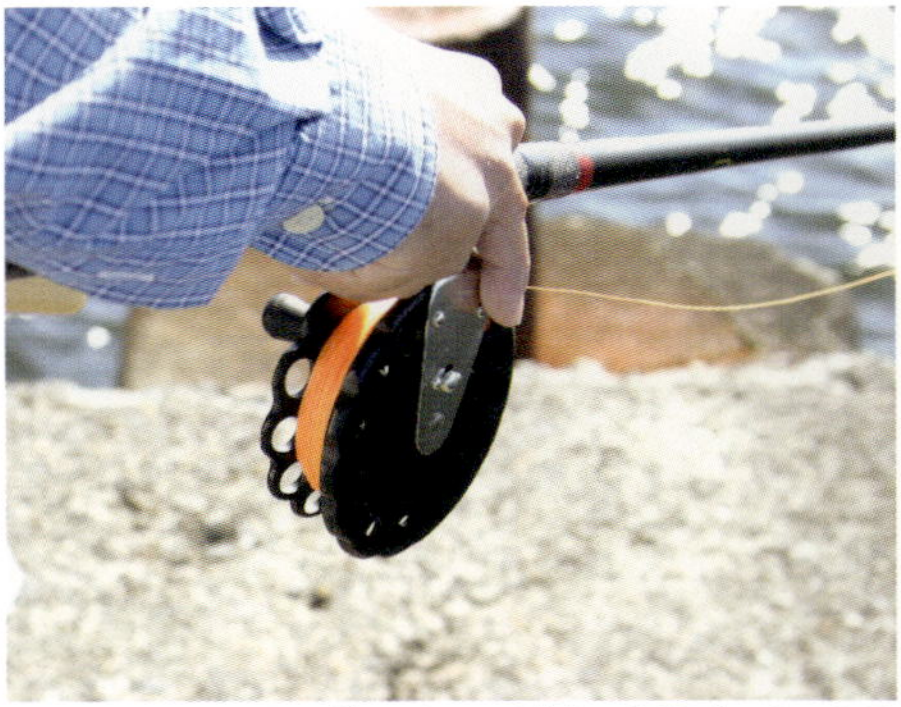

糸フケでアタリを取る釣りだけに、道糸の視認性はとても重要。様ざまなカラーの道糸が市販されているが、蛍光オレンジが見やすい

狙う魚種にもよるがクロダイ狙いの場合、仕掛けは道糸2〜3号、ハリス1.5〜1.7号というのが標準。強度は経験を積んで覚えるしかない

ハリスはフロロカーボンの1.5〜2号くらいまでを用意しておけばいいだろう

使用するハリスの強度は、実際に経験を積んで体で覚えるしかないが、細めのハリスを使うときはマメに傷の有無をチェックし、少しでも根にこすれたりした傷がある場合は、傷のある部分を切り取ったりハリス全体を取り替えるように心がけたい。

用語解説	>>> 消し込む	アタリのひとつで、ウキが海面下に一気に引き込まれること。

ヘチ釣りに必要なタックル類【3】その他のタックル

仕掛けに使う小物類は非常に少なく、ほかに必要なものは逆さ桶と呼ばれる独特のエサ箱くらいだ

ヘチ釣りで使用する小物類

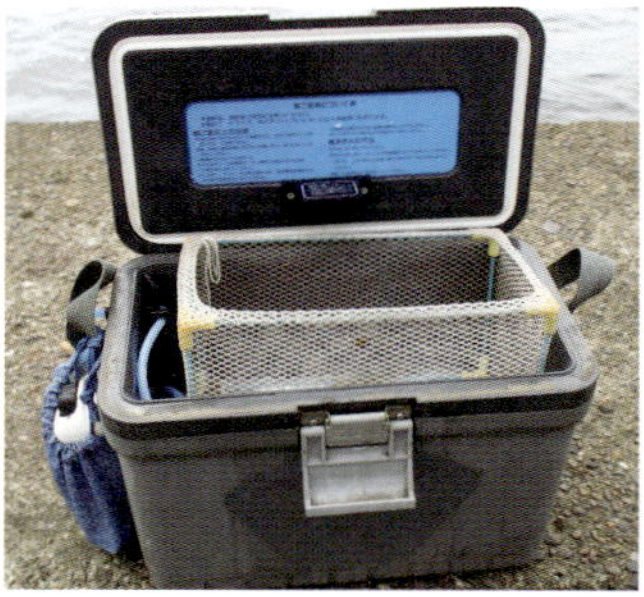

内部にネットを装着したクーラーボックスタイプの生きエビ入れ

こちらは逆さ桶にブクをセットしたものだ

竿とリール、糸のほかには道糸とハリスを接続する極小のヨリモドシとガン玉、ハリがあれば、ヘチ釣りは可能だ。ヨリモドシを使わずに道糸とハリスを直結するのも手だが、ヨリモドシを介したほうが接続強度は強くなる。ただし、できるだけ小さなものを使わないと、ヨリモドシが中オモリのようになってしまいエサの自然な落下に悪影響を与える。

ガン玉もナマリの純度が高くて軟らかいものを購入する。指で軽く押さえる程度で固定できるものでないと、細いハリスを傷付ける結果となってしまうからだ。割れた部分にゴムが張ってあるガン玉も市販されており、これは最高に使いやすい。

移動しながら釣るヘチ釣りの場合、エサ箱も必需品。なんといっても便利なのが昔からある木製の逆さ桶だ。上のほうが狭くなっているので、カニなども登って逃げることができない。もちろんカニ以外のエサも入れておけるし、木の湿り気がエサを弱らせない。ヘチ釣りに限らず、堤防の釣りではぜひおすすめしたい

ストリンガー。釣ったクロダイをこれに掛けておく

偏光グラスは必需品。海面のぎらつきを抑えてくれるから、道糸や海中の障害物が見やすい

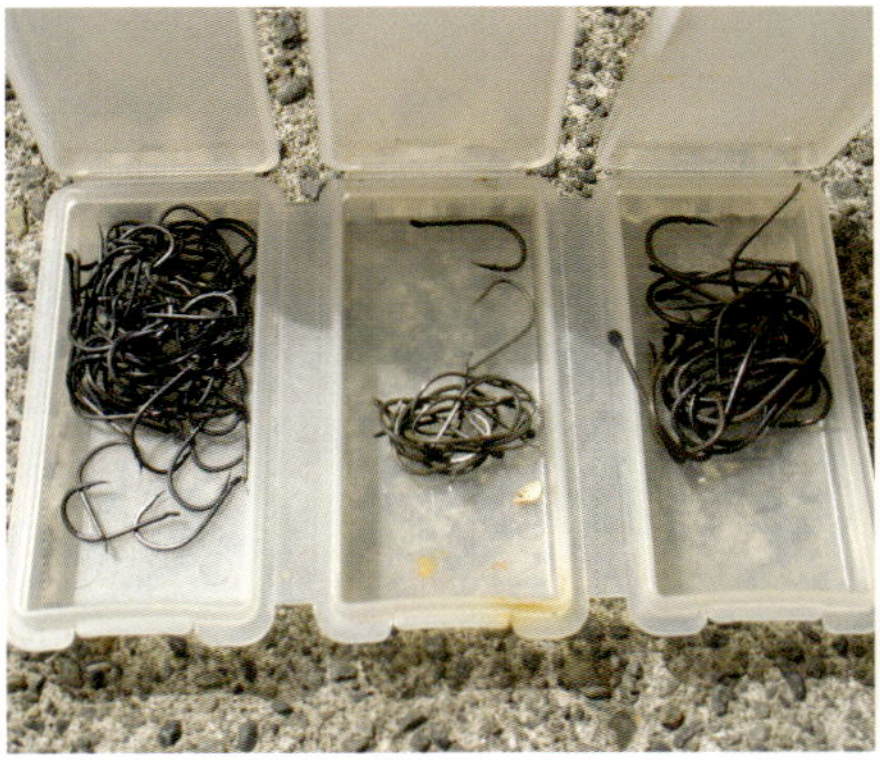
ハリはチヌバリの2〜5号くらいまでをそろえておけばOKだ

潮が速かったり、風の強いときはガン玉を使用する。B〜5Bくらいまで用意したい

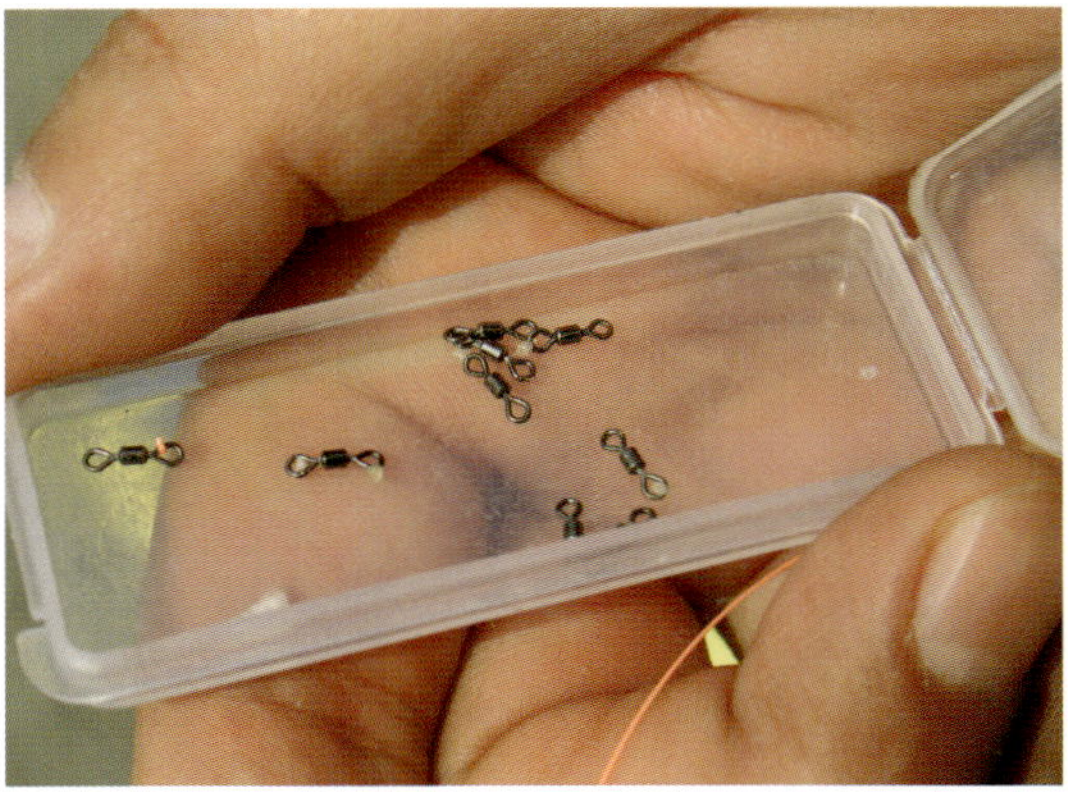
道糸とハリスの接続は極小のヨリモドシを使用する

道具だ。

生きたエビは、逆さ桶に電池式のブクをセットして生かしておく。中にネットを装着したクーラーボックスタイプのエビ入れも市販されており、これもなかなか便利だ。

用語解説	>>> **ケーソン**	堤防などにある継ぎ目のことを指す。

ヘチ釣りの基本、クロダイのポイントと釣り方

ここではクロダイ釣りについて解説するが、ほかの魚も基本的な釣り方は同じ。足を使って広範囲を釣り歩こう！

身近な堤防でこんなクロダイが釣れる！　これがヘチ釣りの魅力だ

堤防のクロダイポイント
カラス貝の層
崩れ
沖の根
カケ上がり

ポイントとしては沈みブロックや堤壁が崩れた場所、ブロックの継ぎ目など様ざまな障害物周りが一般的だが、いずれにしても潮が効いていることが絶対的な条件だ。

まずは堤防全体がポイントだと考えて、足を使ってまんべんなく探ってみることが基本だ。釣り方はフカセ釣りや落とし込みが主流となっている。

フカセ釣りでは糸フケがツーッと引き込まれたり、エサの落下が止まって糸フケがフッと大きくなったりするのがアタリだ。糸フケになんらかの変化があった場合には、とにかくジワーッと竿先を上げてアタリを聞いてみることが大切。

落とし込みでは落ちていくエサが止まったり、糸がフッと震えたりするのがアタリだ。竿先がクッと入ったり、一気にギュンと締め込まれたりすることもある。

クロダイを掛けたら、とにかくクロダイの進行方向の前方に移動して浮かせるのがコツだ。進行方向と逆に引くと強烈な勢いで走られてしまい、ハリス切れに

泣くことになる。反転されたらすかさず逆方向に移動して、クロダイの前に出ること。

強い引きに対しては、タイコリールのスプールを押さえる親指の力を抜き、スルスルと逆転させて糸を出す。

玉網での取り込みは、魚をすくうという感覚ではなく、玉網を固定しておいてそこに頭からクロダイを誘導するような感覚で行うとよい。

一般にカニエサはこのようにハリに付ける

イソメ類はシーズン初期の好エサ

【クロダイ釣りのエサ】

クロダイは雑食性で色いろなエサを使って釣るが、ヘチのクロダイ釣りでは「釣り場の堤防にふだんから生息しているエサ」を使うのが基本だ。

イソメ(虫エサ)の仲間ではフクロイソメ、イワイソメが多用される。

カニ類ではタンクガニ、アブラガニ、イソッペ、ヒライソガニ、クモガニ、サバガニ、ゲタガニなどほとんどの小型のカニが使われる。

エビは淡水産のモエビか、海で獲れるボサエビ。

カラス貝(イガイ)は堤防で簡単に採取することができる。盛期の落とし込み釣りのエサとして最高だ。

どのエサがよいかは、その日の潮色などの条件によって異なるので、釣り場に入ってみなければ見当がつかない。釣行の際は何種類かのエサを用意しておきたい。

タンクガニはツメだけでもよいエサになる

最盛期にはエサ取りに強いカラス貝がいい

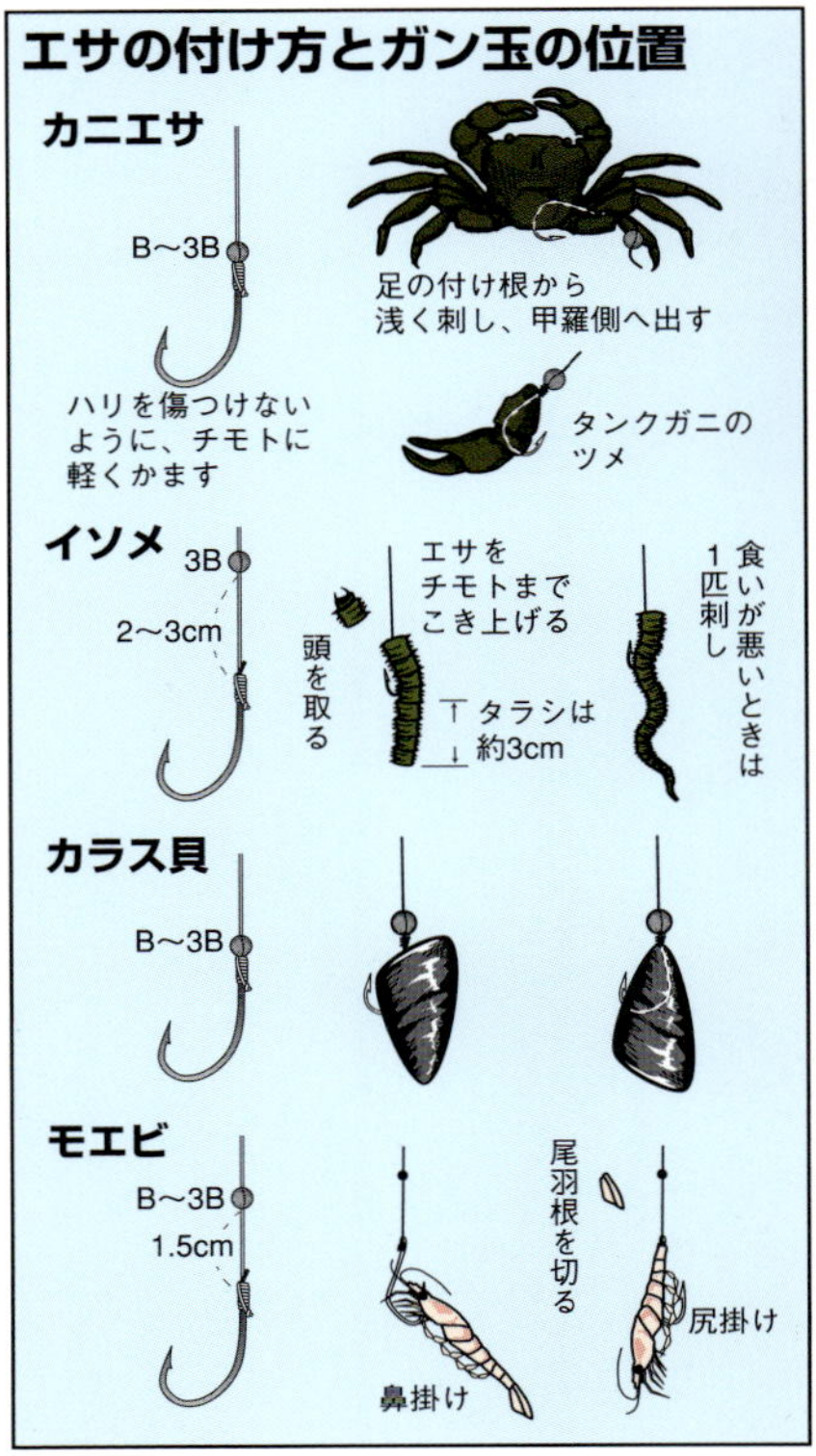
エサの付け方とガン玉の位置
カニエサ
B〜3B
足の付け根から浅く刺し、甲羅側へ出す
ハリを傷つけないように、チモトに軽くかます
タンクガニのツメ
イソメ
3B
2〜3cm
頭を取る
エサをチモトまでこき上げる
タラシは約3cm
食いが悪いときは1匹刺し
カラス貝
B〜3B
モエビ
B〜3B
1.5cm
尾羽根を切る
鼻掛け
尻掛け

用語解説	>>> 外道	目的以外の魚の総称。

column.3

堤防以外の釣り場

3

海釣り施設

本書の中でも堤防釣り場のひとつとして海釣り施設をあつかっているが、厳密にいえば少し違う。海釣り施設あるいは釣り公園は、海釣り場として開放された施設で、無料の所もあるけれど、入場料が必要な所も多い。

当然、安全に釣りが楽しめるよう設備は整っており、安全柵やトイレなどもある。管理棟があって職員が常駐している所や、売店があってエサや仕掛けなどが購入できる所、軽食が取れる施設もある。また、多くの施設では毎日釣果を記録しており、直近の状況を教えてくれる。

これら海釣り施設は市街地からのアクセスが便利な所も多いので、ファミリーで出かけ、のんびり釣りを楽しみたいという向きにはうってつけだ。もともと潮通しのよい、魚の集まる所に造られているからポイントとしても一級。ただ、連日多くの釣り人が訪れるため、やや釣り荒れしている観は否めない。だから、釣果にこだわるのならしっかり情報を取ること。それよりも家族で一日、安全に釣りを楽しみたいというなら、これ以上の釣り場はないといえる。

堤防での釣り方 4

投げ釣り

をマスターしよう

コマセも使わず手軽に楽しめる投げ釣り。
とくにコンパクトロッドを使ったちょい投げは、
堤防釣りでは最もポピュラーな釣り方だ。
それでも十分楽しいが、
もう少し本格的な投げ釣りを覚えればより多くの魚に出会えるはずだ!

NAGE

堤防では最も手軽で ポピュラーな釣り方だ

ちょい投げで手軽に楽しむもよし、本格的なタックルでフルキャストする爽快感を堪能するも、またよし

投げ釣りは、海釣りの中でも最もポピュラーな釣りだ。リールを使った初めての海釣りが投げ釣りだった、という人も多いだろう。実際、休日の砂浜や堤防にいる家族連れやカップルのほとんどは、投げ釣りを楽しんでいるように思う。これは投げ釣りがビギナーでも気軽に入門できる、親しみやすい釣りであることの証拠だろう。

また投げ釣りは、対象魚が豊富な点も魅力のひとつ。一般に関東地方では、投げ釣り・イコール・シロギス釣りというイメージで語られることが多いが、実際にはカレイやアイナメ、マダイ、カワハギなど沿岸域に生息する多くの魚種を狙うことができる。

さらに、投げ釣りは数ある釣りの中でも、最もスポーティーな釣りともいえる。目の前に広がる水平線に向かって思いっきり仕掛けをキャストしていると、それだけで満足してしまうほどの爽快感が味わえる。釣りから離れ、純粋に飛距離を競うキャスティングの大会もあるほどなのだ。

手軽にファミリーで楽しむなら、投げ釣りがおすすめ。小さな子供のちょい投げでも、シロギスやカレイが釣れる

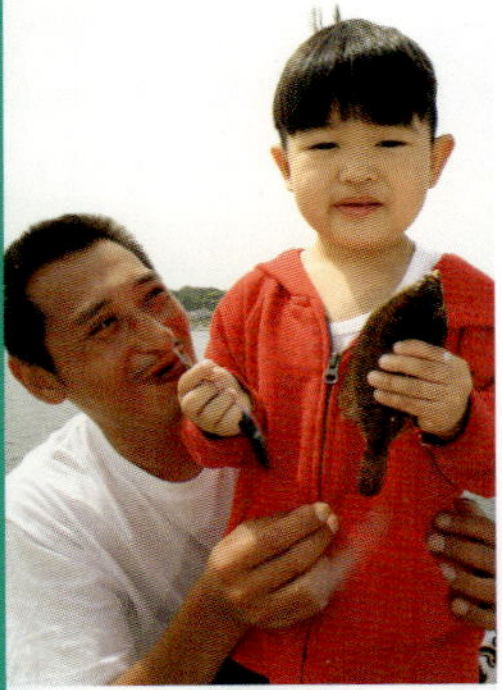

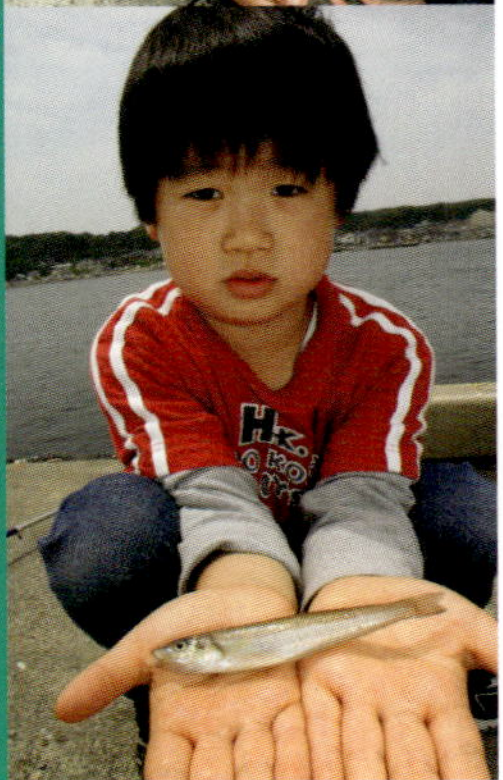

大海原に向かって思い切りキャストする爽快感も投げ釣りの魅力のひとつだ

海釣り施設なら子供連れでも安心。投げ釣りではシロギスやカレイ、アイナメなどが狙える(施設によっては投げ釣り禁止の所もあるので、釣行前に確認のこと)

こちらは純粋に飛距離を競うスポーツキャスティングの競技会

用語解説	>>> **小潮**	干満による潮位差が小さな潮のこと。

投げ釣りではこんな魚が狙えるぞ

海底付近に住む魚がターゲット。砂地ではシロギスやカレイ、岩礁帯ではアイナメやカサゴが狙える

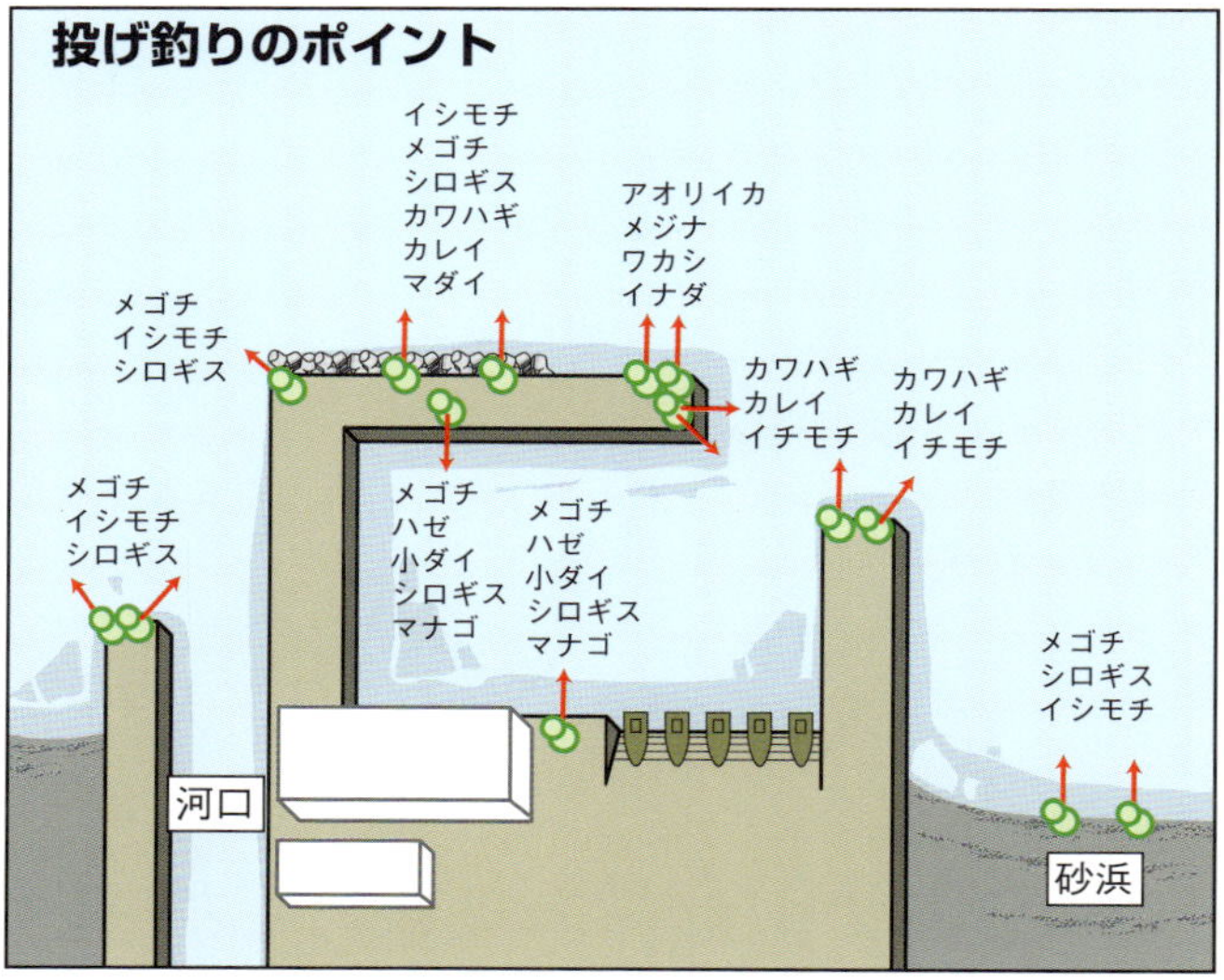
投げ釣りのポイント
メゴチ
イシモチ
シロギス
メゴチ
イシモチ
シロギス
イシモチ
メゴチ
シロギス
カワハギ
カレイ
マダイ
メゴチ
ハゼ
小ダイ
シロギス
マナゴ
メゴチ
ハゼ
小ダイ
シロギス
マナゴ
アオリイカ
メジナ
ワカシ
イナダ
カワハギ
カレイ
イチモチ
カワハギ
カレイ
イチモチ
メゴチ
シロギス
イシモチ
河口
砂浜

近年、人気上昇中なのがカワハギ。なかなかハリ掛かりしない手強い相手だ

メゴチはシロギスの定番外道。ヌメリが強いので嫌われるが、食べるとかなり美味

さて、投げ釣りで狙える魚にはどのようなものがいるのだろうか？

基本的に投げ釣りは、重たいオモリを使って仕掛けを遠くに投げて釣るスタイルだから、底棲性あるいは底から数10センチ上を泳いでいるような魚がターゲットとなる。

たとえば海底が砂底のエリアではシロギスやカレイ、イシモチ、キュウセン、メゴチなどを狙うことができる。また狙って釣るのは難しいが、マゴチやヒラメなどのフィッシュイーター（魚食魚）も砂地に生息している。

これに対して、海底が岩場であったり海藻の生えている所ではアイナメやカサゴ、ハタなどのいわゆる根魚と呼ばれる魚たちを狙うことができる。これらの根魚は堤防直下の捨て石周りやテトラの周りにも生息している。

さらに完全な底棲魚ではないが、カワハギやマダイ、クロダイなども投げ釣りで狙って釣れる。また河口域ではハゼやスズキ、ヒイラギなどもターゲットとなっている。

場所や季節が限定されるが、こんなヒラメも狙って釣ることができる

投げ釣りといえば、なんといってもシロギス。海底が砂地の堤防で狙おう

冬の人気ターゲットといえばカレイ。砂泥底に生息する

アイナメも冬季のターゲット。岩礁帯を狙う

▶主な投げ釣り対象魚の釣期

魚名	1月	2月	3月	4月	5月	6月	7月	8月	9月	10月	11月	12月
シロギス	○	○	○	○	◎	●	●	◎	●	●	◎	○
カレイ	●	●	●	◎	○					○	◎	●
アイナメ	●	●	●	◎	○					○	◎	●
ベラ				○	●	●	●	◎	◎	◎	○	
マダイ				◎	●	●	●	●	●	◎	○	
カワハギ	○				◎	●	●	◎	◎	●	◎	○
マゴチ					◎	◎	◎	●	●	●	◎	
カサゴ	◎	○	○	○	○	○	○	○	○	○	○	◎

●最盛期　◎釣期　○場所によって狙える　＊ただし、地域やその年の水温によっても大きく異なる

用語解説	>>> **誘い**	魚がエサを食うようにハリスやエサを動かしてアピールすること。

投げ釣りに必要なタックル類【1】竿、リール

ちょい投げでも十分楽しめるが、限界があるのも確か。ある程度、本格的なタックル類もそろえたい

[クーラーの中]
エサ箱
折り畳みバケツ
食料品
メゴチバサミ
氷
飲料水
[ベストの中]
指サック
ハリハズシ
ハサミ
仕掛け類
帽子
偏光グラス
長袖のシャツ
[バッグの中]
リール
替スプール
オモリ
仕掛け類
食料
雨具
[ロッドケースの中]
玉網
竿
三脚
ブーツ
（フェルト底またはスパイク）
投げ釣りの基本スタイル

砂浜から遠投してシロギスを狙う場合は本格的な投げ釣りタックルが必要となるが、堤防からならルアーロッドやコンパクトロッドなどによるちょい投げでも十分楽しめる。

とはいえ、海の状況というのは刻一刻と変化している。たとえば朝方は無風ベタナギでちょい投げ釣りが楽しめたのに、日が高くなった途端に向かい風が吹き始め、遠投しないと釣れなくなってしまったという経験も多い。

そんなときでも、ある程度遠投のできる投げ釣りタックルを持っていれば、とりあえずは一日、釣りを楽しむことができる。そこでここでは、できれば入門者もそろえておきたい投げ釣りタックルを中心に説明したい。

まずは竿から始めよう。

投げ竿の特性は、オモリ負荷と竿の全長によって示されている。ただし、投げ竿のオモリ負荷は船竿ほど厳密なものではなく、あくまでも竿の硬さを表すひとつの目安と考えてほしい。

投げ竿の長さは、軽くて反発力のある

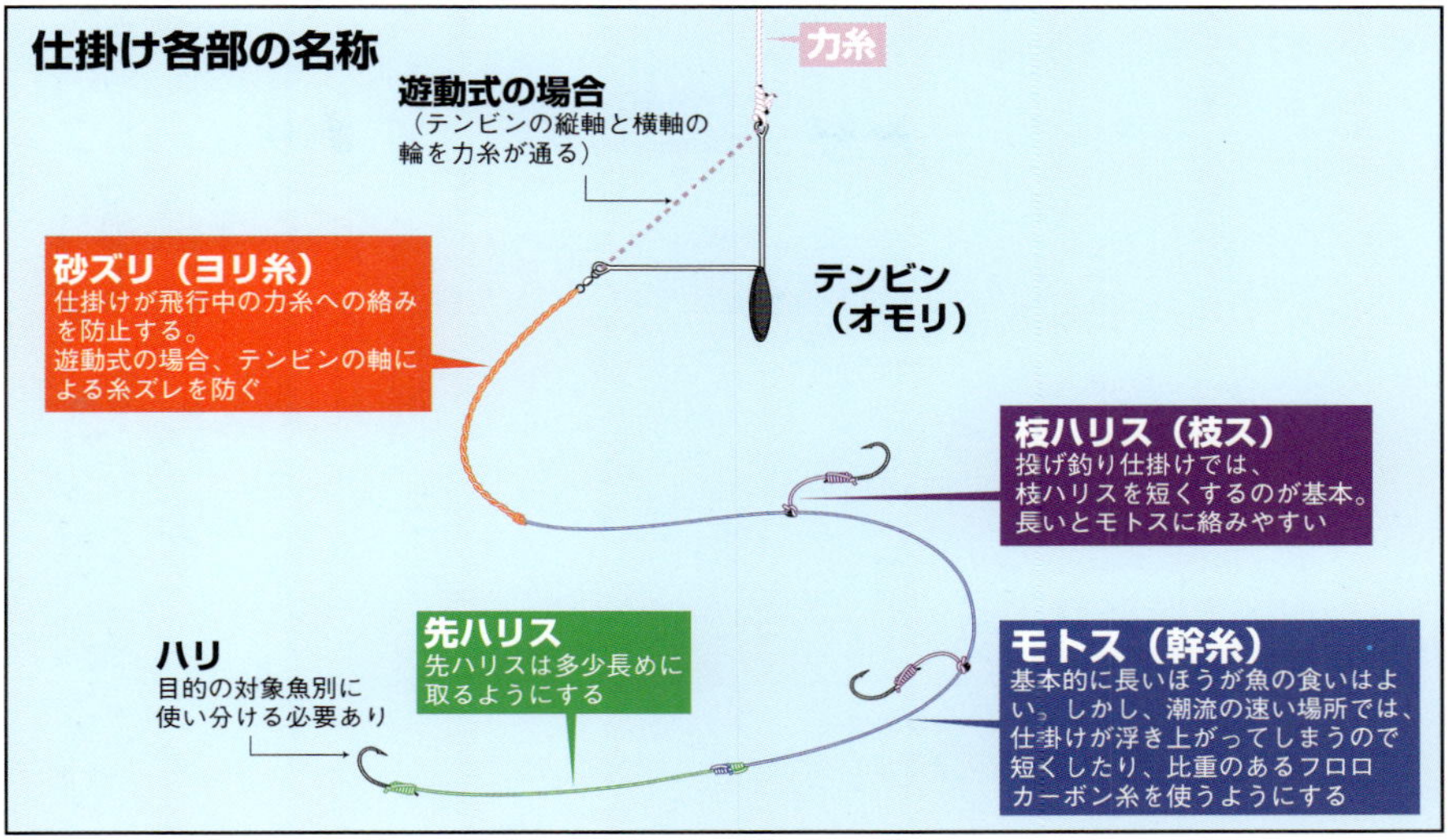
仕掛け各部の名称
力糸
遊動式の場合
（テンビンの縦軸と横軸の
輪を力糸が通る）
砂ズリ（ヨリ糸）
仕掛けが飛行中の力糸への絡み
を防止する。
遊動式の場合、テンビンの軸に
よる糸ズレを防ぐ
テンビン
（オモリ）
枝ハリス（枝ス）
投げ釣り仕掛けでは、
枝ハリスを短くするのが基本。
長いとモトスに絡みやすい
ハリ
目的の対象魚別に
使い分ける必要あり
先ハリス
先ハリスは多少長めに
取るようにする
モトス（幹糸）
基本的に長いほうが魚の食いはよ
い。しかし、潮流の速い場所では、
仕掛けが浮き上がってしまうので
短くしたり、比重のあるフロロ
カーボン糸を使うようにする

仕掛けを遠くに飛ばしたいなら、やはり投げ竿が必要になる

飛距離が伸びやすいように工夫された投げ釣り専用リール

堤防用の万能竿はちょい投げ専用と考えたほうがいい

カーボン素材のものが主流となった現在では4メートルが標準となっている。とりあえず入門者が最初に買う投げ竿としては、オモリ負荷27号で長さ4メートルの振出竿がおすすめだ。

リールもできれば投げ釣り専用スピニングリールを用意したい。それは、投げたときに出ていく道糸の抵抗が最小限に抑えられる（飛距離が伸びる）スプールの形状になっているから。専用品には相応のメリットがあるということだ。ちなみに投げ釣りでは「右利きの人は左ハンドルのリール」が基本になっている。

用語解説	>>> サビく	投げ釣りなどで、投げた仕掛けを手前に移動させながら釣ること。

投げ釣りに必要なタックル類【2】道糸、力糸、テンビン

25メートルごとに色分けされた道糸やテンビン投入時のショック切れを防ぐ力糸など、投げ専用のアイテムも多い

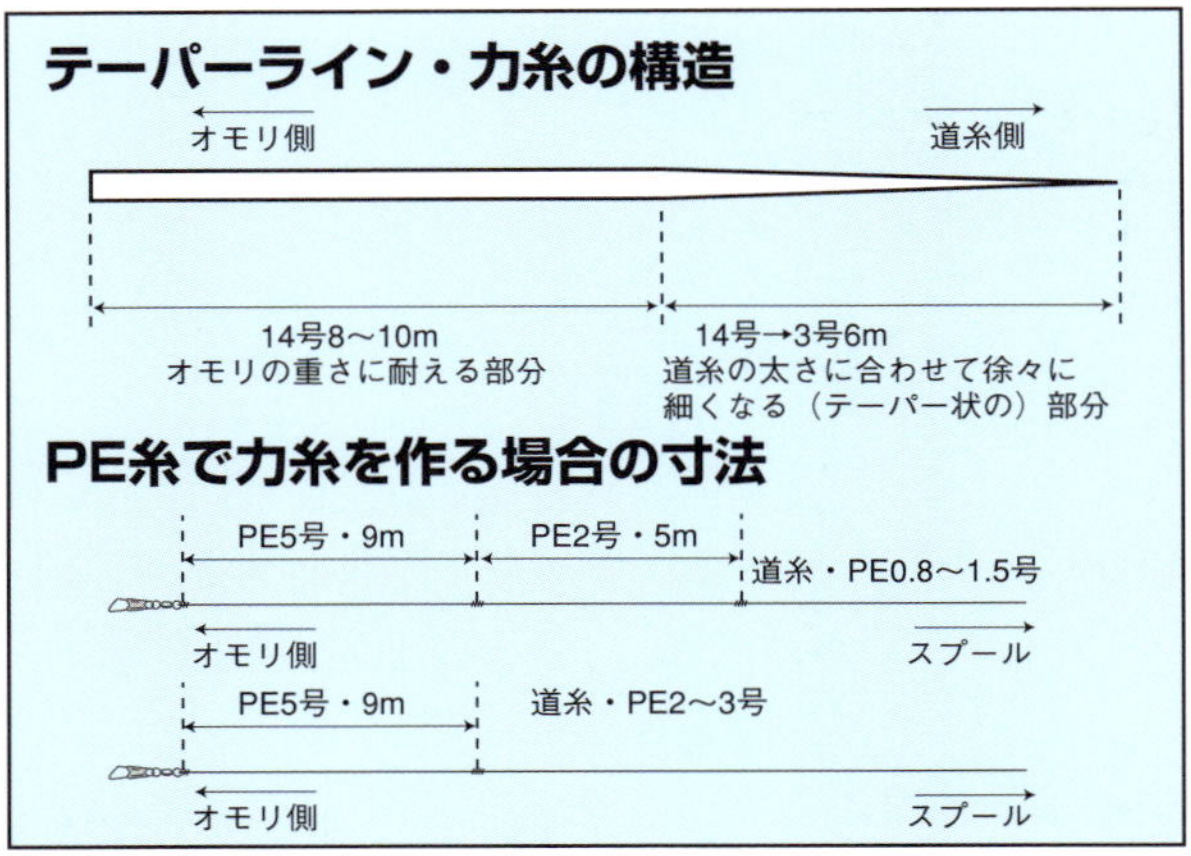
テーパーライン・力糸の構造
オモリ側
道糸側
14号8〜10m
オモリの重さに耐える部分
14号→3号6m
道糸の太さに合わせて徐々に
細くなる（テーパー状の）部分
PE糸で力糸を作る場合の寸法
PE5号・9m
PE2号・5m
道糸・PE0.8〜1.5号
オモリ側
スプール
PE5号・9m
道糸・PE2〜3号
オモリ側
スプール

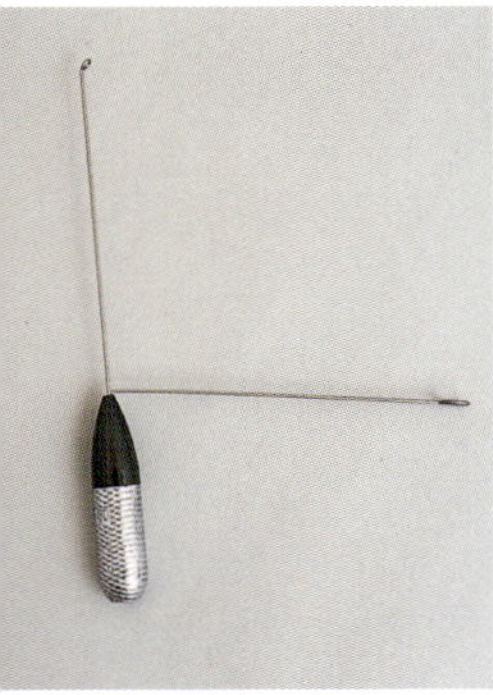
最もポピュラーなL型テンビン

▶大まかな道糸の使用区分

ナイロン糸	PE糸	使用例
1〜1.5号	0.6〜0.8号	140メートル以上の遠投を必要とするキス釣り
2〜3号	1〜1.5号	根掛かりが少ない場所での小物釣り、カレイ釣り（キス、ベラ、小ダイ）
4〜5号	2〜3号	根周りのカレイ、アイナメ釣り、夜の大物釣り（マダイ、クロダイ）
6〜8号	4号	根掛かりの激しい場所を釣るとき、夜の大物釣り（コロダイほか）
10号以上	5号以上	ハタやフエフキダイなど、引きの強い魚を狙う釣り

投げ釣りで使う道糸はナイロン糸またはPE糸（新素材糸）で、シロギスの数釣りではPE糸が主流になりつつある。

投げ釣り用道糸の特徴は、25メートル（または20メートル）ごとに色分けされている点で、これにより仕掛けの飛距離やアタリのあった場所（距離）を大まかに把握することができる。

なお使用する道糸の号数は、対象魚や釣り場の状況（ポイントまでの距離、根掛かりの多さ、風向き、潮流）によっても異なる。一般的な道糸の使用基準を表に示したので参照されたい。

3号以下の細い道糸で25号のオモリを投げる場合、先端に直接オモリを結ぶと投げたときのショックで切れてしまう。そこで、このショック切れを防止するため長さ15メートル程度の力糸（チカライト）と呼ばれる糸を結んでやる。力糸は投げ釣りだけに用いられる特殊な糸で、手前（道糸側）から先端（オモリ側）に向かって徐々に太くなっているので、「テーパーライン」とも呼ばれている。

なお、市販の力糸にも色いろあるが、

固定式と遊動式の違い

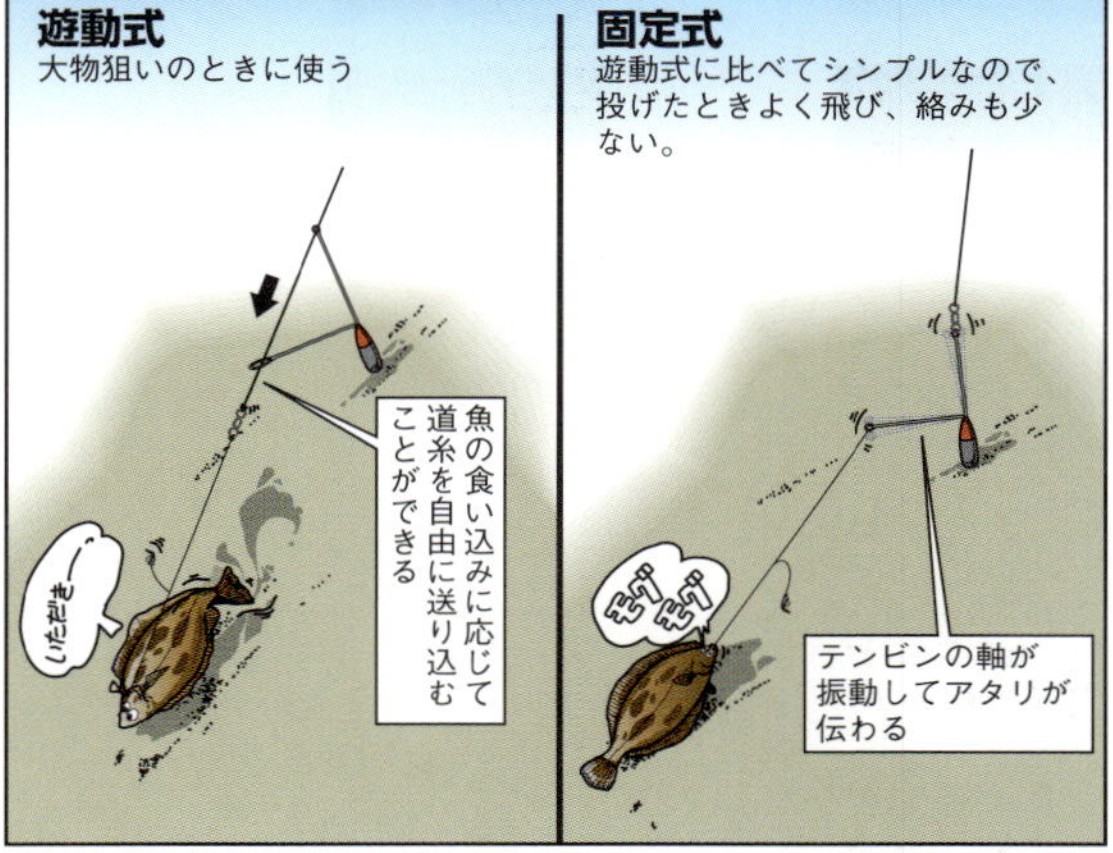
遊動式
大物狙いのときに使う
魚の食い込みに応じて道糸を自由に送り込むことができる
いただき～
固定式
遊動式に比べてシンプルなので、投げたときよく飛び、絡みも少ない。
モグモグ
テンビンの軸が振動してアタリが伝わる

カレイ釣りに使われる各種テンビン・オモリの特徴

L型テンビン（固定式）

- 遠投性に優れ、よく飛ぶ
- 仕掛けが絡みにくい
- 潮にはやや流されやすい

L型テンビン（遊動式）

- 遠投性に優れ、よく飛ぶ
- 魚の食い込みに応じて道糸の送り込みができる
- 潮にはやや流されやすい

ジェットテンビン

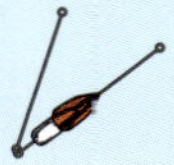

- 根掛かりしにくい
- 潮にはやや流されやすい

L型テンビンと直線状になるテンビンの違い

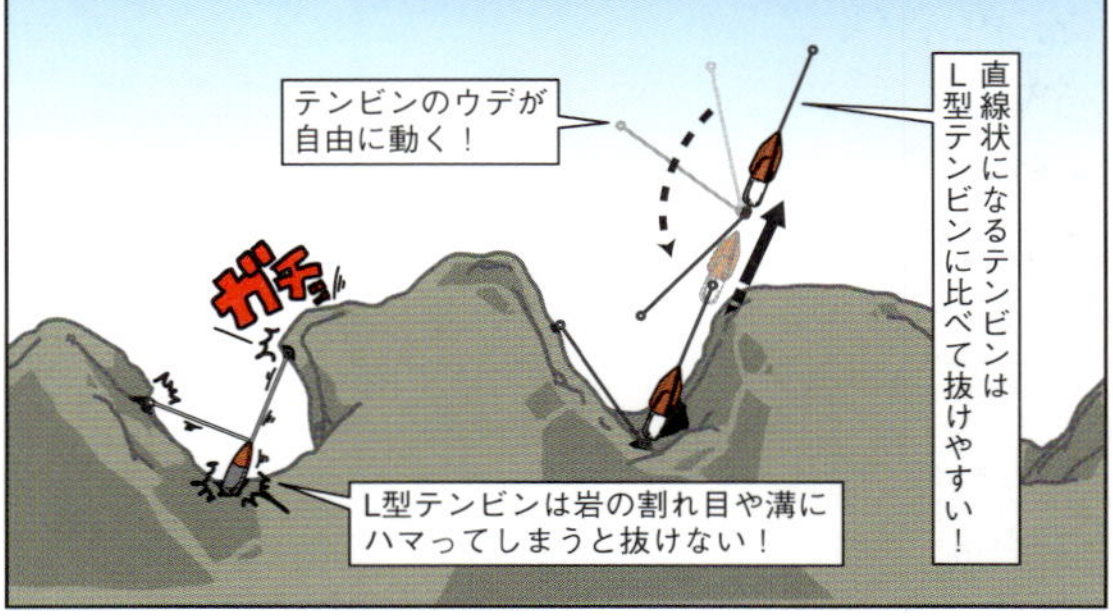
テンビンのウデが自由に動く！
直線状になるテンビンはL型テンビンに比べて抜けやすい！
ガチッ
L型テンビンは岩の割れ目や溝にハマってしまうと抜けない！

DUEL
SUPER PE LINE
SMOOTH 投
Surf Casting
0.8号
200m/225yds.

投げ釣りで使う道糸は、25メートルごとに色分けされている

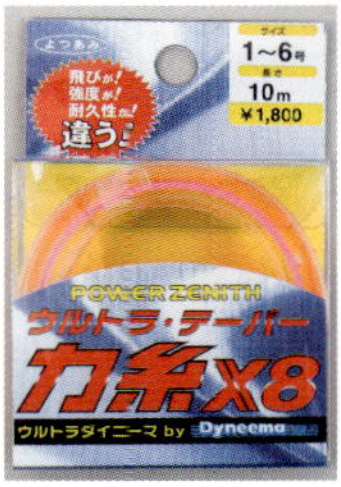
1~6号
10m
¥1,800
飛びが！強度が！耐久性が！違う！
POWER ZENITH
ウルトラ・テーパー
力糸X8
ウルトラダイニーマ by Dyneema

力糸も投げ釣りでしか使わないアイテムだ

一般的には細いほうの号数が道糸よりも1~2号太いものを使うとよい。

投げ釣りで用いられるオモリのほとんどは、オモリとテンビンが一体化したオモリ付きテンビンで、略して「テンビン」と呼ばれている。

用途別に色いろなテンビンがあるが、最もポピュラーなのがL型テンビンだ。L型テンビンは飛行中の空気抵抗の少なさ、仕掛けの絡みにくさ、アタリの伝わりやすさなどの理由から、投げ釣り師の間で最も支持されている。

L型テンビンの仕掛けには遊動式と固定式があり、どちらを使うかはターゲットや釣り場の状況次第。単純にいえばアタリに対する感度は遊動式が優り、また仕掛けの送り込みができるため食い込みもいい。一方構造のシンプルな固定式は、空気抵抗が小さく遠投性に優れ、また仕掛け絡みも少ない。

ジェットテンビンは、空気抵抗が大きく飛距離も落ちるので、本来アイナメ釣りなどの根掛かりの激しい釣り場で用いられる。

用語解説	>>> サラシ	沖から打ち寄せた波が陸に当たり、海面が白く泡立っている状態のこと。

投げ釣りに必要なタックル類【3】その他のタックル

竿を何本か並べるなら三脚が必要。クーラーも仕掛け類の収納が可能な投げ釣り専用のものが便利だ

堤防で竿を何本か出すなら三脚が必要だ

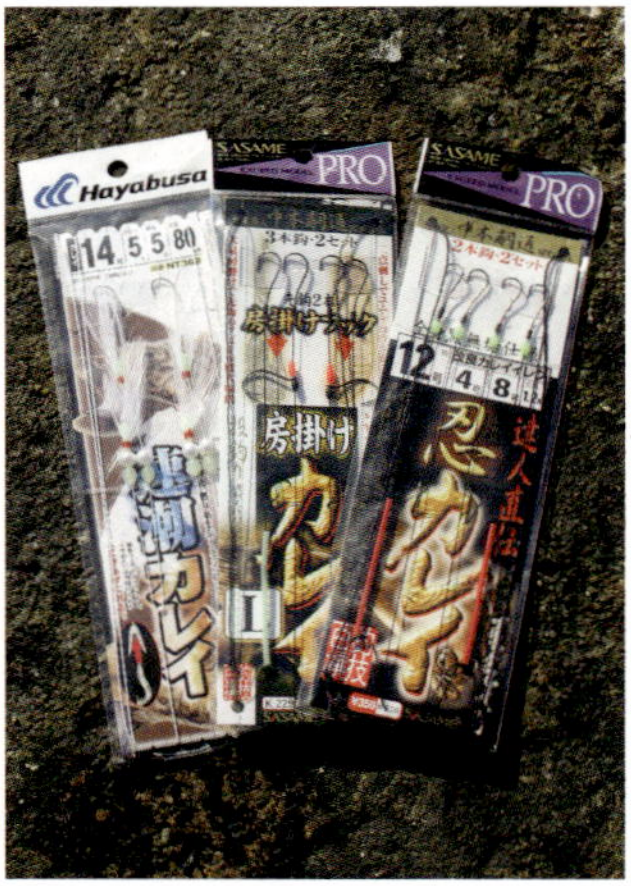

投げ釣りの市販仕掛けは各種あるので、これを利用するのも手だ

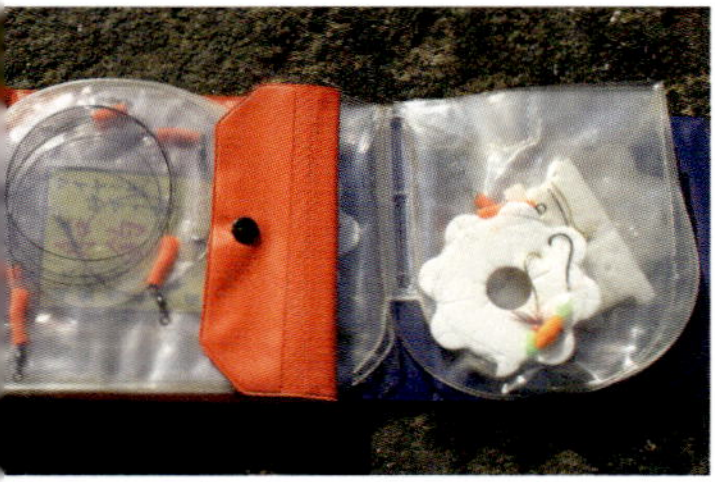

ベテラン釣り師は仕掛けも自作する

置き竿の投げ釣りはハリを飲み込まれることも多いので、ハリハズシがあると便利

砂浜や堤防の上に直接竿とリールを置いてしまうと、傷が付いたり故障の原因となったりする。そこで必要となるのが竿掛けだ。

竿掛けには、シンプルな1本足タイプと三脚タイプのものがあるが、堤防釣りで用いるのは後者。この場合、3〜5本の竿を同時に並べることができるので、冬のシロギスやカレイ、アイナメなど、置き竿でじっくりと狙うタイプの投げ釣りでは必需品ともいえる。

なお、三脚を使う際にはバランスが崩れないように、必ず中央の重心部分に小型の水くみバケツなどの「重り」をぶら下げておく。

投げ釣りに使うクーラーには、単純に釣れた魚を保存するだけでなく、道具入れとしての機能も要求される。投げ釣り専用のクーラーも市販されており、エサ付けのときに便利な小型の竿掛けがセットされていたり、また予備のオモリや替えスプール、仕掛け類を収納するためのバッグも付属している。

その他、あれば便利な小物類としては、

メゴチバサミはゴンズイなどの危険な魚が掛かったときに重宝する

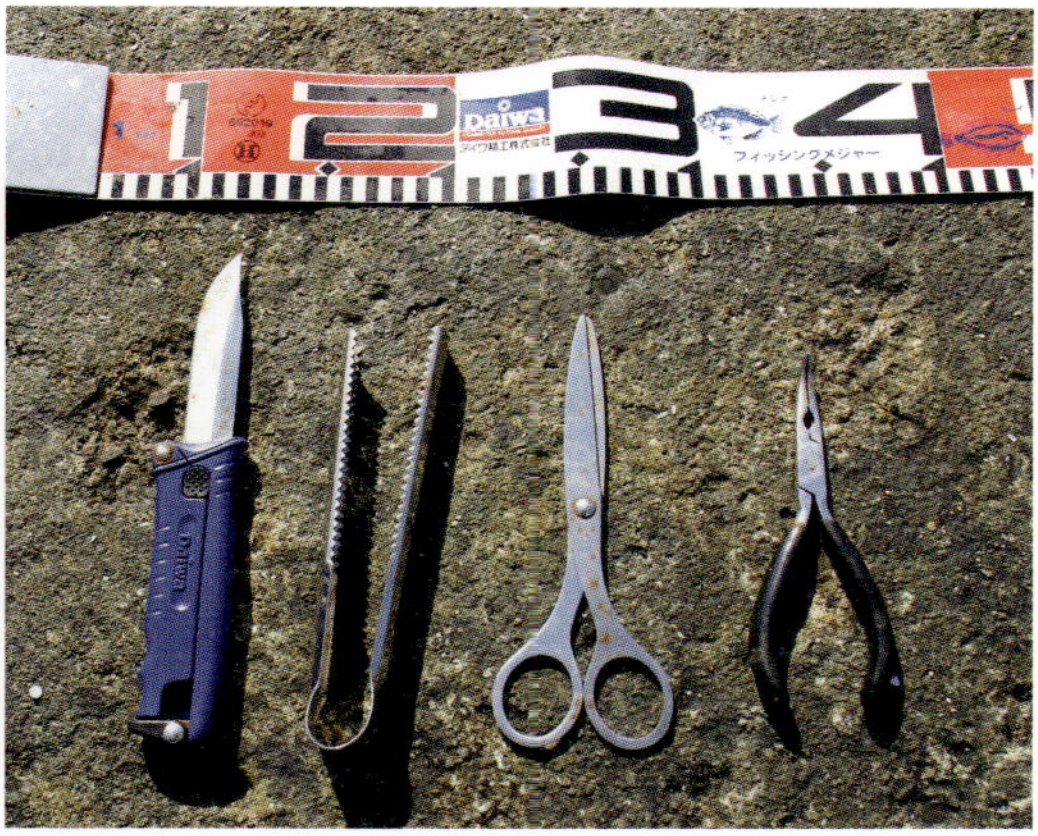

ハサミやペンチ、ナイフなども忘れずに

投げ釣り専用のロッドケース

投げ釣り専用のタックルバッグ

竿やリールなどの道具類は、専用のバッグに収納するのがよい。専用品はそれぞれ使いやすく工夫されている

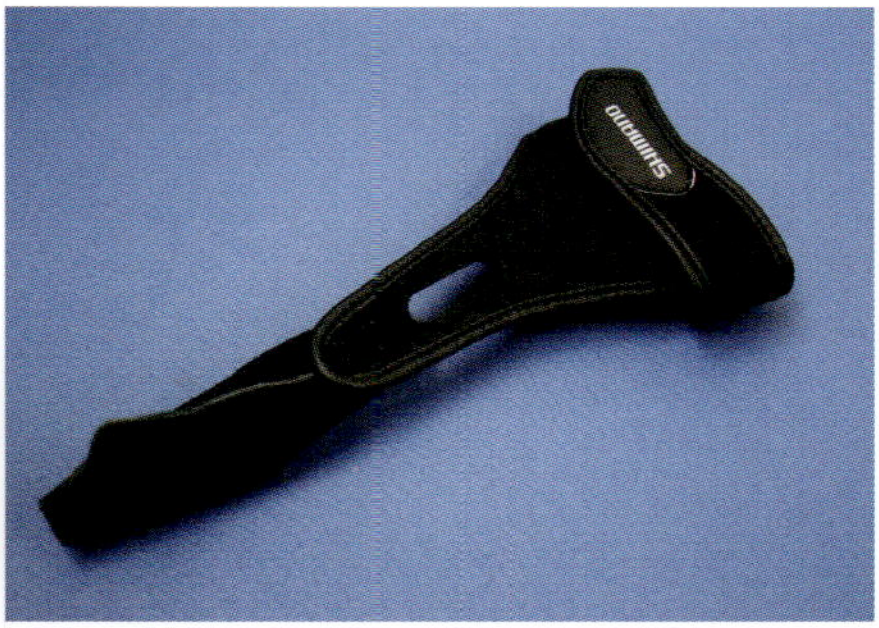

投入は指に道糸を引っかけて行うので、フルキャストすると指がすれて痛い。そんなときは、プロテクターを使用するとよい

投げ釣り用のクーラーには小物類が収納できるような工夫がされている

ハリハズシとメゴチバサミ。両者を併用することによってハオコゼやゴンズイ、ウミケムシなどの危険な獲物が掛かったときでも、安全にハリをはずすことができる。

また、指サック（プロテクター）があると、とくに遠投時に指に痛みを感じることがなく、安心してキャスティングを行うことができる。さらにカレイ、アイナメ釣りでは玉網も用意したい。

用語解説	>>> 時合	魚が積極的にエサを食う時間のこと。

投げ釣りの基本、シロギス、カレイ、アイナメを狙え

数ある投げ釣りターゲットのうち、代表的なのがシロギス、カレイ、アイナメだ。釣り方を簡単に説明しよう

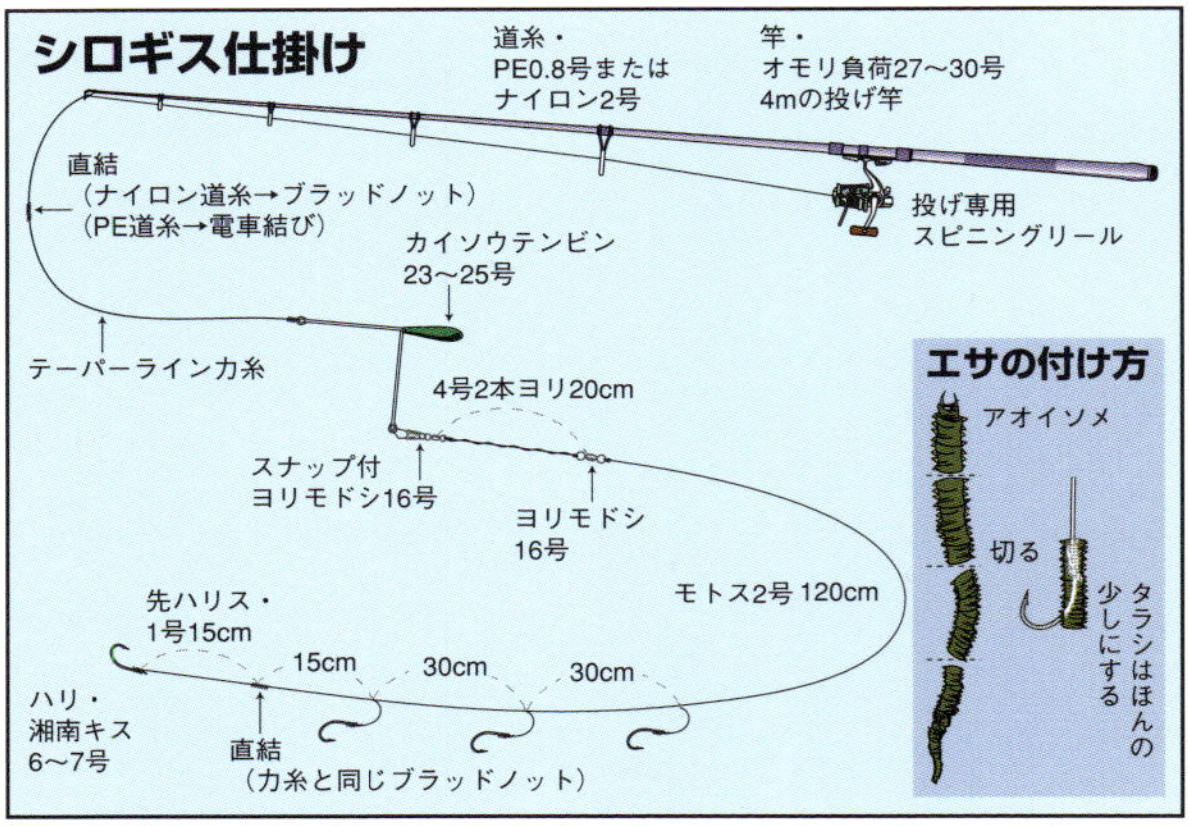
シロギス仕掛け
道糸・
PE0.8号または
ナイロン2号
竿・
オモリ負荷27〜30号
4mの投げ竿
直結
（ナイロン道糸→ブラッドノット）
（PE道糸→電車結び）
投げ専用
スピニングリール
カイソウテンビン
23〜25号
テーパーライン力糸
4号2本ヨリ20cm
スナップ付
ヨリモドシ16号
ヨリモドシ
16号
モトス2号 120cm
先ハリス・
1号15cm
15cm
30cm
30cm
ハリ・
湘南キス
6〜7号
直結
（力糸と同じブラッドノット）
エサの付け方
アオイソメ
切る
タラシはほんの少しにする

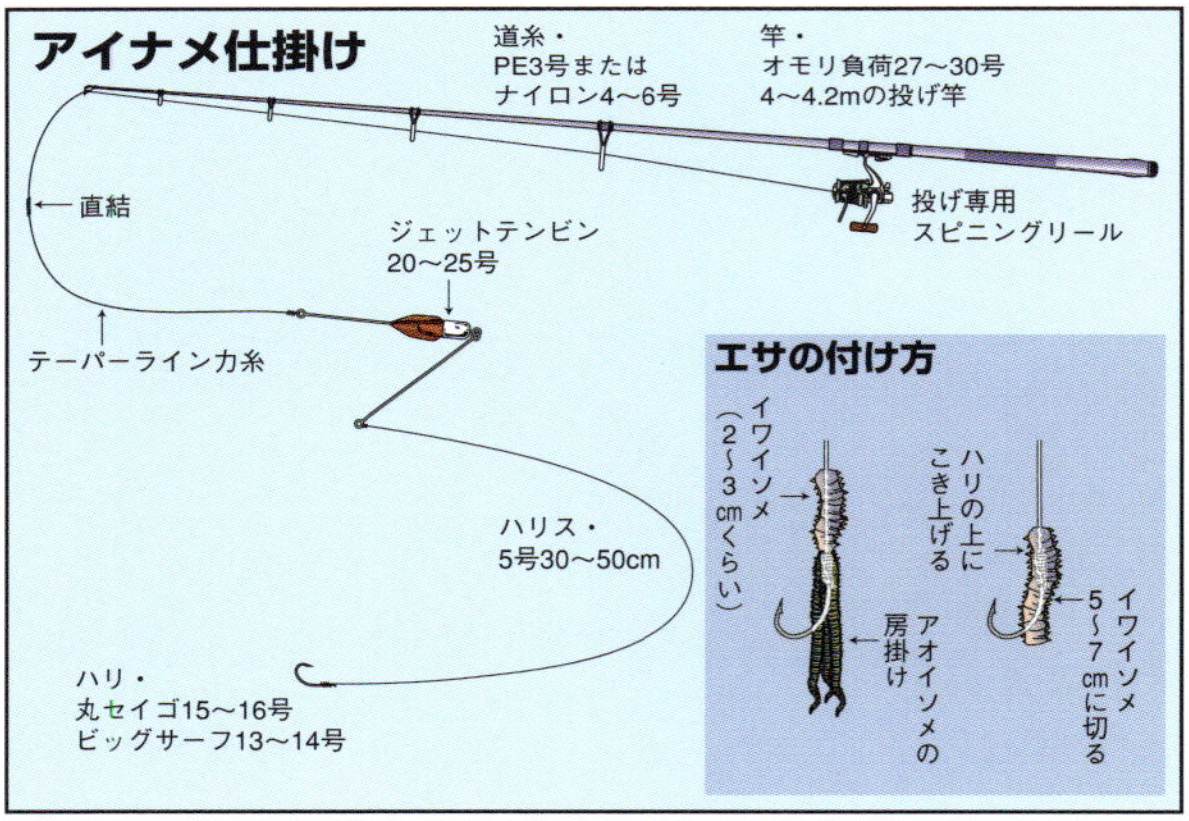
アイナメ仕掛け
道糸・
PE3号または
ナイロン4〜6号
竿・
オモリ負荷27〜30号
4〜4.2mの投げ竿
直結
投げ専用
スピニングリール
ジェットテンビン
20〜25号
テーパーライン力糸
ハリス・
5号30〜50cm
ハリ・
丸セイゴ15〜16号
ビッグサーフ13〜14号
エサの付け方
イワイソメ
（2〜3cmくらい）
ハリの上にこき上げる
アオイソメの房掛け
イワイソメ
5〜7cmに切る

ひとくちに投げ釣りといってもターゲットは豊富で、それぞれ仕掛けも違えば釣り方も違う。そこでここでは、投げ釣りを代表する対象魚としてシロギス、カレイ、アイナメに絞って簡単に釣り方を説明しよう。

堤防から18センチ前後の中型を中心に狙うなら、図に示したような仕掛けがおすすめだ。ポイントは、カケ上がりと呼ばれる海底の起伏。投げたオモリを手前にゆっくり引いてきたときに、グーッと重く感じられるような場所だ。また根（岩場）の点在する砂地は、大型狙いの絶好のポイントとなるし、船道も忘れてはいけない好ポイントだ。

釣り方は、サビキ釣りと待ち釣りに大別される。基本テクニックともいえるのがサビキ釣りだ。仕掛けを投入したらゆっくりとオモリを手前に移動（この動作をサビくという）させながら、魚の釣れる場所（ポイント）を探る。

水温が低い冬季や夜釣りで大物を狙う場合には、仕掛けを止めてアタリを待つ待ち釣りも効果的だ。これは魚が回遊し

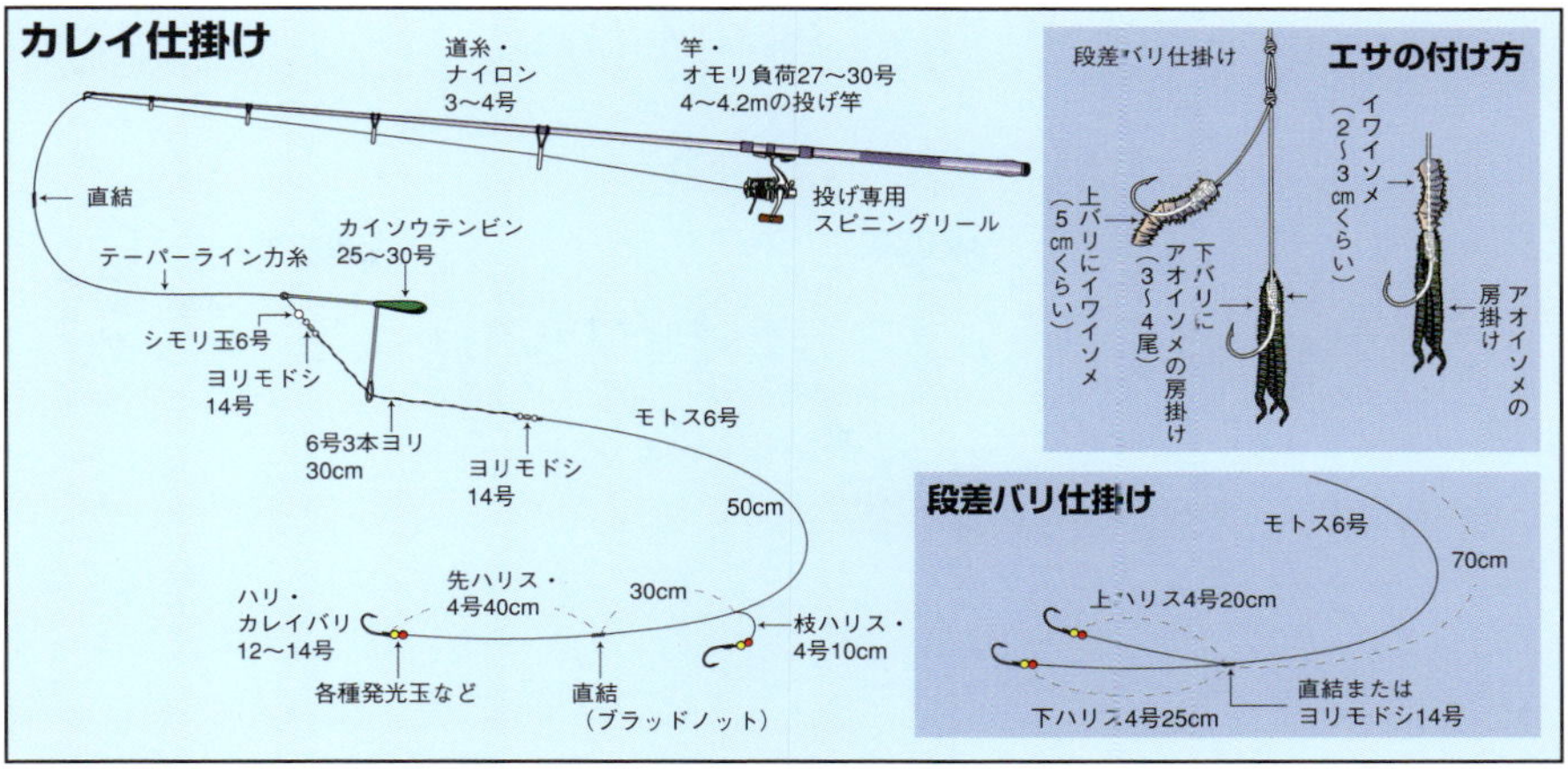
カレイ仕掛け
道糸・
ナイロン
3〜4号
竿・
オモリ負荷27〜30号
4〜4.2mの投げ竿
直結
投げ専用
スピニングリール
カイソウテンビン
25〜30号
テーパーライン力糸
シモリ玉6号
ヨリモドシ
14号
6号3本ヨリ
30cm
モトス6号
ヨリモドシ
14号
50cm
ハリ・
カレイバリ
12〜14号
先ハリス・
4号40cm
30cm
枝ハリス・
4号10cm
各種発光玉など
直結
（ブラッドノット）
段差バリ仕掛け
エサの付け方
イワイソメ（2〜3cmくらい）
上バリにイワイソメ（5cmくらい）
下バリにアオイソメの房掛け（3〜4尾）
アオイソメの房掛け
段差バリ仕掛け
モトス6号
70cm
上ハリス4号20cm
下ハリス4号25cm
直結または
ヨリモドシ14号

初夏から秋にかけてはシロギスがメインターゲット

冬季はカレイ釣りを楽しむ人が多い

アイナメも冬の定番ターゲットだ

そうなポイントに仕掛けを止めておき、魚が食うのを待つ釣り方だ。

シロギスのアタリはブルルッという感じで表れるが、合わせは必要ない。

カレイはシロギスと並ぶ代表的な投げ釣り対象魚で、ポピュラーなのはマコガレイとイシガレイだ。

一般的なカレイ釣りの仕掛けは、図に示したようなもの。カレイのポイントは、港の出入り口や沖の潮目など潮の流れの複雑な場所に多い。そのため、ニアポイントを攻めるときでも30号以上のオモリが必要になることもある。

仕掛けは2本バリ仕掛けと段差バリ仕掛けに大別される。どちらかといえば関東地方では段差仕掛けを、関西地方では2本バリ仕掛けを使う人が多いようだ。

アイナメはカレイと並ぶ冬の投げ釣り対象魚。根（岩礁）周りに生息するため根掛かりとの戦いになることも多い。そこでアイナメ釣りではシンプルな1本バリ仕掛けが多用される。

ポイントは岩礁帯や海藻の生えている付近を中心に狙う。

用語解説	>>> 潮変わり	上げ潮から下げ潮などへの潮の変わり目のこと。潮の流れている方向や速さが変わることもある。

column.4

堤防以外の釣り場

4

海上釣り堀

海上釣り堀は、文字どおり海の釣り堀。沖のイケスに魚が放流されており、これを釣るというものだ。放流されている魚はマダイ、ブリ、カンパチ、シマアジなどの高級魚。堤防釣りではまずお目にかかれない大物ばかりだ。というより、海上釣り堀ならではの魚ばかり、というほうが正しいだろう。

料金は半日１万円くらいで、釣り放題という所が多い。これを高いと見るか、安いと考えるか。もちろん釣れなければ高いわけだが、魚は毎日放流され、けっこう釣れるようだ。まあ元は取れるようになっているということだろう。

竿などは持参するが、千円前後で借りることもできる。釣った魚を生かしておくスカリも備え付けられているし、揚がったあとは発泡のクーラーや氷もある。さらにクール宅急便も利用できるようにしているなど、至れり尽くせりだ。

一部、釣り放題ではなく入場料は２千円前後で、釣った魚は１尾いくらで買い取りというシステムもある。また、女性や子供向けに、アジなどの小魚しか入っていないイケスを設けている所もある。

【堤防での釣り方】
5

ルアー釣り
をマスターしよう

ほかの魚を襲って食べる魚や、
動くものに積極的に興味を示す魚を釣るには、ルアー釣りが有効だ。
堤防からルアーで狙える魚種は意外に多く、
定番のスズキ（シーバス）やメバルのほか、
小型回遊魚、根魚なども人気が高いゾ

LURE

対象魚に合わせてルアーを選ぼう！

ひとくちにルアーといっても、その種類や大きさは様ざま。狙う魚に合わせて使い分けることが大切だ

海に生息する魚は動物性の食性を持つもの、植物性のもの、雑食性のものなど色いろいる。さらに動物性の中には動くものに興味を示す魚や、フィッシュイーター、つまり生きた魚を捕食するものもいる。このフィッシュイーターや動くものに興味を示す魚を釣るには、一般的なエサを使うよりもルアーと呼ばれる擬似餌を使うほうが効果的なことがある。

ルアーには様ざまなタイプがあり、代表的なのが小魚を模したミノープラグだ。沈むもの（シンキング）や浮くもの（フローティング）、深い層を泳ぐもの（ディープダイバー）や水面直下を泳ぐもの（シャローランナー）、水面を引くもの（トップウォーター）など種類は多く、サイズも色いろそろっている。

ミノープラグが小魚の動きを演出するルアーであるのに対して、イソメなどのエサに模したルアーがソフトルアーだ。ワームやグラブと呼ばれる。これはどちらかというとエサ釣りに近い感覚で、魚もルアーの動きに対し反射的に食い付くというよりも、本物のエサだと思って食

各種ルアーとターゲット

ルアー	サイズ	ターゲット
ミノー	5〜7cm	メバル、メッキ、カマス
	9〜10cm	シーバス、ワラサ・イナダ ヒラメ、サバ、マゴチ、タチウオ
バイブレーション	16〜28g	シーバス、 ヒラメ、タチウオ
メタルジグ	5〜7g	サバ、メッキ、 メバル、カマス、カサゴ、アジ
	14〜30g	シーバス、ワラサ・イナダ、 ヒラメ、サバ、マゴチ、タチウオ
ワーム （ジグヘッド7〜14g）	4〜5インチ	シーバス、ヒラメ、マゴチ、 タチウオ
小型ワーム （ジグヘッド1〜3.5g）	1.5〜2インチ	メバル、カサゴ、メッキ、 カマス、アジ

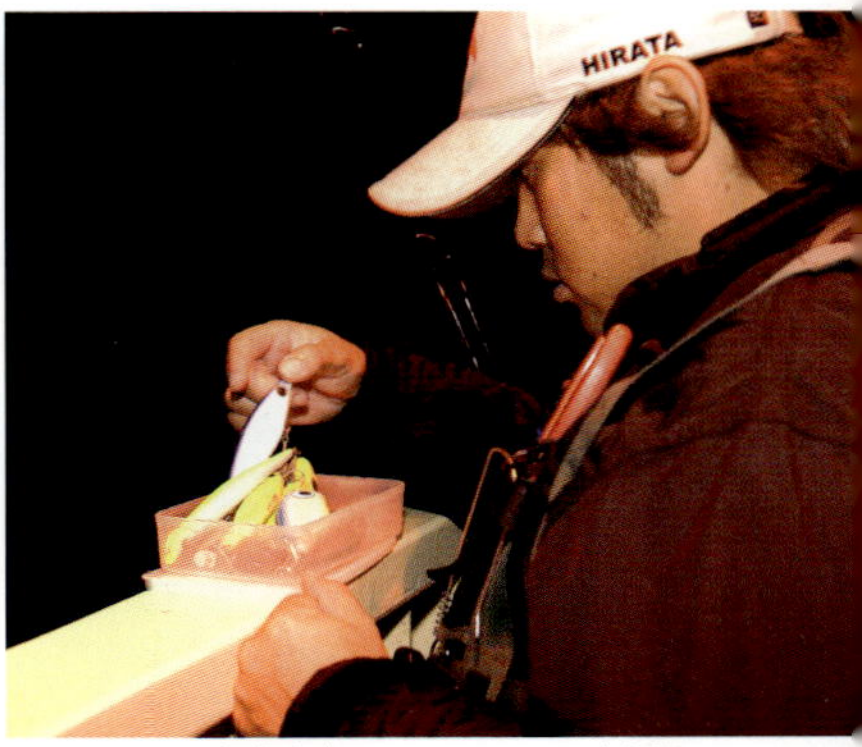
スズキなどの魚食魚（フィッシュイーター）を狙う場合、ルアーが効果的

ルアーの基本アクション

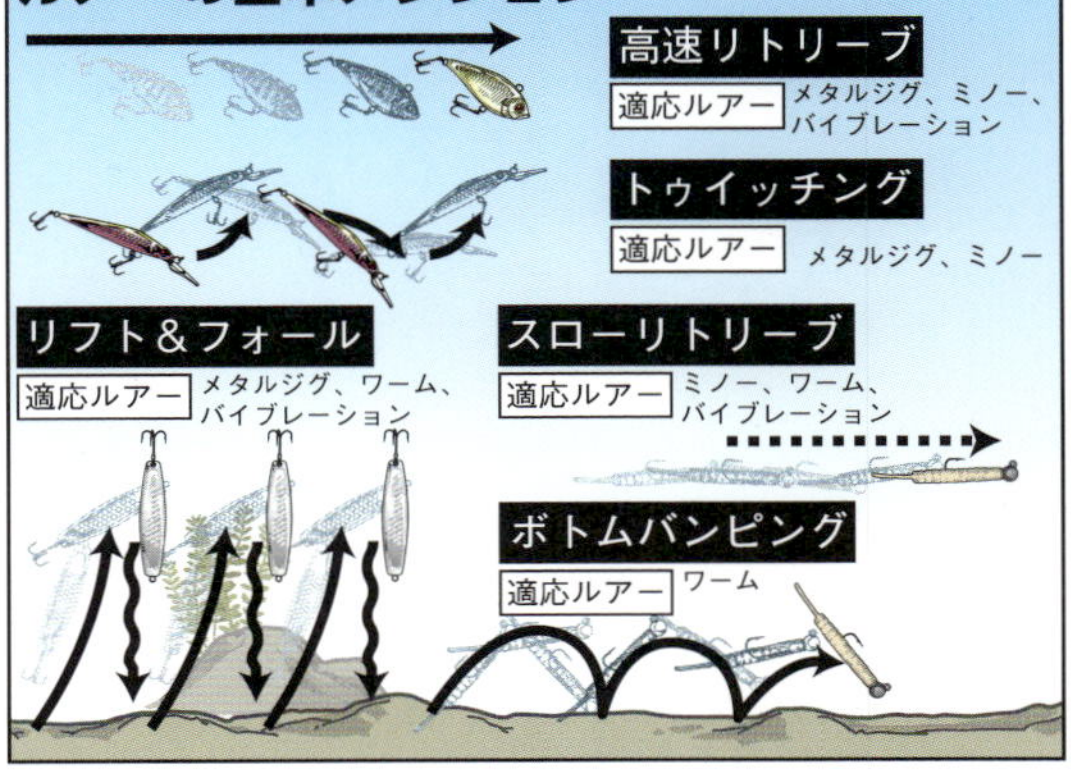
高速リトリーブ
適応ルアー メタルジグ、ミノー、バイブレーション
トゥイッチング
適応ルアー メタルジグ、ミノー
リフト＆フォール
適応ルアー メタルジグ、ワーム、バイブレーション
スローリトリーブ
適応ルアー ミノー、ワーム、バイブレーション
ボトムバンピング
適応ルアー ワーム

近年流行りのメバルやカサゴ（ロックフィッシュ・ゲームなどという）用の小型ルアー

い込んでしまうようだ。

ほかに小魚の形はしているがリップのないメタルジグやバイブレーションプラグ、スプーンの形をしたスプーンなどもよく使われる。またアオリイカ用のエギもルアーの一種といっていいだろう。

これらのルアーは、ターゲットすべてに共通して有効というわけではない。魚の種類によって適したルアーとそうでないルアーが存在するのだ。

ミノープラグでよく釣れる魚はスズキ、カンパチ、ヒラマサ、イナダ、メッキ、ヒラメ、マゴチ、シイラなど。ソフトルアーにはメバル、カサゴ、ソイ、アイナメがよくヒットする。メタルジグにはスズキ、カンパチ、ヒラマサ、イナダ、ヒラメ、ハタ。バイブレーションプラグにはスズキ、スプーンにもスズキやカサゴ、ソイがヒットする。

これをみると共通して釣れるターゲットもあるが、ここに挙げた以外の魚もヒットするので絶対ではない。ミノープラグにアイナメがくることもあるし、ソフトルアーにスズキが掛かることもある。

用語解説	>>> 潮通し	潮の流れのこと。「潮通しが悪い・よい」と使う。

季節や釣り場によって、釣れる魚が違うゾ

周年狙えるターゲットもいるが、季節によってはまったく釣れないものもいる。魚の習性を把握することが大事だ

ハードルアーは小魚の動きに似せてターゲットを誘う釣りだ
コノシロ
シイラ
スズキ
イナダ
メバル
ソフトルアーではブロックの隙間などを狙うと効果的
アイナメ
カサゴ
ヒラメ

ルアー釣りができるフィールドは磯、堤防、砂浜、河口など岸からの釣り場はほとんどどこでもOKだ。なかでも堤防ではメバル、カサゴ、ソイ、アイナメ、スズキ、メッキ、小型カンパチ、イナダなどを狙うことが多い。

もう少し詳しくいうと、周囲の地形によって狙うターゲットも変わる。たとえば海底が岩礁の堤防ならカサゴ、ソイ、メバルが狙い目。砂浜に隣接する堤防ではヒラメ、マゴチ、スズキをメインにイナダやシイラなどの回遊魚が回る釣り場もある。河口部に築かれた港ではスズキをメインにメッキ、ヒラメなどが寄っていることもある。また、外洋に面した堤防ではカンパチ、ヒラマサ、イナダ、ハタ、アオリイカなども狙える。

これらのターゲットは一年中釣れるものもいるが、ほとんどの魚はよく釣れるシーズンがあり、そのチャンスを逃すとまったく釣れないことがあるから注意したい。

カンパチやイナダなどの回遊魚は夏から秋にかけてがよく、ほかの季節はあま

▶主なルアー釣り対象魚の釣期

魚名	1月	2月	3月	4月	5月	6月	7月	8月	9月	10月	11月	12月
シーバス	○	○	●	●	●	◎	◎	◎	●	●	●	○
ヒラメ			○	●	●	◎			◎	●	●	◎
マゴチ				○	●	●	◎	◎	○			
ワラサ・イナダ								○	◎	●	●	○
サバ					○	◎		◎	●	●	○	
タチウオ					○	○		○	◎	●	●	○
メバル	●	●	●	●	◎	○					◎	●
カサゴ	●	●	◎	○							◎	●
メッキ								○	●	●	◎	○
カマス						◎	◎	◎	●	●	◎	
アジ					○	●	○			●	●	◎

●最盛期　◎釣期　○場所によって狙える　ただし、地域やその年の水温によっても大きく異なる

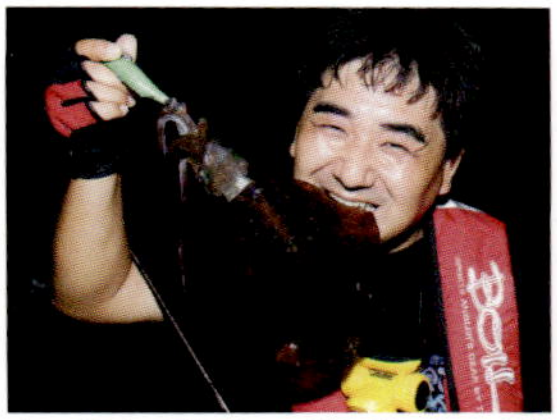

古い日本の漁具・エギを使ったアオリイカ釣りもルアー釣りの一種

外洋に面した堤防ならば、こんな回遊魚も回ってくる

堤防周りだって、こんなに大きなシーバスが釣れる

夏、ソウダガツオが回遊してくると、子供でも簡単に釣れるようになる

秋から初冬にかけてはメッキがおもしろい

岩礁帯やテトラの穴などをワームで探るとカサゴやソイが釣れてくる

り期待できない。メッキも秋から初冬がシーズンで、春には釣れない。スズキはほぼ一年中釣れるが、湾内は春と秋がベストシーズンで真冬の厳寒期は辛いし、砂浜の周辺では晩秋から初冬がシーズンとなる。フィールドによって釣れる季節が違うというわけだ。

カサゴやソイは一年中釣れるが、やはり真冬は渋くなる。メバルは春がベストだが、ほぼ一年中狙える。

このように魚種別のカレンダーを把握して釣行すれば、釣れる確率も高くなる。ただ、ルアー釣りは魚の活性が高くないと不利な釣り方なので、海水温の下がる真冬はどうしても釣りにくくなる。

用語解説	>>> 潮止まり	満潮、干潮時の最高、最低潮位の時間をいい、潮の動きが鈍くなる。

ハードルアーを使って釣ってみよう！

ミノープラグやバイブレーションプラグ、メタルジグなどを使う。どちらかというと、やや大きな魚を狙うことが多い

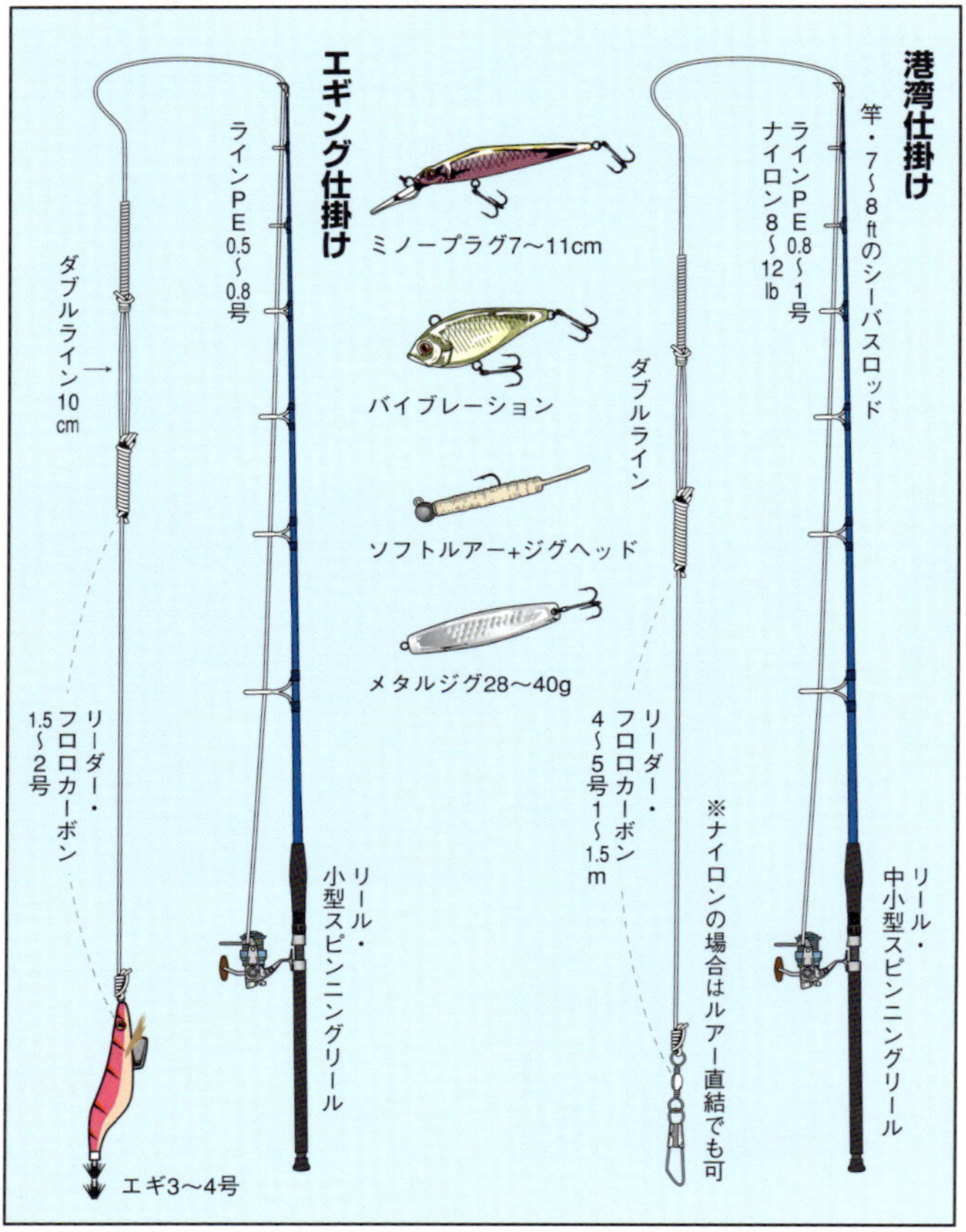
港湾仕掛け
竿・7〜8ftのシーバスロッド
ラインPE0.8〜1号
ナイロン8〜12lb
ダブルライン
リーダー・フロロカーボン4〜5号1〜1.5m
※ナイロンの場合はルアー直結でも可
リール・中小型スピンニングリール
ミノープラグ7〜11cm
バイブレーション
ソフトルアー+ジグヘッド
メタルジグ28〜40g
エギング仕掛け
ラインPE0.5〜0.8号
ダブルライン10cm
リーダー・フロロカーボン1.5〜2号
リール・小型スピンニングリール
エギ3〜4号

ハードルアーの釣りでは、ターゲットや釣り場の条件によってタックルが変わる。足場がよく海面からの高さもあまりない堤防なら、9フィート（約2.7メートル）以下のシーバスロッドや淡水用のバスロッド、トラウトロッドなどが適している。もちろんもっと強めの長い竿でも釣りはできるが、コンパクトな竿ほど機能的で使いやすい。

足場の高い堤防やテトラなど障害物のある所では10フィート（約3メートル）以上のシーバスロッドなどが使いやすい。とくにテトラが複雑に組まれている釣り場では、短いロッドだと足元のブロックにラインが絡まったりするので、13フィート（約3.9メートル）以上のロッドが必要となることもある。このような場所では比較的大きな魚（スズキや回遊魚など）をターゲットにすることが多いので、強めのロッドが中心になる。

リールは中小型のドラグ式スピニングリールをおすすめしたい。

ラインは8〜16ポンド（2〜4号）を魚種別に使い分ける。スズキ狙いなら12

フローティングミノー
小型のフローティングミノーで、メッキやメバル、アジなどに効果的だ

フローティングミノー
最もオーソドックスなフローティングミノー。シーバスなどに効果的だ

メタルジグ
身も蓋もないいい方をすれば、金属片にフックが付いたもの。重いので遠投が効き、深場で有利

小型のメタルジグ。
こちらもメッキやメバル、アジ用

エギ
日本古来のアオリイカ用の擬似餌

バイブレーションプラグ
おもにシーバス狙いで使用する。これも重いので深場を釣るのに有利

フローティングミノー
リップが大きく、リールを巻くと深いタナまで潜るミノー。ディープダイバータイプのミノーだ

スピンテールジグ
ボディの後ろにくるくる回るブレードが付いている。シーバス用ルアーとして数年前にブレイクした

ポンド以上を使えば、ショック切れ防止用のリーダーなどは必要ない。

ラインの先にはルアーを結ぶ。メタルジグなど重いルアーを使うときは、投げたときにショック切れを起こすことがあるので要注意だ。切れるときは、ショックリーダーとして5〜6号のナイロン糸を1メートルほどラインの先端に結ぶ。

ルアーの大きさについても一概にはいえない。スズキを例に取ると、小さなルアーがいいときもあれば大きなルアーにヒットすることもある。いちおうの目安として、湾内の波静かな釣り場では9センチ以下、外海では11センチ以上のルアーの実績が高い。また深場ではバイブレーションプラグやディープダイバーがいいが、イワシやアジなどを追っているときはフローティングミノーやシャローランナーなど上層を泳ぐルアーが有効だ。

色は海水が澄んでいればブルー系、濁りや夜は赤やオレンジなどといわれるが、これはあまり根拠がない。ただ実績の高い色としては、ブルーやシルバー、レッドヘッドなどが挙げられる。

用語解説	>>> 潮目	異なる方向からの潮の流れがぶつかる所。

ソフトルアーを使って釣ってみよう！

軟らかい素材でできたワームやグラブを、ジグヘッドと呼ばれるオモリ付きのハリなどに装着して使う

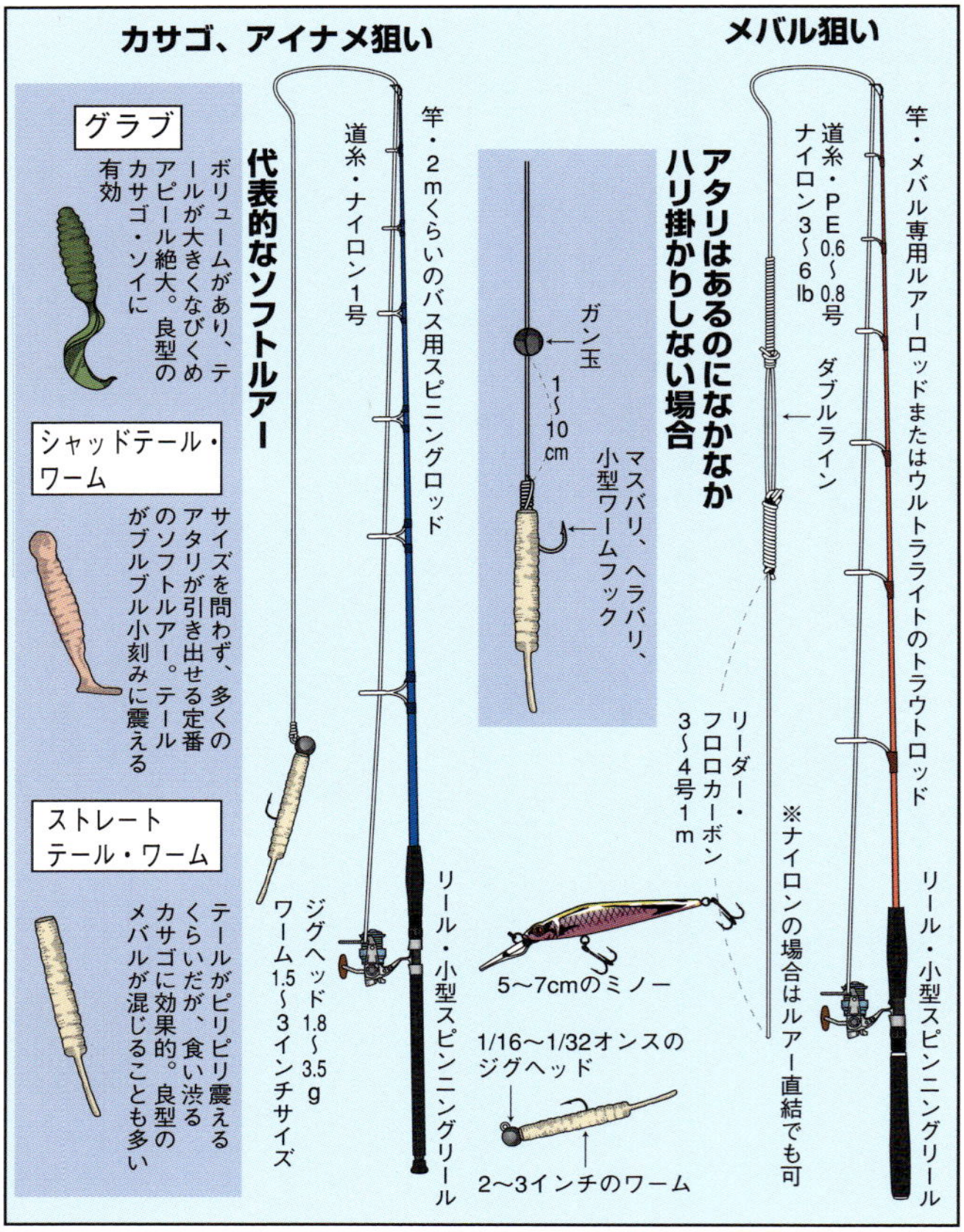
メバル狙い
竿・メバル専用ルアーロッドまたはウルトラライトのトラウトロッド
道糸・PE0.6～0.8号
ナイロン3～6lb
ダブルライン
リーダー・フロロカーボン3～4号1m
※ナイロンの場合はルアー直結でも可
リール・小型スピンニングリール
5～7cmのミノー
1/16～1/32オンスのジグヘッド
2～3インチのワーム
アタリはあるのになかなかハリ掛かりしない場合
ガン玉
1～10cm
マスバリ、ヘラバリ、小型ワームフック
カサゴ、アイナメ狙い
竿・2mくらいのバス用スピニングロッド
道糸・ナイロン1号
リール・小型スピンニングリール
ジグヘッド1.8～3.5g
ワーム1.5～3インチサイズ
代表的なソフトルアー
グラブ
ボリュームがあり、テールが大きくなびくめアピール絶大。良型のカサゴ・ソイに有効
シャッドテール・ワーム
サイズを問わず、多くのアタリが引き出せる定番のソフトルアー。テールがブルブル小刻みに震える
ストレートテール・ワーム
テールがピリピリ震えるくらいだが、食い渋るカサゴに効果的。良型のメバルが混じることも多い

ソフトルアーの釣りは、シングルハンドのトラウトロッドなどで楽しむのがおすすめだ。長さは5～8フィート（約1.5～2.4メートル）が標準だが、足場の悪い所では10フィートくらいまで使うこともある。

リールは小型のドラグ式スピニングリールで、3号の道糸が150メートル巻ける大きさが使いやすい。

ラインは8～12ポンド（2～3号）で、このラインの先にはショックリーダーなどは必要ない。ラインの先端にソフトルアーをセットするわけだが、ワームやグラブだけではダメ。これらを付けるジグヘッドやワームシンカーと呼ばれるオモリ付きのハリをまずセットする。これにワームやグラブを本物のエサと同じようにハリ付けするのである。ジグヘッドの重さは4～5グラム、ワームシンカーは5～7グラムといったところだ。

またバブルシュリンプと呼ばれるエビの形をしたソフトルアーは、ジグヘッドやワームシンカーに付けるのではなく、セイゴバリ（10～12号）やチヌバリ（4

メバル職人・ストローテールグラブ（エコギア）
メバル用のソフトルアーは、各メーカーから様ざまなものが発売されている

パワーしらす（エコギア）
こちらもメバル用の定番ワームだ

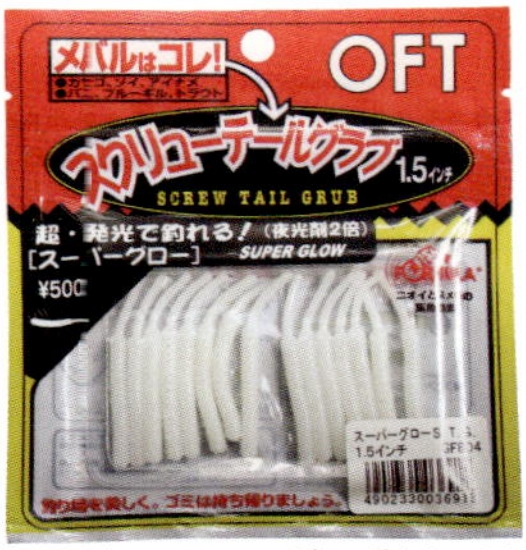

スクリューテールグラブ（オフト）
メバル用のソフトルアー。長さは2インチと極小サイズ

メバル用のジグヘッド。重さは1/32オンス（約0.9グラム）とか1/16オンス（1.8グラム）といった、非常に小さく軽い物を使用する

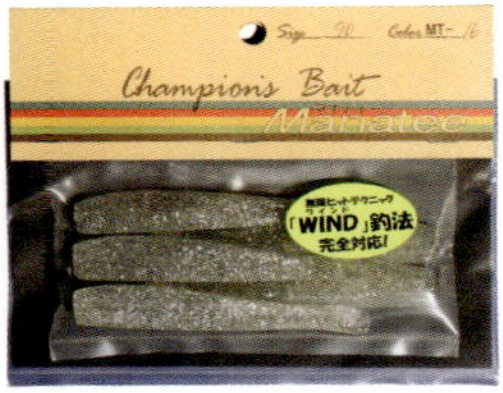

こちらはシーバス用のソフトルアー。シーバス用も数多く市販されている

メバル狙いでは、ジグヘッドのほかに小さなマスバリを使うこともある

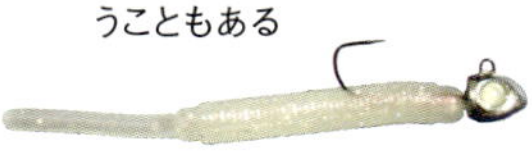

こちらはメバル用のジグヘッド。

シーバス用のソフトルアーをジグヘッドに装着してみた

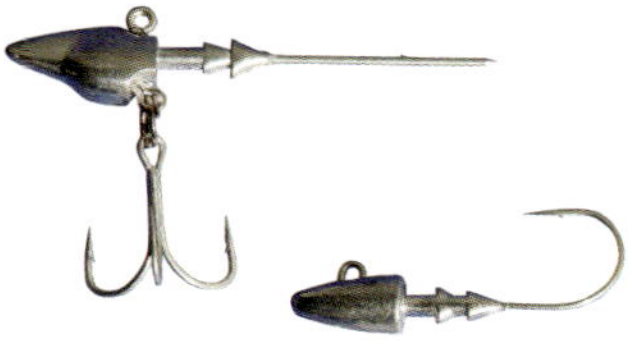

シーバス用のジグヘッド。様ざまなタイプが市販されている

～5号）などの一般のハリに装着する。この場合は、ハリの上にガン玉をセットして沈めるようにするのだ。ガン玉の重さは3B前後でいい。

　これらソフトルアーをハリに装着するときは、基本的にはハリ先を出して付けるが、根掛かりの多い所では、ハリ先をソフトルアーの中側に埋めるように刺す。こうすると根掛かりしにくくなる。

　ルアー釣りでは、タックルとルアー以外の道具類として、フック（ハリ）を外すプライヤーが必需品。ラインカッター付きのものが便利だ。またスズキなど大物をキープする場合はストリンガーがほしい。さらに大物用として小型のギャフか玉網もあったほうがよい。ただし玉網は、ルアーのフックが網に引っ掛かりやすいので、取り込みには十分に注意したい。

　ほかにルアーを収納するウエストバッグや、夜釣りではヘッドライトやフレックスライトも必要。なお堤防といえども安全のため、必ずライフジャケットを着用すること。

用語解説	>>> **時化**	シケと読み、海の荒れていること。

column.5

堤防以外の釣り場

5

ボート釣り

陸っぱりの釣りじゃないじゃないか、とお思いの方もおられようが、とくに手こぎボートでの釣りは、船釣り・沖釣りというより、陸っぱりでの釣りの延長線上にあると考えるほうがしっくりくる。

ここでいうボート釣りとは、レンタルボートを借りて沖にこぎ出し、釣りを楽しむというもの。しょせんは手こぎの2人乗りボートなので、沖に出るといっても限界がある。それでも陸っぱりからの釣りでは到底届かないエリアで釣るのだから、釣れる可能性は高い。

レンタルボートは専門のボート店で1日4千円前後で借りることができる。貸しボート店は関東から伊豆方面にかけて多いが、全国にある。

ターゲットは、ボート店のある海域によるが、だいたいシロギス、アジ、カレイ、アイナメ、アオリイカ、イナダ、ハゼなど。マダイやヒラメ、マゴチなどが狙える所もある。

ボート釣りでは、いったん沖にこぎ出せば、手前船頭よろしく好きなポイントで竿を出すことができる。自由に楽しめるのも大きな魅力だ。

【魚別・仕掛け、釣り方図鑑】

堤防釣りのターゲット

TARGET

堤防で釣れる魚種は実に多い。
手軽に楽しめるアジ、イワシや釣り人の憧れクロダイなど多彩だ。
けれど、さあ釣ろう！　と思っても、釣り方や仕掛けが分からなくては
満足に釣ることはできない。
そこで魚ごとに、釣り方や仕掛けをまとめてみた。
また、釣った魚をおいしく食べるために、
釣魚料理のワンポイント・レシピも合わせて紹介しよう

【アイナメ】

●釣り方［投げ釣り／ヘチ釣り］

初冬の好ターゲット。首を振る独特の引き味が魅力

●アイナメ

【カサゴ目アイナメ科】

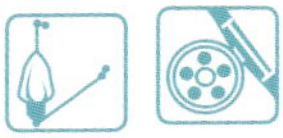

低温を好み北日本に多いが、分布は広く西日本の沿岸の浅い岩礁帯にも生息している。東京湾では、10月終わりころ産卵のために浅場に寄る（乗っ込み）。近似種にクジメがいる

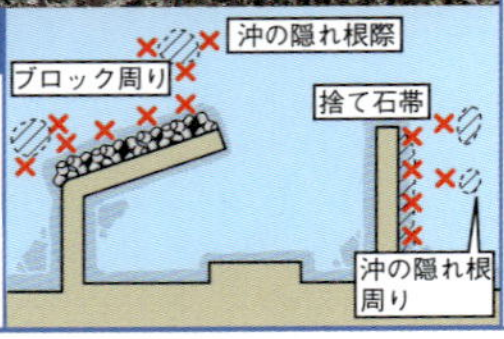

　毎年、木枯らしが吹き海水温が低下してくるとアイナメのシーズンが開幕する。11～12月はアイナメの産卵期に当たるので、浅い岩礁地帯に乗っ込んでくるのだ。したがって、堤防のヘチ際や捨て石帯、テトラ周りなどがポイントとなる。

　アイナメの大きさは一般に20～40センチで、産卵期は丸まると太った大型が多い。産卵が終わるとメスは深場へ落ちていくが、卵を守るためにオスが残る。このオスは黄色味が強く、型も30～45センチの大型が主体だ。

　タックルは、ヘチ際狙いならクロダイ用のヘチ竿にタイコリールでよいが、沖目を狙うなら5.3メートルクラスの1号の磯竿が使いやすい。リールは小型スピニングリールでいいだろう。仕掛けはミャク釣り仕掛けとフカセ釣り仕掛けに大きく分けられ、ヘチ際狙いならフカセ釣り、沖目や深場を狙うときはミャク釣りがおすすめだ。

　フカセ釣りは、仕掛けをヘチ際に沿ってゆっくりと落としながら探る釣り方。アイナメはイガイ（カラス貝）の層のすぐ

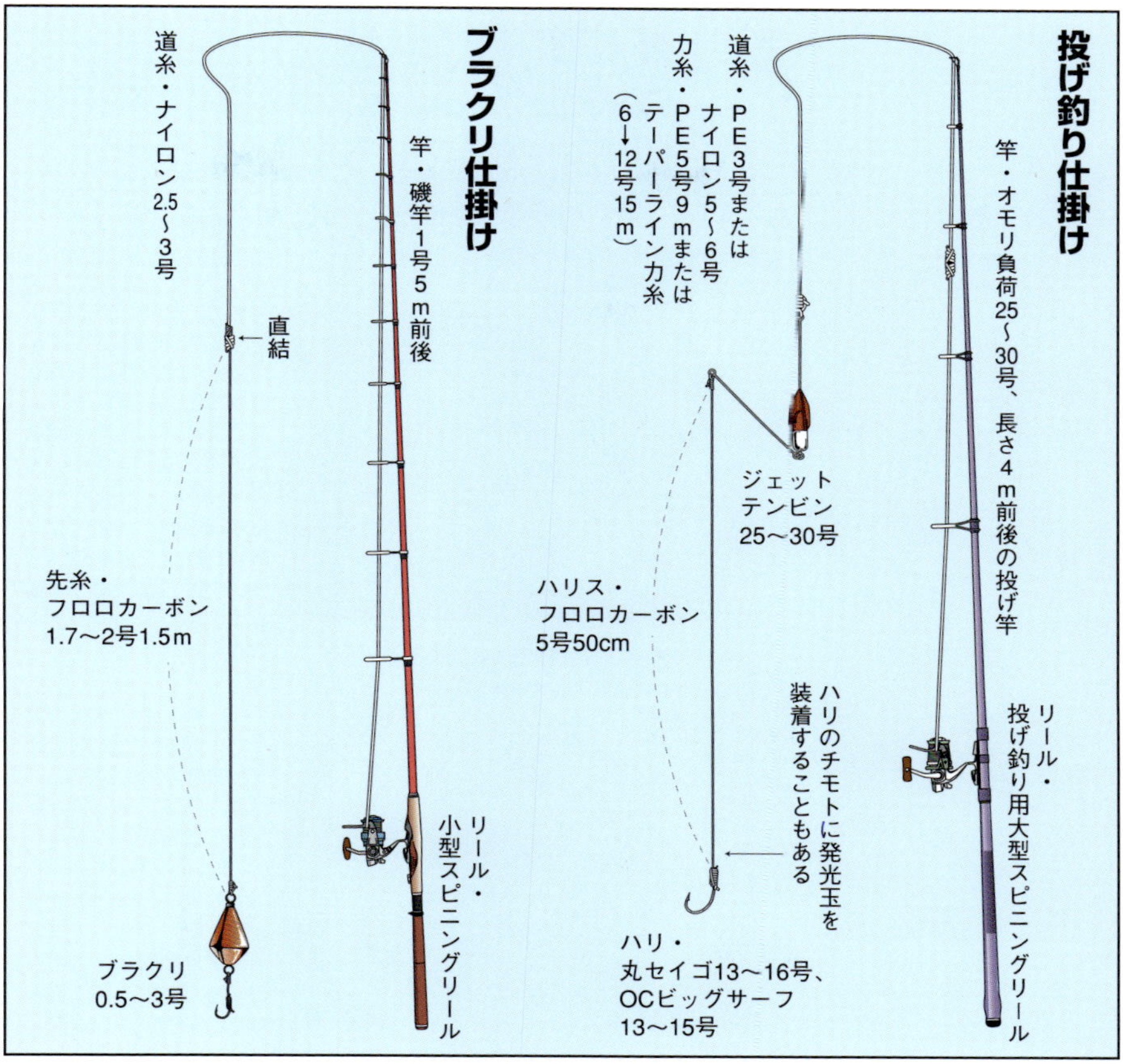
投げ釣り仕掛け
竿・オモリ負荷25～30号、長さ4m前後の投げ竿
リール・投げ釣り用大型スピニングリール
道糸・PE3号またはナイロン5～6号
力糸・PE5号9mまたはテーパーライン力糸（6→12号15m）
ジェットテンビン 25～30号
ハリス・フロロカーボン 5号50cm
ハリのチモトに発光玉を装着することもある
ハリ・丸セイゴ13～16号、OCビッグサーフ 13～15号
ブラクリ仕掛け
竿・磯竿1号5m前後
リール・小型スピニングリール
道糸・ナイロン2.5～3号
直結
先糸・フロロカーボン 1.7～2号1.5m
ブラクリ 0.5～3号

下に着いていることもあるし、海底にいることもあるから、中層から海底までを探ること。アタリがなければどんどん移動しながら釣り歩くのが基本だ。仕掛けが軽い分、アタリはハッキリと明確に出ることが多い。早合わせをせず、十分に食い込ませてから竿を立てればよい。エサはイワイソメやアオイソメが一般的だが、イガイのムキ身も効果的。また潮が澄んでいるときはモエビも食いがよい。

　ミャク釣りはアイナメ狙いでは最もポピュラーな釣り方。足元から少し沖目までの広い範囲を探れるのが特長だ。反面、根掛かりが多くなる欠点もあるので、潮に流されない範囲で一番軽いオモリを使うこと。軽いオモリほど根掛かりが少ないし、水中での沈下速度も遅いのでアイナメにアピールしやすい。一般には1～2号を基準にして、潮の速い所では3～5号くらいまでを用意したい。潮のゆるい所で重いオモリを使うと、アイナメの食いはかなり悪くなるので注意したい。

　ブラクリオモリを使った釣りでは、沖目に仕掛けを投げて着底させたら、道糸

用語解説	>>> 水中ウキ	水面近くの潮と水中の潮の動きが違うようなときに使う、水に沈めて使うウキのこと。

関東ではアイナメが産卵のため浅場に乗っ込んでくる初冬のころ、堤防のヘチ際で釣りやすくなる

Let's cooking!

▶▶▶釣れたてアイナメを味わおう!

本来、旬は晩春から初夏といわれるが、冬でも釣りたてのものはやはりおいしい。煮付けは定番料理で、やや濃いめの味付けがいい。ここでは汁物と、中華風のあんかけを紹介する

●ぜいたく味噌汁

カニ、アサリとともにアイナメを炊いた味噌仕立ての汁もの。野菜はキノコ、根菜類がよく合う。アイナメは小ぶりなら姿のまま、大きければぶつ切りにし、カニ、アサリ、根菜と一緒に水から炊く。中火で沸騰してきたらキノコを入れ、さらに5分ほどしたら味噌を入れる

●空揚げの甘酢あんかけ

アイナメに片栗粉をまぶしカラリと揚げたら、別に作った甘酢あんをかける。あんはニンジン、ピーマンなどの千切りを小さく切ったベーコンとともに炒め、しょうゆ、塩、砂糖、酢で味を整えたら、中華スープに水溶き片栗粉を入れたものを最後に入れ、とろみが出たらアイナメにかける

をピーンと張らず少しフケた状態にする。道糸を張ると、アイナメがエサを食った際に抵抗を強く感じ吐き出してしまう確率が高くなる。道糸をたるませておけば抵抗もなく一気に飲み込んでしまうわけだ。こうして道糸をフケさせた状態で少し待ち、アタリがなければリールを巻いてフケを取り、竿を大きくシャクってオモリを移動させる。そして再び糸フケを出す。仕掛けが足元まできたら少し横に移動して、また投入を繰り返す。

　アタリは道糸をフケさせているので直接竿先にはこない。フケていた道糸がスルスルと走り出す。このときが合わせのタイミングだ。注意点としては、あまり糸フケを多く出しすぎないこと。アタリが分からないほど出すと、合わせが遅くなりすぎてアイナメが根に潜ってしまう危険性が高くなるからだ。

　エサはイワイソメがベスト。ポイントが遠い場合は目いっぱい投げることになるので、頭の硬い部分が使いやすい。アオイソメやゴカイも代用できるが、イガイは軟らかいので沖目狙いには適さない。

【アジ】

●釣り方[ウキ釣り/サビキ釣り]

ファミリーフィッシングの定番ターゲット

●マアジ

【スズキ目アジ科】

全長20~40センチ。日本各地の沿岸、東シナ海、朝鮮半島に分布。沿岸から沖にかけての中・底層に群れで生息。水温20度以上になると活発に活動する。ゼイゴと呼ばれる硬いウロコがアジ類の特徴

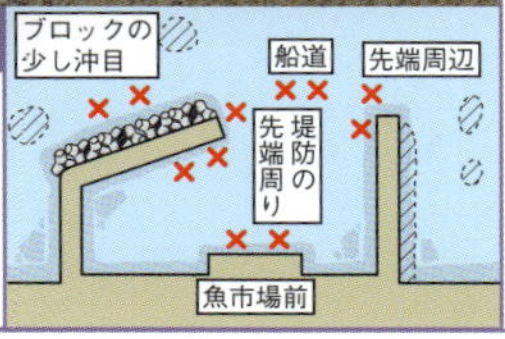

アジは日本全国の沿岸や東シナ海、朝鮮半島などに分布し、暖流に乗って回遊する。特徴はゼイゴと呼ばれる硬いウロコがあること。大きさは7~8センチの小型から40センチを超える大型までいるが、一般に陸っぱりで釣れるサイズは、8~30センチだ。

近年は春から秋にかけて、各地の防波堤にもたくさんの回遊が見られる。水温の高いときには真冬でも釣れることがあるほどだ。したがって、釣期は夏を中心に初冬までがベストシーズンとなる。

釣り方は、ウキを付けて一本バリで狙うウキ釣りか、多点バリで一度にたくさん釣り上げるサビキ釣りが一般的だ。

●アジのウキ釣り

ウキ釣りはアジの強い引きを十分に楽しめるので釣趣があり、どちらかといえば夜釣りに適している。竿は渓流竿か軟らかめの磯竿がよく、軽い仕掛けで釣るのが基本。コツはハリをあまり大きくしないことだ。

エサは大粒アミやオキアミのSサイズ

用語解説	>>>スカリ	魚を入れる網状の袋。

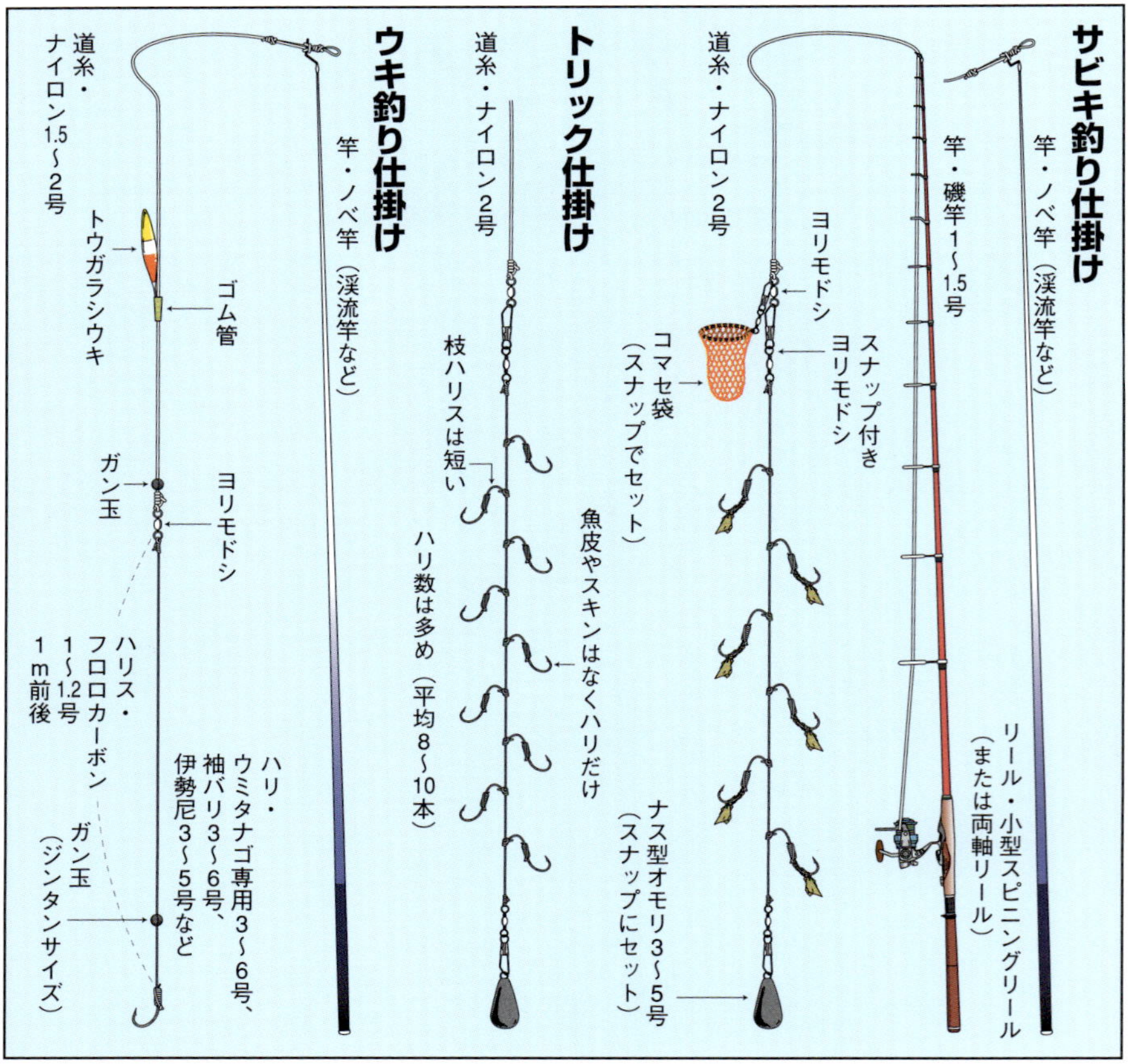
サビキ釣り仕掛け
竿・ノベ竿（渓流竿など）
竿・磯竿1〜1.5号
リール・小型スピニングリール（または両軸リール）
道糸・ナイロン2号
ヨリモドシ
スナップ付きヨリモドシ
コマセ袋（スナップでセット）
ナス型オモリ3〜5号（スナップにセット）
トリック仕掛け
道糸・ナイロン2号
魚皮やスキンはなくハリだけ
枝ハリスは短い
ハリ数は多め（平均8〜10本）
ウキ釣り仕掛け
竿・ノベ竿（渓流竿など）
道糸・ナイロン1.5〜2号
ゴム管
トウガラシウキ
ガン玉
ヨリモドシ
ハリ・ウミタナゴ専用3〜6号、袖バリ3〜6号、伊勢尼3〜5号など
ハリス・フロロカーボン1〜1.2号 1m前後
ガン玉（ジンタンサイズ）

が使われるが、魚の切り身やイソメ類でも釣れる。コマセはアミのブロックを解凍し海水で薄めたものを足元にまく。一度に大量にまかず、少しずつ間断なくまくことが大切だ。

タナは中層を狙う。5メートルの水深がある所なら、2メートル前後のウキ下から始めるわけだ。アジがコマセにつられて上層に浮いてきたら、ウキ下をさらに浅くする。逆にアタリがないようなら、少しずつウキ下を深くしていく。

ポイントは潮通しのよい所で、防波堤の先端や曲がった角が狙い目。夜釣りでは港の奥や常夜灯の周辺にも集まる。

アタリは一気にウキを引き込むので、軽く竿を立てる程度に合わせればいい。

●アジのサビキ釣り

サビキ釣りは日中や群れが大きいときに適した釣り方で、数釣りが楽しめる。

竿は足下狙いなら渓流竿で十分だが、水深の深い所や沖目を狙うなら磯竿が有利。仕掛けがやや重くなるので、ウキ釣りよりもひと回り太い竿が使いやすい。

堤防のアジ釣りなら、小さな子供と一緒に楽しむことができる

Let's cooking!

▶▶▶釣れたてアジを味わおう!

味がよい魚だからそう呼ばれるようになったといわれる「アジ」。とくに釣ったばかりの新鮮なものは、どんな料理でもとても美味。ここでは小型のアジを材料に2品紹介しよう

●アジの焼きサンガ

たたきに造ったアジに味噌を加え、さらに細かく叩いてハンバーグ状にする。これを焼いたものが焼きサンガ。フライパンで焼けばいいので簡単に作れる。写真のように、焼き上がる前に大葉を乗せてもおいしい

●アジの南蛮漬け

下処理したら、薄く塩コショウをして170度のやや低めの油でじっくりと揚げる。これをタカノツメ、タマネギのスライスとともに南蛮酢（酢4、ダシ汁4、しょうゆ、みりん、砂糖各1を混ぜ、いったん煮立てる）に漬け込む

　サビキ仕掛けは非常に多くの種類が市販されており、釣り場によって当たり外れがあったりもする。そこで、現地の釣具店でどれがよいかを聞いてから購入したい。場合によっては、空バリにアミエビを付けたエサ付けサビキ（トリックサビキ）でないとダメなこともあるので、コマセと付けエサ兼用で冷凍のアミブロックも用意しよう。ハリにアミを付けるときは、アミブロックに仕掛けをこすりつけるようにすると簡単だ。

　釣り方はまず浅いタナから釣り始め、アタリがなければ少しずつ深くしていく。1尾釣れたらそのタナを覚えておき、重点的に狙う。

　群れが大きいときは、最初のアタリでは仕掛けを上げず、追い食いを待つ。一方、群れが小さいときは、追い食いを待つより1尾ずつ確実に釣るほうが効率的なこともある。食いが活発なうちに、いかにたくさん釣り上げるかが勝負だ。

　外道はイワシ、サバ、ワカシ、サッパ、コノシロ、メバル、ウミタナゴ、シマダイ、チンチン（クロダイの幼魚）など。

用語解説	>>> 捨て石	堤防を作ときの土台として海中に入れられた基礎石のこと。

【アナゴ】

●釣り方［投げ釣り］

夜釣りで狙うのが効率的。食味が魅力の釣り物だ

●マアナゴ

【ウナギ目アナゴ科】

全長60センチ。北海道以南に分布する。沿岸の砂泥地に生息。昼間は穴の中に潜み、夜になると活発にエサを追う。したがって、夜釣りが有利。体に並ぶ白い小さな斑点が特徴だ。

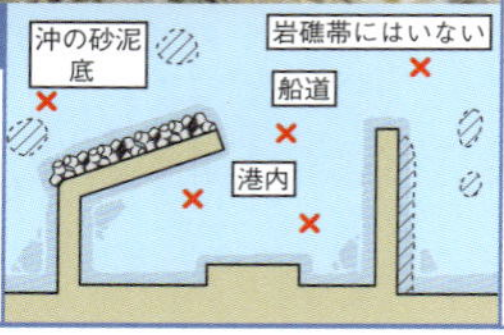

アナゴといえば普通はマアナゴのことを指す。沿岸の砂泥底の海底に生息する魚で、寿司ネタとしてもよく知られる。夜行性で夜に行動が活発になるが、潮が濁っていれば日中でもエサを追うことがある。

大きさは一般に20～30センチクラスのものがよく釣れるが、60センチ以上の大型も珍しくない。オスよりもメスのほうが大きくなるのが特徴だ。また近い種にクロアナゴ、ゴテンアナゴなどがおり、磯の夜釣りでヒットする超大型アナゴはクロアナゴが多い。

マアナゴは年間を通して狙えるが、最もよく釣れるのは初夏。梅雨時の夜釣りでは数釣りが楽しめ、潮によっては太くて長い大型ばかりのこともある。しかし、必ずしも高水温だけを好むというわけではなく、冬の低水温期でも活発にエサを追うことがある。東京湾などは夏は高水温になるし、冬はかなり水温が低下する。それでも、夏のように数が釣れることこそないが、冬でも型は見られているようだ。

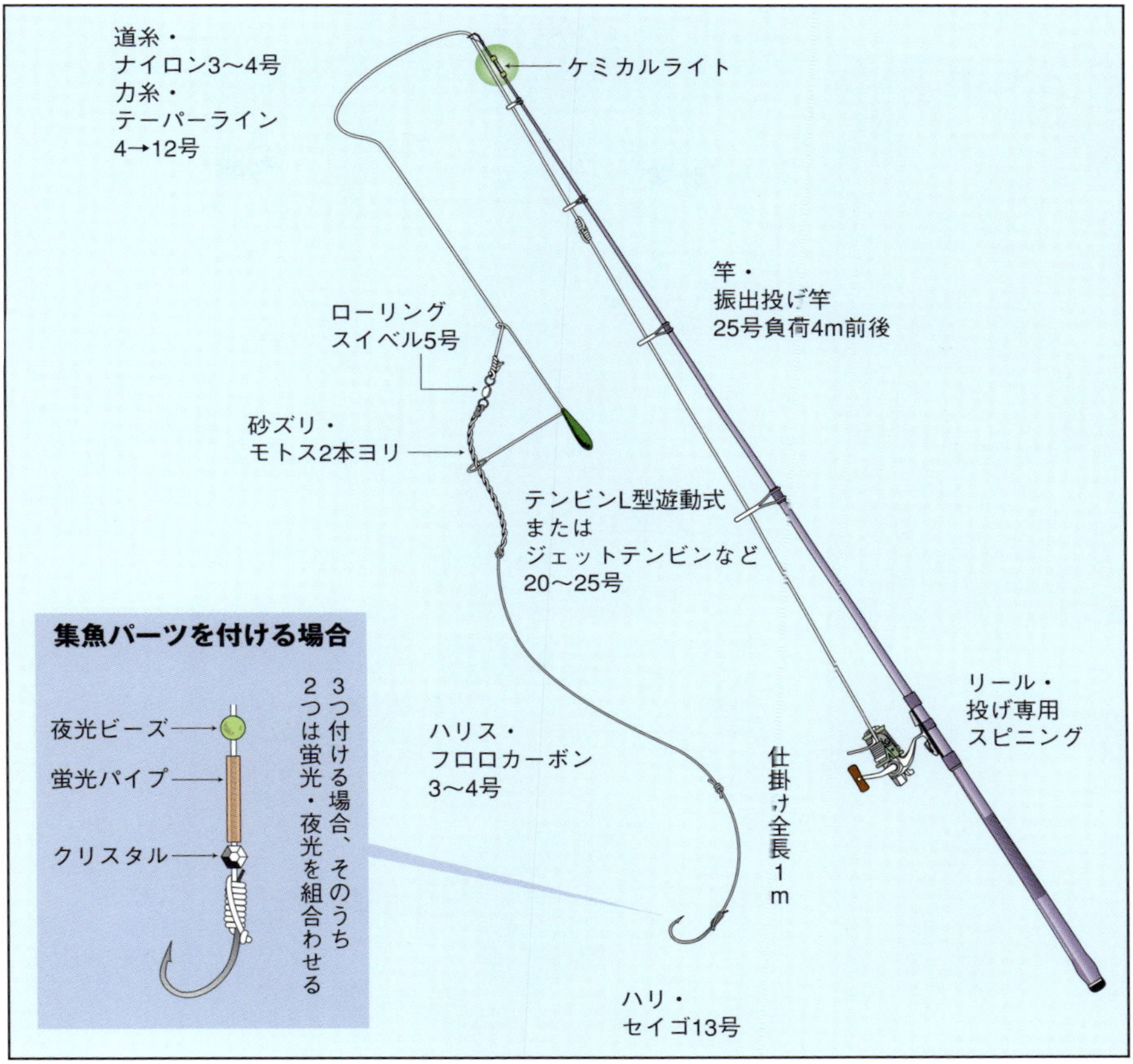
道糸・
ナイロン3〜4号
力糸・
テーパーライン
4→12号
ケミカルライト
竿・
振出投げ竿
25号負荷4m前後
ローリング
スイベル5号
砂ズリ・
モトス2本ヨリ
テンビンL型遊動式
または
ジェットテンビンなど
20〜25号
リール・
投げ専用
スピニング
ハリス・
フロロカーボン
3〜4号
仕掛け全長1m
ハリ・
セイゴ13号
集魚パーツを付ける場合
夜光ビーズ
蛍光パイプ
クリスタル
3つ付ける場合、そのうち2つは蛍光・夜光を組合わせる

この魚は砂底や泥底に潜る習性があるので、海底が砂泥底の場所が住処となる。したがって堤防周りでは基礎となる捨て石帯やブロック周りではなく、その沖に広がる砂泥地にいるわけだ。たとえば、砂泥地に築かれた堤防なら捨て石帯のすぐ先から沖にかけてが生息域。岩礁が多い堤防なら、沖目の岩礁の間に点在する砂泥底に生息しているのだ。

一般的には砂地の海岸ならどこでも見られるが、どちらかというと外洋のきれいな砂底よりも、湾内の砂と泥が入り交じったような海底を好むようである。したがって美しい砂浜周りより堤防周りのほうがよく釣れることが多い。

アナゴは投げ釣りで狙うのが基本。狙うポイントによって遠投かちょい投げになるわけだが、比較的近いポイントで釣れる場所が多いため、ちょい投げでも十分に楽しめる。

タックルは投げ竿にスピニングリールだが、ある程度の遠投が可能な竿であればちょい投げにも対応できるので有利。シーバスロッドなど軽い竿で狙う場合

用語解説	>>>**ストリンガー**	釣った魚を生かしたまま繋げておける器具のこと。

アナゴは夜の投げ釣りで狙う

仕掛けには夜光玉や化学発光体を使用すると効果的だ

Let's cooking!

▶▶▶釣れたてアナゴを味わおう!

アナゴといっても何種類かいるが、とくにうまいのがマアナゴ。天ぷら、蒲焼き、白焼きなどおなじみの食材だ。長物はさばくのにコツがいるが、慌てずにゆっくり行えば意外にうまくさばける

●蒲焼丼

開いたアナゴを15センチほどに切り、串に刺してわずかに焦げ目がつく程度に焼く。これが白焼きで、このままワサビじょう油で食べてもおいしい。これを日本酒、ミリン、砂糖、しょう油の同割で軽く煮て、白飯に煮汁をかけ、その上に煮たアナゴを乗せる

●洋風煮込み

開いたアナゴに薄く塩、コショウをしたら、コンソメスープにその半量のミリンを加えた汁で10分煮る。別のフライパンでタマネギのみじん切り、アンチョビ、刻んだハーブ(オレガノ、ローズマリー)をオリーブ油で炒める。これを皿に乗せ、上に煮たアナゴを盛る。レモンを添え、エクストラバージンオイルをかける

は、オモリの重さと糸の太さのバランスを考えること。あまり重過ぎるオモリだと竿を傷めるし、糸が太いと遠くに飛ばせない。逆に糸が細すぎると、投入時に糸が切れやすいなどのトラブルが起こる。

釣り方は、仕掛けを沖に投入したらそのまま待つ。置き竿にするときは竿先に化学発光体を装着しておくとアタリが分かりやすい。岩礁のない釣り場では、少し待ってアタリがなければ仕掛けを少し手前に移動させる。根掛かりの多い釣り場ではあまり動かさないほうがよい。

アタリは明確で、竿先を通じてはっきりと分かるケースが多い。しかしあわてて合わせる必要はなく、ひと呼吸置いたらリールを巻くだけでよい。ただしアタリがあったのにそのままにしておくと、掛かったアナゴが暴れて仕掛けがゴチャゴチャに絡むことがあるので注意。

エサはアオイソメがメインだが、魚の身エサも悪くない。匂いが強くて比較的エサ持ちがよいのはサンマで、食いの渋い日には効果的なことがある。ほかにサバやイカなども使用する。

【イカ】

●釣り方［ウキ釣り／ルアー釣り］

堤防から狙うイカとしては、アオリイカが代表選手だ

●アオリイカ、ヤリイカ、ケンサキイカ ●コウイカ、カミナリイカ

【ツツイカ目ジンドウイカ科】【コウイカ目コウイカ科】

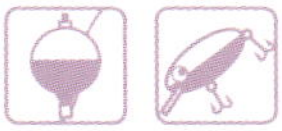

堤防から釣れるイカは数種あるが、最も狙う人が多いのはアオリイカだろう。エギングは近年、非常に流行している釣り方で、周年アオリイカを狙う人も多い。

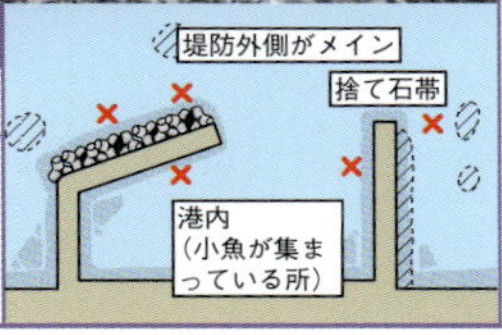
堤防外側がメイン
捨て石帯
港内
（小魚が集まっている所）

近年、エギングが大ブレークしているアオリイカ。手軽に釣れて食べてもおいしいことから、人気はますます上昇中だ。

ポイントは岩礁帯か岩礁交じりの海底で、変化のある所を重点的に狙う。カケ上がりや根周りなどは好ポイントで、とくに産卵を控えた春は産卵床となる海藻の茂った所も見逃せない。

釣期は、地方にもよるがほぼ周年。ただ暖海性のイカなので、水温の下がる冬はあまり釣れない。おおざっぱにとらえるなら、春は産卵を控えた大型が釣れ、秋以降はその年の春に産まれた子イカが釣れ始めるため小型の数釣りができるというイメージだ。

コウイカやカミナリイカなど、背に石灰質の貝殻（甲羅）を持つ仲間をまとめてコウイカと呼ぶ。アオリイカ狙いのエギにもよくヒットするが、専門に狙う地方もある。

ヤリイカは、夜、電気ウキ仕掛けで狙う。テイラと呼ばれるエサ巻きの掛けバリを使用し、エサとして鶏のササミやサメの肉を巻き付ける。ケンサキイカも同

用語解説	>>> スレ	魚の口以外の場所にハリ掛かりすること。

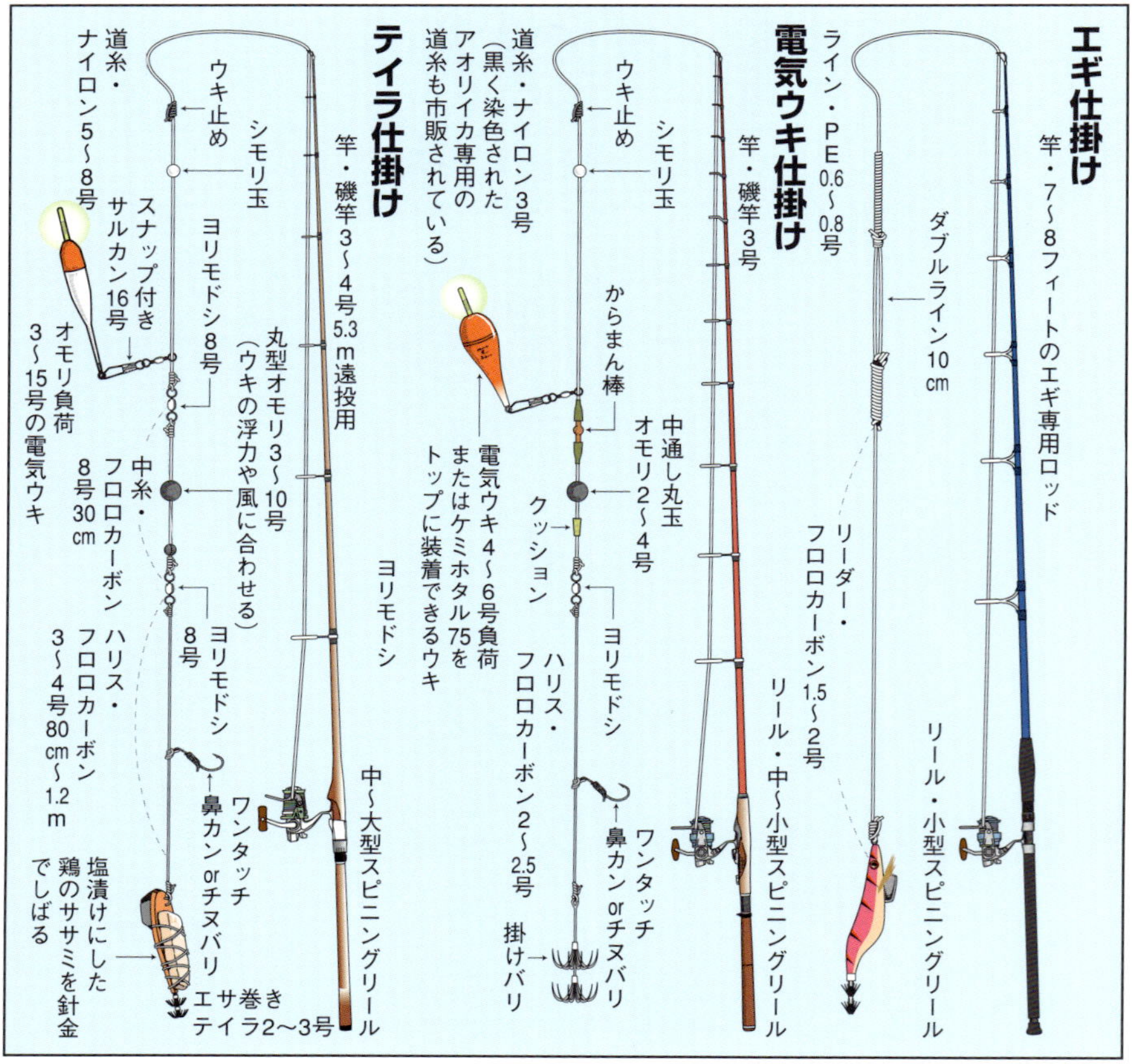
エギ仕掛け
竿・7～8フィートのエギ専用ロッド
ライン・PE0.6～0.8号
ダブルライン10cm
リーダー・フロロカーボン1.5～2号
リール・小型スピニングリール
電気ウキ仕掛け
竿・磯竿3号
道糸・ナイロン3号（黒く染色されたアオリイカ専用の道糸も市販されている）
ウキ止め
シモリ玉
からまん棒
中通し丸玉
オモリ2～4号
クッション
ヨリモドシ
ハリス・フロロカーボン2～2.5号
ワンタッチ鼻カンorチヌバリ
掛けバリ
電気ウキ4～6号負荷またはケミホタル75をトップに装着できるウキ
ヨリモドシ
リール・中～小型スピニングリール
テイラ仕掛け
竿・磯竿3～4号5.3m遠投用
道糸・ナイロン5～8号
ウキ止め
シモリ玉
ヨリモドシ8号
スナップ付きサルカン16号
オモリ負荷3～15号の電気ウキ
丸型オモリ3～10号（ウキの浮力や風に合わせる）
中糸・フロロカーボン8号30cm
ヨリモドシ8号
ハリス・フロロカーボン3～4号80cm～1.2m
ワンタッチ鼻カンorチヌバリ
塩漬けにした鶏のササミを針金でしばる
エサ巻きテイラ2～3号
リール・中～大型スピニングリール

様の仕掛けで狙う。

ほかにも地方によって堤防から狙えるイカがいるが、ここからは最もポピュラーなアオリイカを中心に釣り方を説明する。

●エギング

タックルは専用のロッドに小型スピニングリールを使い、道糸に細いPEラインを使用する。伸びのないPEラインでシャクることにより、エギをシャープに躍らせることができる。これこそがエギングのキモだ。

釣り方は、エギをキャストしていったん海底まで沈めたら、大きくシャクってイカにアピールする。シャクるときは、ビュンビュンと大きな音がするほどハデに行うこと。基本は2段シャクリだ。2度大きく竿をシャクったら、動きを止めてエギをスーッと沈めてやる。イカは沈んでいくエギに抱きつくことが多い。

このとき竿先を下げて、道糸の動きに注意する。沈下中のエギにイカが抱きつくと、道糸に変化が出る。場合によって

アオリイカ狙いのエサは生きアジ。ウキ釣りかヤエン釣りで狙う

エギングはアオリイカ以外にも有効だ。これは小型だがケンサキイカ

春はアオリイカの大型が期待できる季節だ

Let's cooking!

▶▶▶釣れたてイカを味わおう!

イカの種類は非常に多いが、食味の点で一二を争うのが、アオリイカとケンサキイカ。いずれも堤防から狙える。どう料理してもおいしくないはずはないが、まずはお造りで味わうのが正解だろう

●お造り4色盛り

下処理したアオリイカは、やや細めの刺身に造る。これを3つに分け、ひとつはめんたいこと和え、ひとつは食用菊と和え、もうひとつは糸作りのままにする。ゲソはしょうがとアサツキを混ぜ、4種をバランスよく盛る

●ゲソ丼

ゲソ、エンペラを適当に刻み、2分ほどゆでる。丼に酢めし、または熱あつの白飯を八分目に盛り、上にゲソを乗せておろしワサビを添える

は竿先にまでアタリが伝わることもある。アタリがないときは少し待って道糸のフケを取り、再び大きくシャクる。このときイカが乗っていることも多い。

　アタリを感じても大きな合わせは不要。強く合わせると身切れを起こしたり、スッポ抜けることもあるので、そのままリールを巻けばいい。大型は、これがイカの引きかと驚くほど引きが強いので、ドラグは緩めに調整しておこう。

●生きエサ釣り

　生きエサ釣りは、大きく分けてウキ釣りとヤエンの釣りがある。ウキ釣りは生きたアジに掛けバリをセットして泳がせ、アタリをウキで取るスタイル。ヤエン釣りは、道糸の先に生きアジをくくりつけて泳がせ、イカが抱きついてからヤエンと呼ばれる専用の掛けバリを投入する。

　生きエサは小アジ、小サバ、イナっ子（ボラの幼魚）などが適している。生きアジは釣エサ店で入手できる場合が多いが、もし手に入らないときは、現地で調達するしかない。

用語解説	>>> 底ダチ	海底までの水深のこと。

【イサキ】

●釣り方［ウキ釣り］

堤防から狙うなら、夜のカゴ釣りが効果的だ

●イサキ
【スズキ目イサキ科】

全長45センチ。東日本以南に分布。若魚にははっきりとした縞模様があり、ウリンボと呼ばれる。初夏から入梅のころ、産卵のために沿岸に近い岩礁帯に集まり、大きな群れを作る

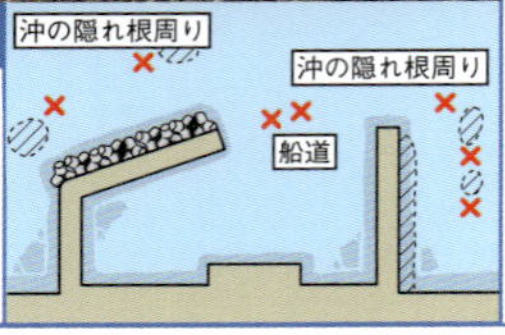
沖の隠れ根周り
沖の隠れ根周り
船道

イサキは本州中部以南の沿岸の岩礁帯に生息し、初夏から秋にかけてが釣りのシーズン。日中は海底近くに群れているが、夜は中上層に浮いてきて活発にエサを取る。大きさは20～40センチが一般的だが、50センチ前後に成長した大型も見られる。どちらかといえば船釣りの対象魚として有名だが、磯や堤防からの釣りも人気が高く、しかも良型がそろうのが特徴だ。食性は動物性でエビなどの小型甲殻類やイソメ類を好む。まれにルアーに超大型がヒットすることもある。

釣り方はウキ釣りが主体。日中はタナが深いのでカゴ釣りが有利だが、夜はウキフカセ釣りで十分に楽しめる。カゴ釣りの場合はマダイなどの大物がヒットすることが多いのでタックル、仕掛けとも全体に太めにする。ウキフカセ釣りでは、メジナ釣りとほぼ同じ仕掛けでOK。ウキは日中は円錐ウキ、夜は電気ウキにチェンジする。エサとコマセはともにオキアミが主体だが、夜はコマセにアミ（発光する）を混ぜる。

ポイントは、まず潮通しのよいことが

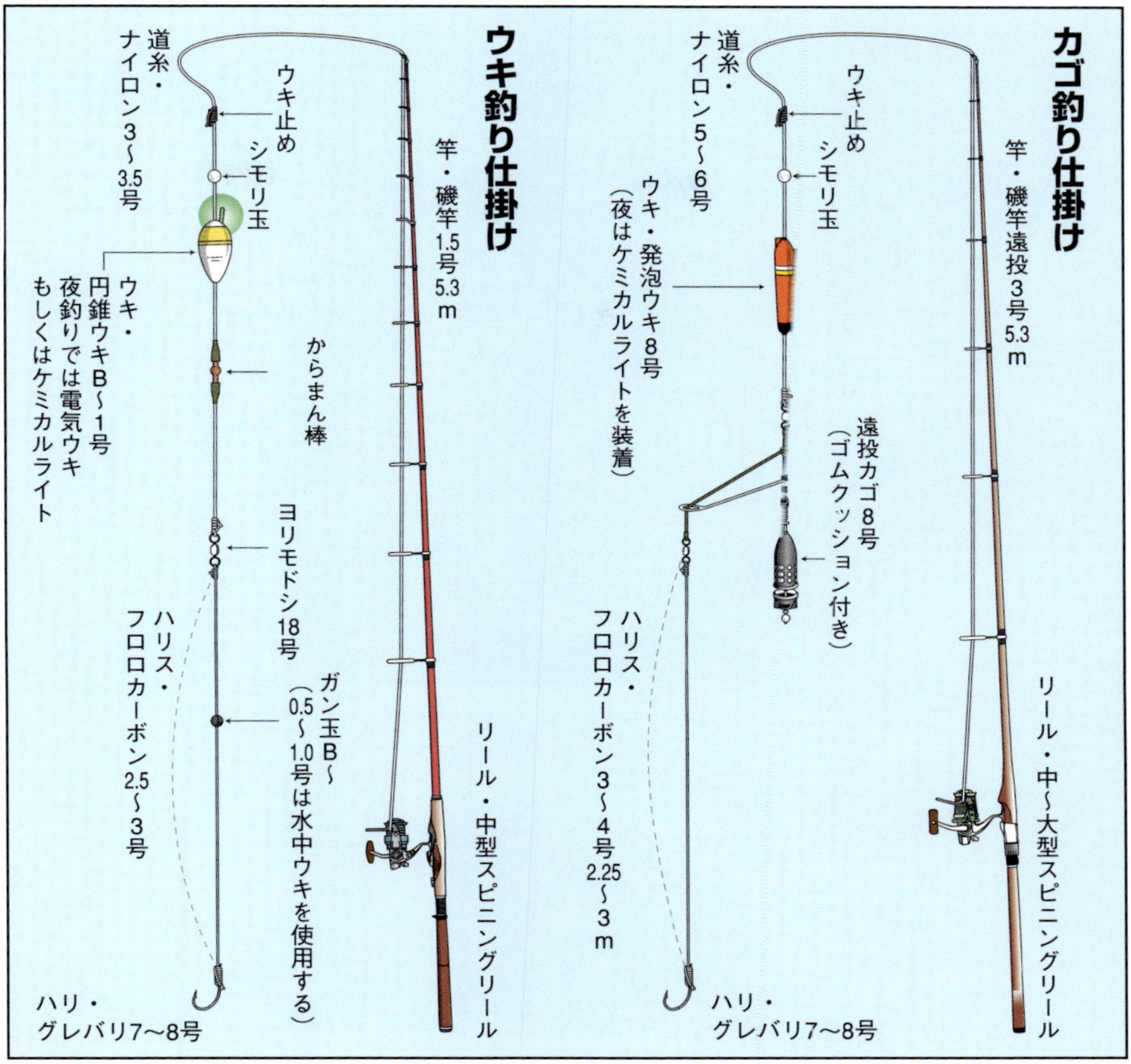
カゴ釣り仕掛け
竿・磯竿遠投3号5.3m
リール・中~大型スピニングリール
道糸・ナイロン5~6号
ウキ止め
シモリ玉
ウキ・発泡ウキ8号（夜はケミカルライトを装着）
遠投カゴ8号（ゴムクッション付き）
ハリス・フロロカーボン3~4号2.25~3m
ハリ・グレバリ7~8号
ウキ釣り仕掛け
竿・磯竿1.5号5.3m
リール・中型スピニングリール
道糸・ナイロン3~3.5号
ウキ止め
シモリ玉
ウキ・円錐ウキB~1号
夜釣りでは電気ウキもしくはケミカルライト
からまん棒
ヨリモドシ18号
ガン玉B~（0.5~1.0号は水中ウキを使用する）
ハリス・フロロカーボン2.5~3号
ハリ・グレバリ7~8号

絶対条件。内湾部よりも外海に面した堤防が有利だ。海底が荒い岩礁帯で、さらに水深の深い所が狙い目となる。日中のカゴ釣りは海底の隠れ根のてっぺんくらいにエサが流れるようにしたい。夜釣りでは、もっと浅いタナから攻めてみること。深くしすぎるとかえって食わないこともある。またイサキは群れの上のほうに大型が多いので、小型ばかりが釣れるときはウキ下を浅くしてみよう。カゴ釣り師には小型ばかりが数釣れて、メジナ狙いのフカセ釣り師に数は少ないものの、40センチ級の良型イサキがアタるケースがあるのはこのためだ。

ウキ下を決めていよいよ釣り開始だが、その前に潮の流れ方をよくチェックしておきたい。カゴ釣りの場合は潮が流れる筋を見て、その周辺を狙うこと。潮裏などに仕掛けを入れると、夏場だけにエサ取りの猛襲に見舞われる。またカゴ釣りは、ウキフカセ釣りでは届かない沖の深場を狙えるというメリットもある。

ウキフカセ釣りでは、まず潮が払い出すサラシ場などにたんねんにコマセをま

用語解説	>>> ソコリ	最干潮の時間帯を指す。

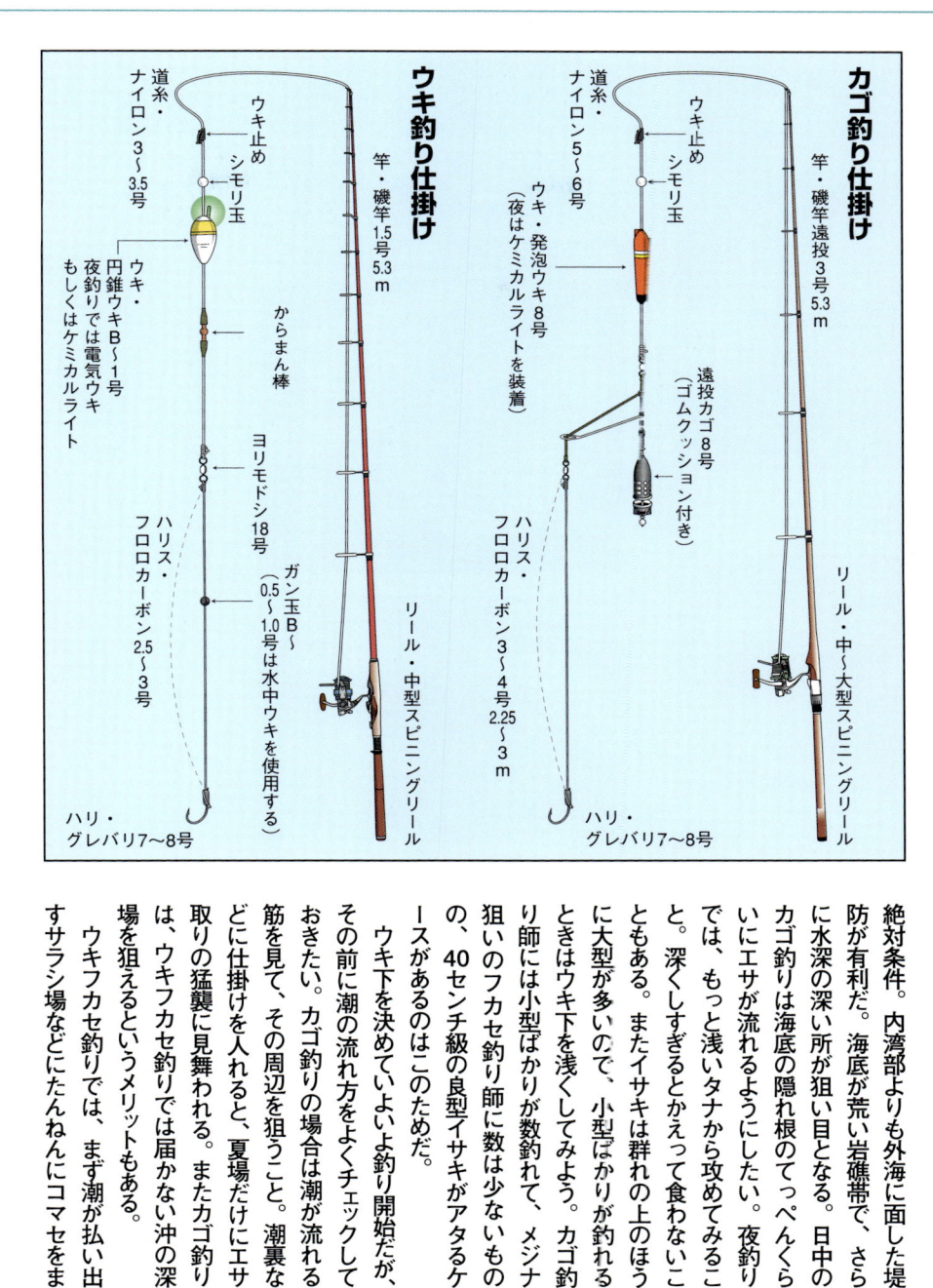

日中、深い所にいるイサキも夜は浅いタナまで浮いてきて、活発にエサを追う

カゴに詰めるコマセはアミを使う。ザルに入れておくと、水分が切れて使いやすい

Let's cooking!

▶▶▶釣れたてイサキを味わおう!

卵や白子を持った梅雨時のイサキは、脂も乗ってとてもおいしい。定番料理はなんといっても塩焼き。お造りにしても美味だが、ここでは少し変わった料理を紹介する

●白子の塩焼きと茶碗蒸し

釣れたて超新鮮な白子に串を刺し、薄く塩を振り素焼きにする。火を通しすぎないよう半生が美味。茶碗蒸しはアラで吸い物程度のダシを取って冷まし、溶き卵と混ぜる(比率は卵1に対し、汁5～6程度)。イサキ、キノコ類、ギンナン、蒲鉾などを入れて蒸し器へ。初め中火で1分、その後、弱火、とろ火と火を弱め10～12分で完成

●素揚げのピリ辛オイルかけ

下処理したイサキに塩、コショウをして片栗粉を付け、170度の油で素揚げにする。上に白髪ネギ、おろしダイコンを盛り、鍋で粉トウガラシ(辛さは好みで調節)とサラダ油を熱したものをジューッとかける

く。いきなり沖にまいたりすると、かえって魚を散らすことにもなりかねないので注意すること。釣り方は夜も昼も変わらないが、夜は日中よりもエサ取りが少なくなるので釣りやすい。ただし、海面を直接ライトで照らすと寄った魚が驚くので、気を付けたい。

　イサキは日中でも夜でも、その日の活性によってエサを食うタナが変わる。したがって、アタリがない場合はウキ下をこまめに変えてみることだ。20メートルの水深がある所でも18メートルで食ったり、10メートルで食ったり、ときには5メートルで食ったりする。このタナをいち早く探り当てることが、釣果を得る近道なのだ。

　アタリはウキを完全に引き込むので十分に食わせてから竿を立てる。取り込みはカゴ釣りなら一気にゴボウ抜き。ウキフカセ釣りでは、30センチ以上は玉網を使用しよう。

　なお、夜釣りの際は必ず明るいうちに釣り場に入り、地形をよく観察して危険な場所などチェックすること。

【イシダイ】

●釣り方［投げ釣り／ヘチ釣り］

堤防では小型の若魚がメインターゲット

●イシダイ

【スズキ目イシダイ科】

全長80センチ。北海道南部以南に分布。トレードマークの7本縞は若魚で鮮明だが成長すると消えていく。大型魚は磯釣りの好ターゲット。鋭い歯でサザエやウニなどを噛み砕いて食べる

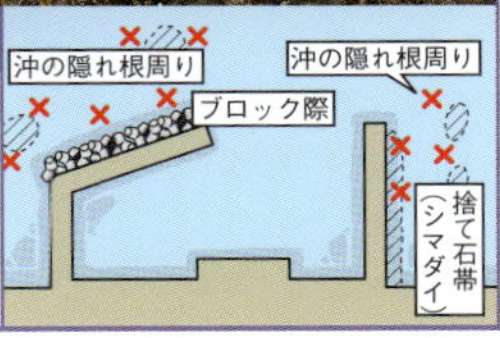

磯釣りの王者としてマニアに絶大な人気を誇るイシダイは、沿岸の岩礁帯に生息する魚。人が潜っても近寄ってくるなど大胆な性質をしている。食性は動物性で、貝類や甲殻類などを捕食するが、釣りエサのオキアミなども食ってくる。

大きさは60～70センチ以上にも成長するが、堤防ではシマダイと呼ばれる15～30センチの幼魚が多い。ただし堤防でも大型を狙える釣り場はけっこうあり、侮ることはできない。

釣期は春から初冬にかけての比較的海水温が高い時期で、真冬の低水温期はシーズンオフとなる。堤防のシマダイは初夏から秋がよく、真夏から秋口がベストで数釣れることが多い。一方大型は、真夏になると水温が上昇しすぎることや、エサ取りの小魚が多くなることから、かえって釣りにくい。水温が上昇しきる前の春と水温が下降し始めた秋が、大型狙いの好シーズンだ。

イシダイは岩礁帯に生息する魚で根の荒い海底を好む。そのため堤防で大型を狙うなら沖の隠れ根周りやブロック周り、

用語解説	>>> タナ	魚のいる遊泳層、または就餌層のこと。

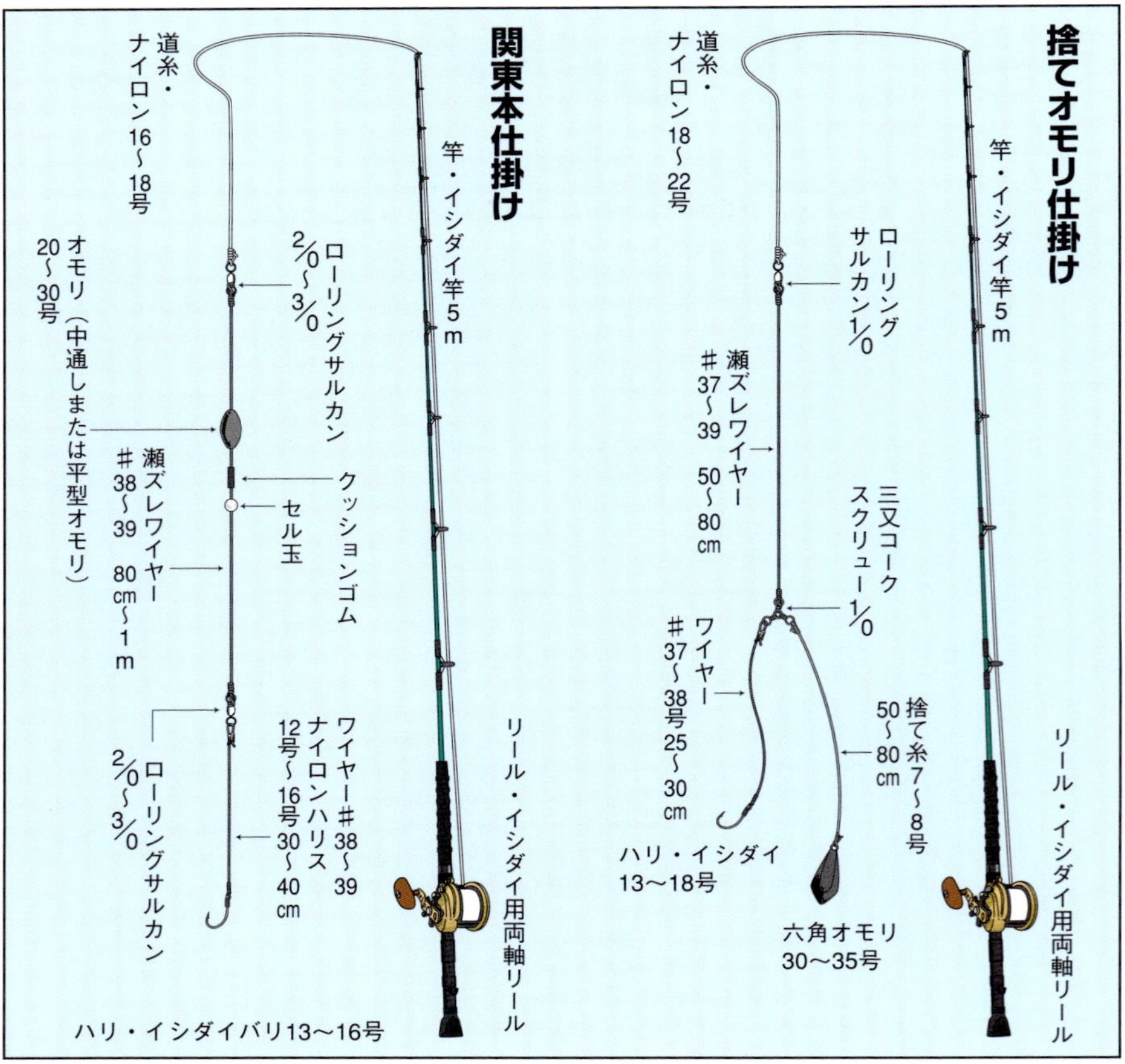
捨てオモリ仕掛け
竿・イシダイ竿5m
道糸・ナイロン18～22号
ローリングサルカン1/0
瀬ズレワイヤー #37～39 50～80cm
三又コークスクリュー1/0
ワイヤー #37～38号 25～30cm
捨て糸7～8号 50～80cm
ハリ・イシダイ 13～18号
六角オモリ 30～35号
リール・イシダイ用両軸リール
関東本仕掛け
竿・イシダイ竿5m
道糸・ナイロン16～18号
ローリングサルカン2/0～3/0
オモリ（中通しまたは平型オモリ）20～30号
クッションゴム
セル玉
瀬ズレワイヤー #38～39 80cm～1m
ワイヤー#38～39 ナイロンハリス12号～16号 30～40cm
ローリングサルカン2/0～3/0
ハリ・イシダイバリ13～16号
リール・イシダイ用両軸リール

海底の溝などがポイントになる。しかしシマダイクラスの小型は、それほど根がない所にも群れを作る。たとえば堤防の捨て石帯や堤壁際、ブロック周りなどだ。砂地と根が入り交じったようなポイントでも、小型なら十分に狙うことができる。

タナは海底付近。小型はコマセに浮いてくるが、大型ほど底近くから離れない傾向が強く、根に沿って動き回っている。

タックルは、小型のシマダイはウキフカセ釣りやダンゴ釣りでも狙えるが、大型は専用の装備が必要。仕掛けは捨てオモリ式が一般的で、根掛かりしてもオモリだけ切れるように工夫されている。また遠いポイントを狙うのにも適している。もうひとつ代表的な仕掛けに、本仕掛けがある。これは竿下のポイントを狙うのに適しているが、根掛かりに弱く、またポイントが遠くなりつつある昨今は、あまり使われなくなった。

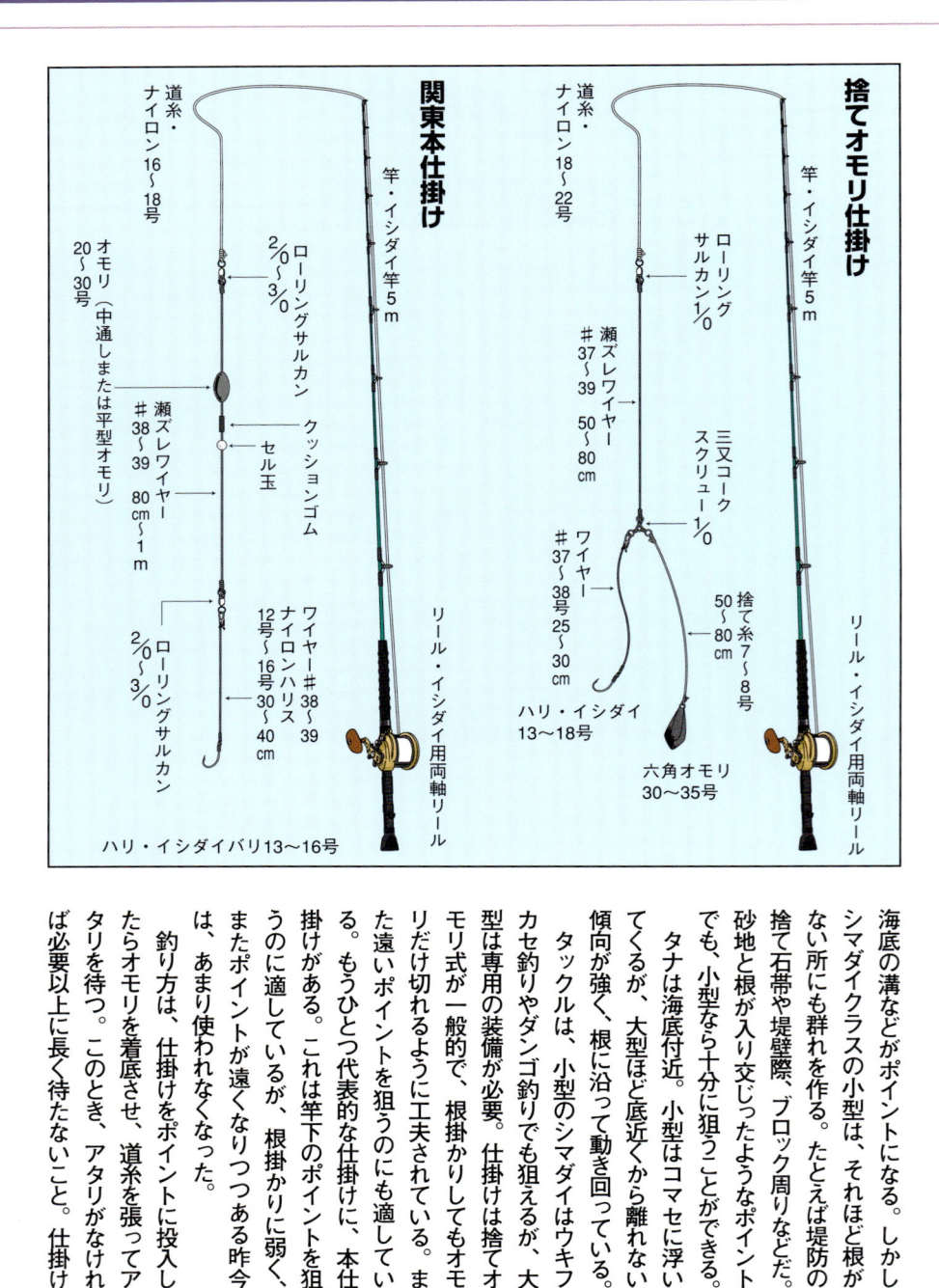

釣り方は、仕掛けをポイントに投入したらオモリを着底させ、道糸を張ってアタリを待つ。このとき、アタリがなければ必要以上に長く待たないこと。仕掛け

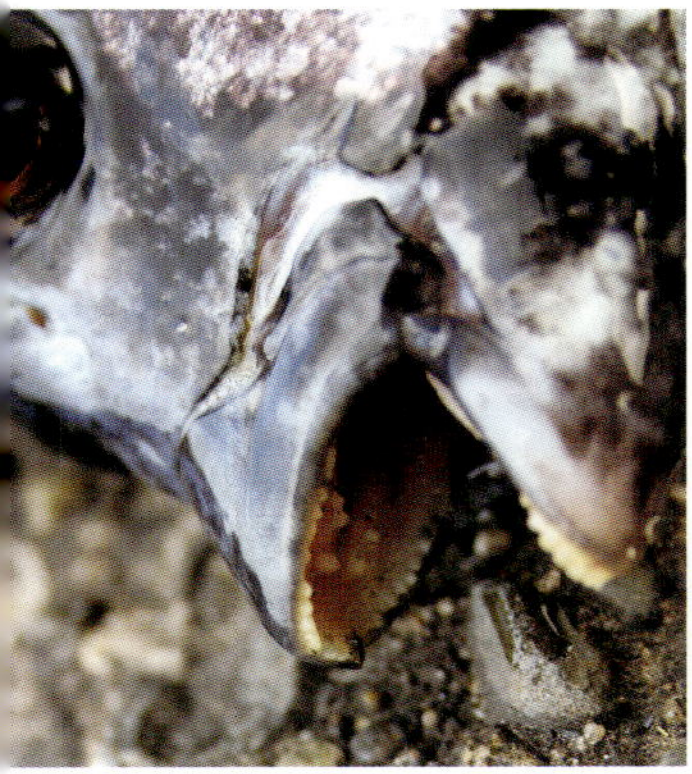

イシダイはくちばし状の鋭い歯を持つ。これで硬い貝やカニなどを噛み砕いて食べる

堤防で小型のイシダイ(シマダイ)を狙うなら、イワイソメも効果的だ

Let's cooking!

▶▶▶釣れたてイシダイを味わおう!

磯の王者、幻の食材ともいえるイシダイだが、30センチくらいまでの小型なら比較的よく釣れる。淡泊な白身で美味だが、多少磯臭さを気にする人もいるので、薬味を効かすといい

●中華刺し身の姿造り

頭、尾をつなげたまま三枚に下ろし、サク取りしたら皮を引く。皿にイシダイを置いて尾頭を立て、ツマを敷く。これに削ぎ切りで薄く切った刺し身をバランスよく盛りつける

●竜田揚げ

身を一口大に切り、しょうゆ2、ミリン1の割合で作った漬け汁に5分ほど漬ける。汁気をよく拭き、片栗粉をまぶして165度程度のやや低温の油でほどよく色づくまで揚げる

が魚の通らない根の上に乗ってしまっていることもあるので、何度も投入し直して探ることが肝心なのだ。

アタリは竿先を通して伝わる。最初は小さなアタリでも少し待つと大きなアタリに変わり、やがて竿を引っ張り込むほどになることがある。いわゆるイシダイの3段引きといわれるアタリだが、この大きく引き込むまで待つのがセオリーだ。ただしいつでも3段引きのアタリが出るわけではない。食いが渋いときは合わせるかどうか迷うようなアタリも多い。そんなときは、大きく引き込まなくても力強くグイッと竿が入った瞬間に合わせてみたい。ただし、いずれの場合も早合わせは厳禁。また、なかなか食い込まないときは、コツコツとアタリがきたら道糸を少し緩めて送り込むようにすると、スムーズに食い込むことがある。

エサはサザエ、トコブシ、アワビなどの貝類や、オニヤドカリ、カニ、ウニ(ガンガゼ)、イセエビなどが使われる。また小型のシマダイには、オキアミ、イワイソメなどがよい。

用語解説	>>> タモ	玉網のこと。

【イシモチ】

●釣り方［投げ釣り］

群れで行動するため、数釣りも楽しめる

●イシモチ（シログチ、ニベ）

【スズキ目ニベ科】

一般にイシモチといえば、シログチとニベを指すことが多い。いずれも東北以南に分布。シログチに比べ、ニベのほうがやや沿岸近くに生息するため、投げ釣りでよく釣れる

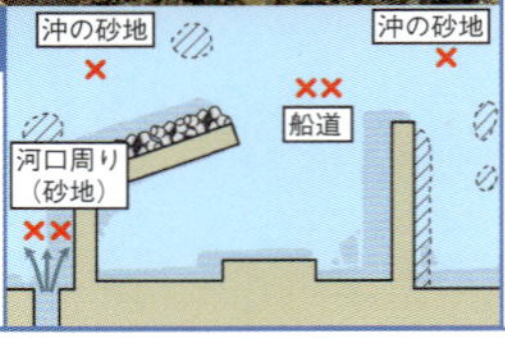

一般にイシモチと呼ばれているが、標準和名はシログチだ。非常によく似た別種にニベがいて、釣り人の間ではほとんど同一にあつかわれている。両種とも東北以南の沿岸に分布し、砂地や砂泥地、河口付近などに群れを作って回遊している。したがって、釣れる場所もほとんど同じだ。大きさは15～30センチが主体だが、大型は50センチ以上にもなる。潮が澄んだ日よりも、荒れ気味で潮濁りが強いときのほうが活発に動き、日中でも釣れるが、どちらかというと夜行性なので、夜釣りのほうが有利だ。釣期は春から秋にかけてで、真冬の低水温期は沖の深場へと移動する。

イシモチを狙うには、投げ釣りが一般的だ。春先は水温の関係で中層に群れていることもあるが、基本的には海底がポイントになる。投げ釣りの場合、テンビンに2～3本バリの仕掛けを使用する。シロギス用の仕掛けよりも、ひと回り太めのものがよく、ハリも大きいものを使う。また、外洋に面した釣り場で潮流が速く、波も荒いような所では胴つき仕掛

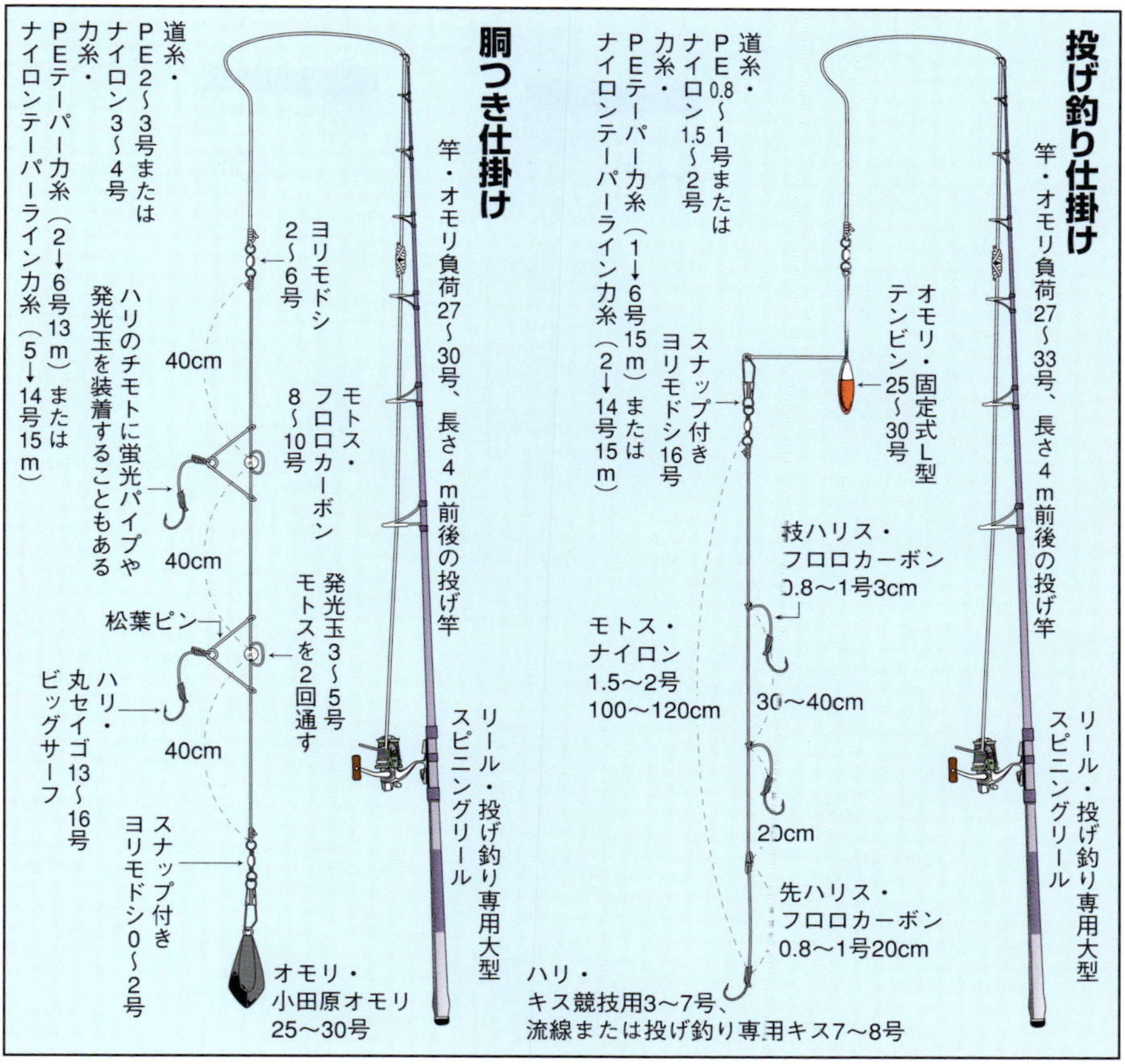
投げ釣り仕掛け
竿・オモリ負荷27〜33号、長さ4m前後の投げ竿
リール・投げ釣り専用大型スピニングリール
道糸・PE0.8〜1号またはナイロン1.5〜2号
力糸・PEテーパー力糸（1→6号15m）またはナイロンテーパーライン力糸（2→14号15m）
スナップ付きヨリモドシ16号
オモリ・固定式L型テンビン25〜30号
枝ハリス・フロロカーボン0.8〜1号3cm
モトス・ナイロン1.5〜2号100〜120cm
30〜40cm
20cm
先ハリス・フロロカーボン0.8〜1号20cm
ハリ・キス競技用3〜7号、流線または投げ釣り専用キス7〜8号
胴つき仕掛け
竿・オモリ負荷27〜30号、長さ4m前後の投げ竿
リール・投げ釣り専用大型スピニングリール
道糸・PE2〜3号またはナイロン3〜4号
力糸・PEテーパー力糸（2→6号13m）またはナイロンテーパーライン力糸（5→14号15m）
ヨリモドシ2〜6号
モトス・フロロカーボン8〜10号
ハリのチモトに蛍光パイプや発光玉を装着することもある
40cm
40cm
松葉ピン
発光玉3〜5号モトスを2回通す
ハリ・丸セイゴ13〜16号ビッグサーフ
40cm
スナップ付きヨリモドシ0〜2号
オモリ・小田原オモリ25〜30号

けが有利。この場合は、竿も胴のしっかりした硬めのものがおすすめだ。

エサはイソメ類が中心で、イワイソメやアカイソメ、アオイソメが一般的。また内湾部ではフクロイソメやゴカイも効果的だ。ただしゴカイは軟らかいので、遠投には適さない。

釣り場は、海底が砂地か砂泥地であることが条件。そして潮通しがよく、海底にヨブやカケ上がり、窪地がある所が好ポイントになる。したがって、船道の深場などは絶好の狙い目で、そばに河口や小さな流れ込みがあればさらに期待できる。とくに河口付近では、淡水と海水が入り交じる所がよく、大きな川の河口では河川内に群れが入ってくることもある。また河口では、川の水が左右どちらかへ片寄って流れ出していることが多い。この場合、その淡水が流れ出している側がポイントになる。

釣り方は、仕掛けを投入してから少しずつ引いて探るか、置き竿にして待つ。ポイントが分からない所では、仕掛けを引いて海底を探ってみたい。根掛かりで

用語解説	>>> 力糸	投げ釣りで、道糸の先端に結ぶ太い糸のこと。重たいオモリを投げるときに必要。

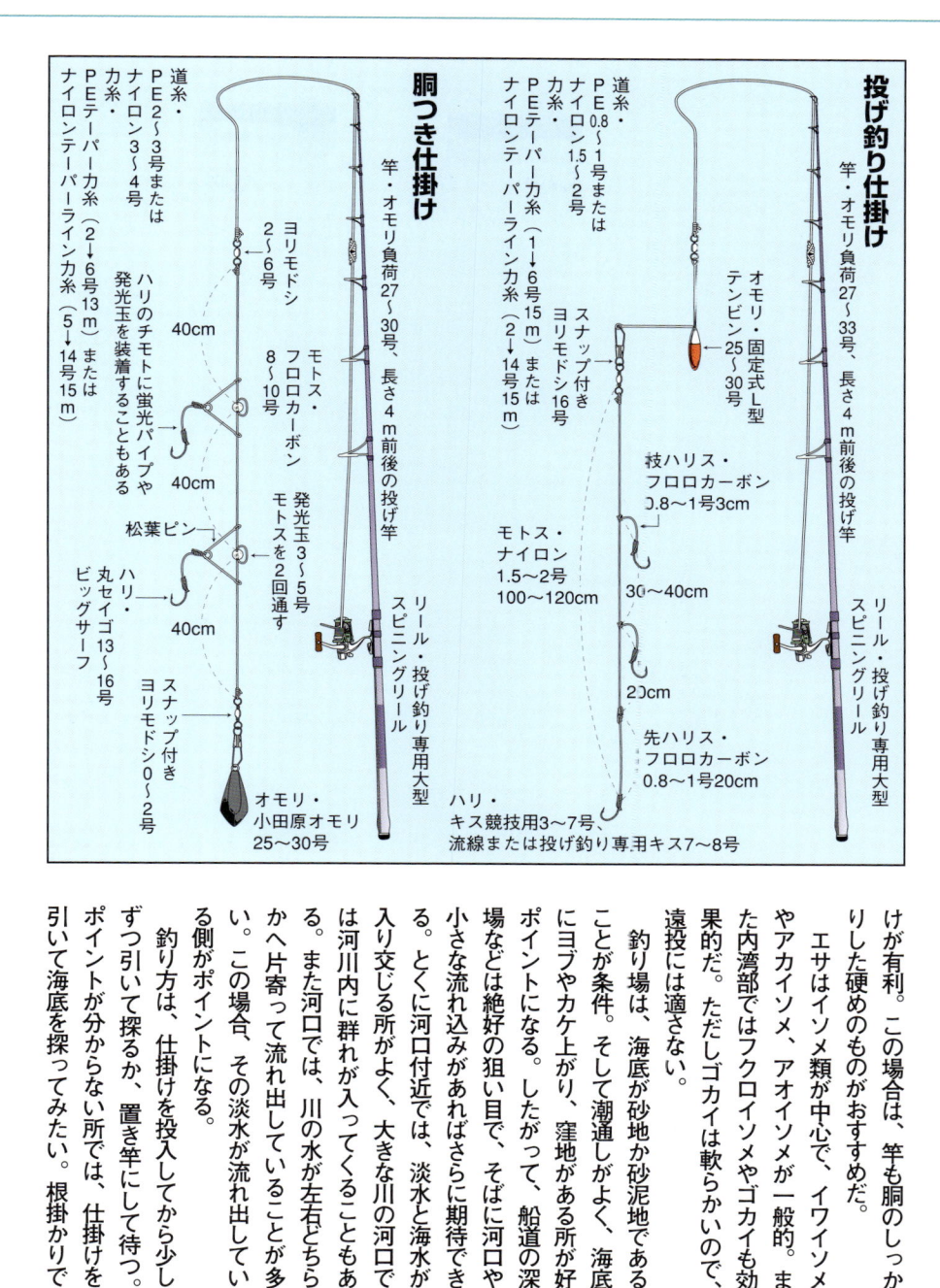

魚の活性が高いときは、一荷で釣れたりもする

地域によってはこのような胴つき仕掛けを使用する

Let's cooking!

▶▶▶釣れたてイシモチを味わおう!

イシモチといえば練り物の高級材料。身が柔らかく、やや水っぽいこの魚も、蒲鉾やさつま揚げにすると実にうまい。また干物にしても身が締まって、とてもおいしくなる

●焼き煮

身が柔らかい魚なので、一晩素干ししたものを焦げすぎないよう軽く焼いて煮るといい。調味料は日本酒、ミリン、砂糖、しょう油を同割で。時間は8分ほど煮る

●さつま揚げ

三枚に下ろして皮を引いた身を刻み、塩、砂糖をほどよく入れてすり身にする。粘りが出たら細かく刻んだゴボウ、ニンジン、インゲンマメなどを入れて混ぜ、さらに豆腐と少量の片栗粉を入れて練る。ハンバーグ状にして175度の油で揚げる

はないのに、仕掛けが重く引っ掛かったように感じる所は、海底に起伏がある所なので、そこでしばらく待つことだ。アタリがあったら、その場所を覚えて、次回から重点的に狙うとよい。ただし、ポイントに直接オモリを投げ込むと、魚が驚いてしまうので、遠くに投げてから、静かにポイントまで引き寄せてくる。

イシモチは群れで行動する魚なので、食い始めたら、手返しよく釣ること。1尾釣れたら次回の投入では置き竿にせず、アタリがあったらすぐに釣り上げ、急いで再投入する。群れが回遊したときにいかに効率よく釣るかが勝負だ。

アタリは、かなりはっきりと竿先を通して手元に伝わる。が、あわてて合わせる必要はない。重いテンビンのオモリが合わせの役目をするため、ほとんど向こう合わせで掛かってくる。したがって、アタリを感じたらひと呼吸おいてからゆっくりと巻き上げるようにしたい。

外道はシロギス、カレイ、ヒラメ、マゴチ、ホウボウなど。ときにはクロダイ、スズキなどの大物が釣れることもある。

【イワシ、サッパ】

●釣り方［サビキ釣り］

アジと並ぶ、堤防サビキ釣りの人気ターゲット

●マイワシ

【ニシン目ニシン科】

堤防釣りではマイワシ、ウルメイワシ、カタクチイワシがターゲット。日本全国に分布し、大きな群れで回遊する。サッパは東北中部以南に分布。近似種にコノシロがいる

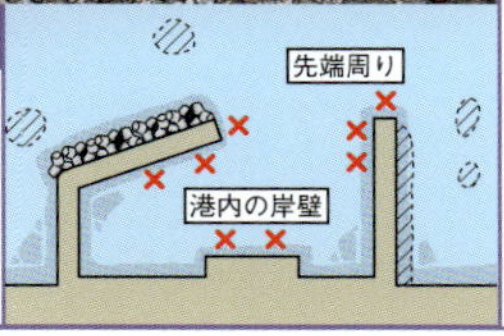

堤防では色いろな釣りが楽しめるが、手軽に釣るならサビキ釣りだ。ターゲットとしてすぐに思い浮かぶのは、アジやイワシ、サッパ。ここではイワシ、サッパにスポットを当てて解説しよう。

ひとくちにイワシといっても何種類もいるが、最も一般的な釣りのターゲットはマイワシ。これにウルメイワシやカタクチイワシが交じることが多い。いずれも大きな群れを作って回遊する魚で、大きさは10〜15センチくらいが主体だが、マイワシは25センチを超える良型がヒットすることもある。サッパもイワシと同じニシン科の魚だがコノシロに近く、沿岸や汽水域に多い。大きさは15センチ以下が主体で、数がたくさん釣れるので湾内のサビキ釣りファンに親しまれている。釣期はともに春から初冬までで、夏がベスト。海水温の高い年は真冬でも釣れ続くことがある。

タックルは水深の浅い所で竿下を狙う場合は渓流竿などでもよいが、磯竿に小型スピニングリールを使うほうが無難。仕掛けはアミ用のコマセ袋をセットし

用語解説	>>> チチワ	竿や糸を接続するための方法。糸の先端に輪を作る。

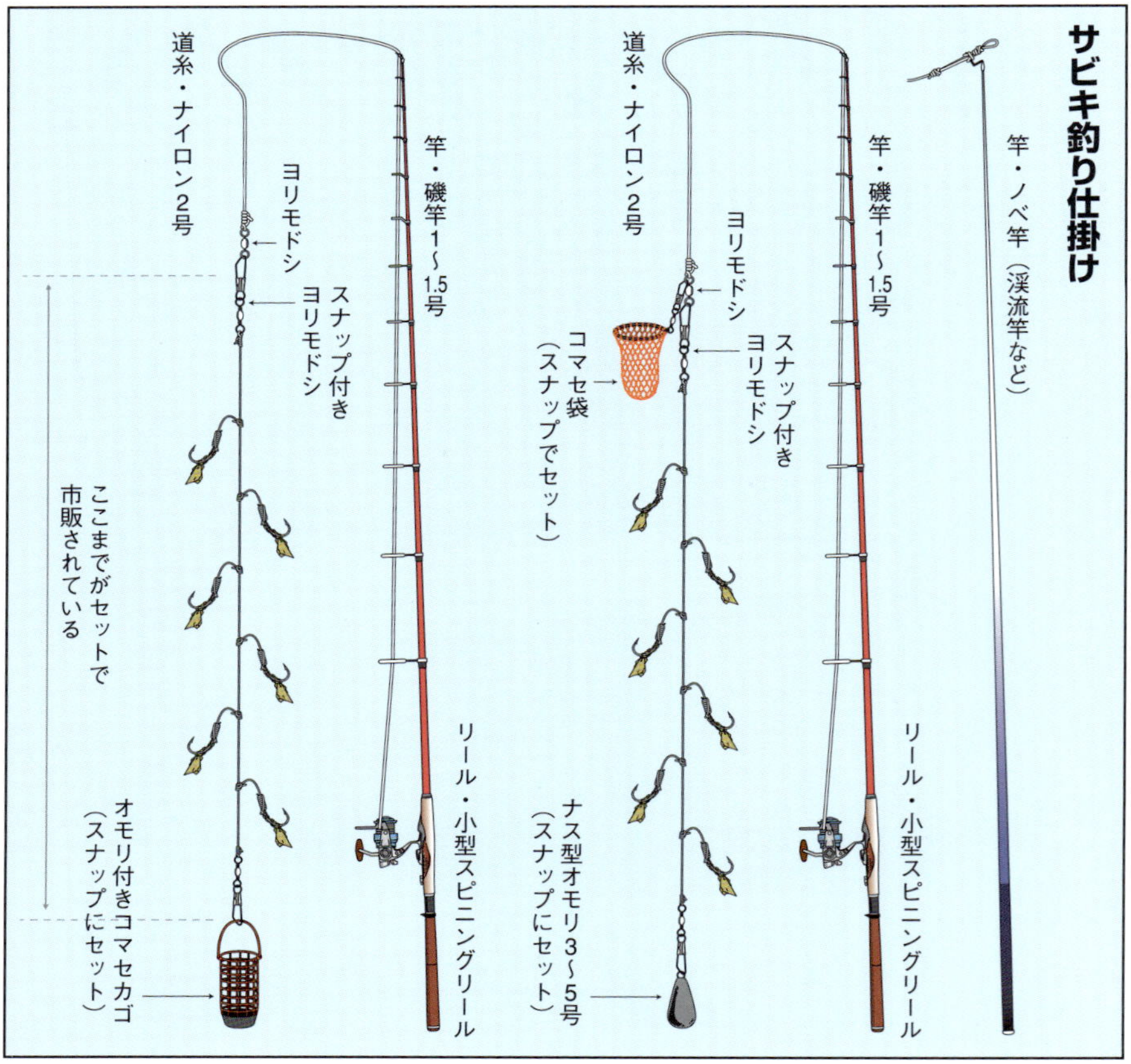
サビキ釣り仕掛け
竿・ノベ竿（渓流竿など）
竿・磯竿1～1.5号
道糸・ナイロン2号
ヨリモドシ
スナップ付きヨリモドシ
コマセ袋（スナップでセット）
リール・小型スピニングリール
ナス型オモリ3～5号（スナップにセット）
竿・磯竿1～1.5号
道糸・ナイロン2号
ヨリモドシ
スナップ付きヨリモドシ
ここまでがセットで市販されている
オモリ付きコマセカゴ（スナップにセット）
リール・小型スピニングリール

て、市販のサビキ仕掛けを付けるだけでOKだ。サビキの種類はスキンや魚皮があるが、空バリにアミをこすり付けるトリックサビキが最も確実だ。ハリは小さめのものを選ぶようにしたい。

コマセは冷凍アミブロックを解凍してコマセ袋に詰める。このとき、ギュウギュウに詰め込むと袋から出にくいので、8分目以下に詰めること。ハリにアミを付けたいときは、半解凍のアミブロックにサビキ仕掛けをこすりつけるようにしてハリに引っ掛ける。

ポイントは潮通しがよくて、そこそこの水深がある所。群れで回遊する魚なので、いつも決まったポイントがあるわけではない。目安としては堤防の先端部や角、船道周りなどだ。サッパに関しては河口周辺も狙い目になる。

釣り方は竿下狙いが基本。まず浅いタナから始め、アタリがないようなら少しずつ深いタナを探る。アタリがあったら、そのタナの深さを覚えておき、次回から重点的に狙うこと。竿は上下に動かして誘うことが大切。また、タナの近くで竿

カタクチイワシの群れが回遊！　パタパタとヒット！

サッパも時合を逃さず、集中して数をのばそう

Let's cooking!

▶▶▶釣れたてイワシやサッパを味わおう!

イワシはなにより鮮度を落とさないことが大切。鮮度を保ったまま持ち帰ったら、刺身でいただこう。つみれにしてもおいしい。サッパは岡山でいうママカリ。ごはん(ママ)を隣に借りに行くほどうまいという意味らしい。ぜひ作ってみたいものだ

●ウルメの刺身

釣ったらすぐにたっぷりの氷と海水が入ったクーラーに入れること。超新鮮なウルメの刺身はとびきり美味だ。釣って4時間以上たつと味が落ちてくる。刺身は、三枚にさばいたら皮を引き、片身を一切れとしておろしショウガで食べる

●ママカリ漬け

岡山の郷土料理で、サッパのことをママカリと呼ぶ。頭、内臓を取ったら塩を強くして1時間置く。水洗いしたら甘酢(酢2、ダシ汁2、砂糖1、しょう油少々)に漬け、12〜36時間置く

を振り、コマセ袋からアミが出るようにしてやると効果的だ。群れが大きいときは、最初のアタリだけでは竿を上げずに、一度に何尾も釣ってしまったほうがよい。逆に群れの小さいときは、1尾ずつ確実に釣り上げたほうがよいだろう。

　ポイントが沖目でどうしても竿下では釣れないときには、ウキサビキ仕掛けを使う。この場合、竿下狙いよりも手返しが悪くなり数は釣れなくなるが、広い範囲を狙うことができる。釣り方の要領は竿下狙いと同じ。仕掛けを投入したら、まず竿をあおってコマセを袋から出す。アタリがなければ、少し仕掛けを引いたりして誘うこと。ウキ下も浅くしたり深くしたりして、こまめに探る必要がある。そして釣れるようならやたらあちこちに投入せず、1点に投げて狙う。

　竿下狙いでもウキ仕掛けで沖を狙う場合でも、大きな合わせは必要はない。強く合わせたり、強引に抜き上げようとすると魚の口が切れてバラシの原因となる。合わせも抜き上げも、あくまでソフトに優しくすることが大切だ。

用語解説	>>> チモト	ハリスのハリに一番近い結び目の部分。

【ウミタナゴ】

●釣り方［ウキ釣り］

早春の貴重なウキ釣りターゲット。美しい姿も魅力だ

●ウミタナゴ

【スズキ目ウミタナゴ科】

日本各地の沿岸に分布。全長25センチ。生息場所により体色が青色っぽいもの、赤っぽいもの、銀色のものがあるが同種とされる（別種という説もあり）。仔魚を産む卵胎生魚

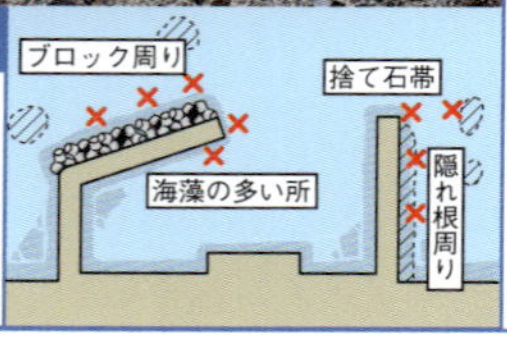
ブロック周り
捨て石帯
海藻の多い所
隠れ根周り

ウミタナゴは、堤防や小磯から手軽に狙える小物の代表魚。北海道南部以南の浅い岩礁帯に生息し、とくに海藻の多い所を好む。大きさは10～20センチが一般によく釣れるサイズだが、磯では時どき30センチクラスの大型が釣れて驚かされることもある。釣期は春がベスト。一年中釣れる魚だが、型数ともに3～5月にかけてが最も期待できるシーズンだ。食性は動物性で、イソメ類やエビ類、貝類などを捕食する。また生息する場所によって体色が違い、金色、銀色、赤っぽいものなどがいる。釣り人は〝キンタナゴ〟〝ギンタナゴ〟などと呼ぶが、すべて同種だ。

ウミタナゴ釣りは、ウキ仕掛けで狙うのが一般的だ。ポイントが岸に近い所では渓流竿などリールなしのタックルで狙いたい。リール竿を使う場合は、磯竿の0～1号に小型スピニングリールをセットする。ウキはシモリウキや棒ウキを使い、リール竿なら飛ばしウキをセットすると広い範囲を探ることができる。

エサはジャリメ、アオイソメ、大粒ア

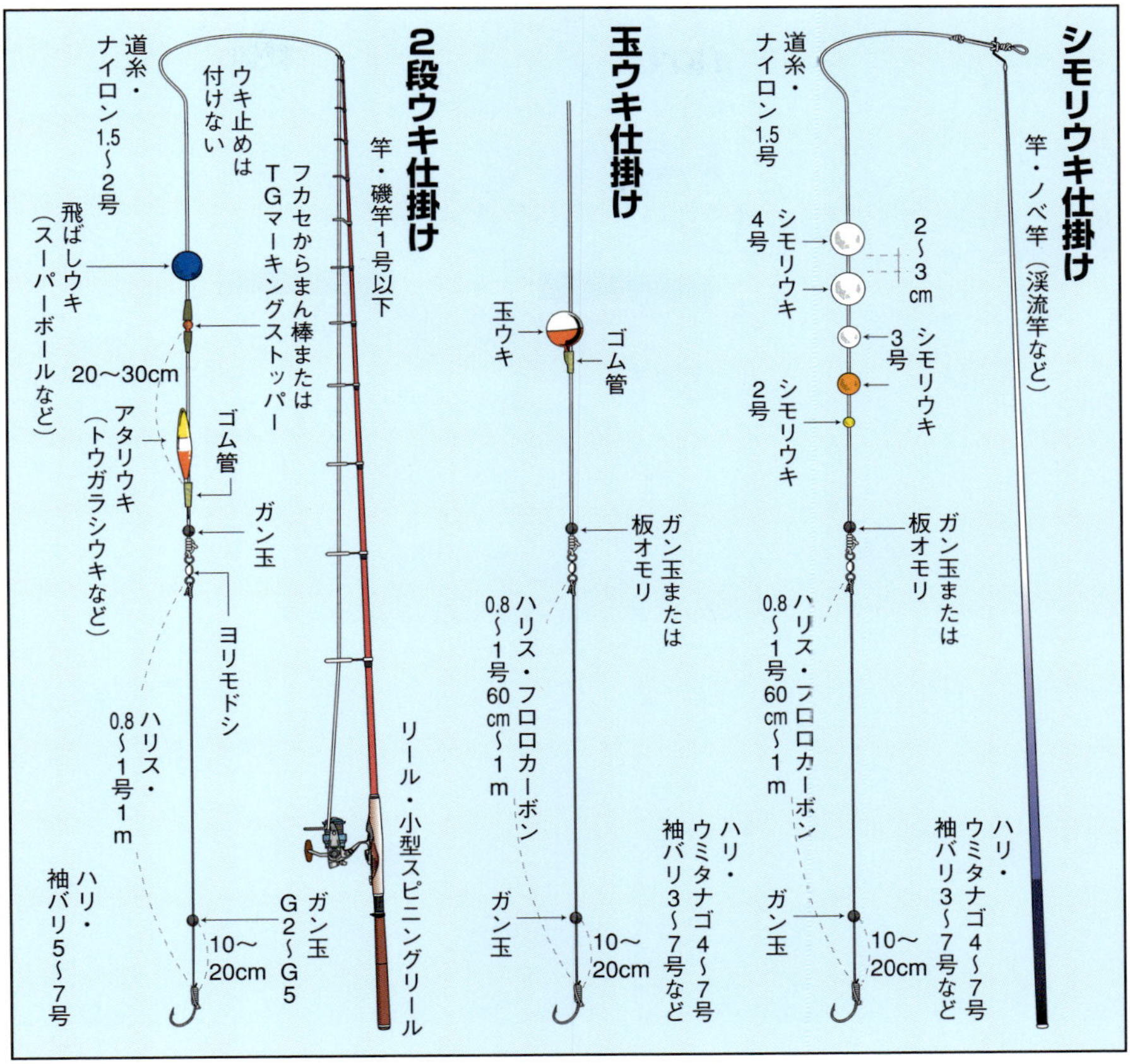
シモリウキ仕掛け
竿・ノベ竿（渓流竿など）
道糸・ナイロン1.5号
シモリウキ 4号
2〜3cm
シモリウキ 3号
シモリウキ 2号
ガン玉または板オモリ
ハリス・フロロカーボン 0.8〜1号60cm〜1m
ハリ・ウミタナゴ4〜7号 袖バリ3〜7号など
ガン玉
10〜20cm
玉ウキ仕掛け
玉ウキ
ゴム管
ガン玉または板オモリ
ハリス・フロロカーボン 0.8〜1号60cm〜1m
ハリ・ウミタナゴ4〜7号 袖バリ3〜7号など
ガン玉
10〜20cm
2段ウキ仕掛け
竿・磯竿1号以下
フカセからまん棒またはTGマーキングストッパー
ウキ止めは付けない
道糸・ナイロン1.5〜2号
飛ばしウキ（スーパーボールなど）
20〜30cm
アタリウキ（トウガラシウキなど）
ゴム管
ガン玉
ヨリモドシ
ハリス・0.8〜1号1m
リール・小型スピニングリール
ガン玉 G2〜G5
10〜20cm
ハリ・袖バリ5〜7号

ミ、オキアミなどを使う。一般にはジャリメで十分だが、食いが渋いときは大粒アミが有利。ただしエサ持ちは悪い。またウキ釣りではコマセも必要だ。冷凍のアミブロックを解凍し、海水で薄めてまくのがよい。強風の日は、比重の小さい配合エサを混ぜると使いやすい。

ポイントは、捨て石帯や隠れ根周り、テトラなど。海藻の多い所が有利だが、海藻の林の中を釣ったのでは根掛かりばかりとなってしまう。海藻の際など、やや深くなった所にコマセをまいて、ウミタナゴを寄せて狙うのがセオリーだ。

ポイントが決まったら、まずはコマセをまく。しばらくまけば魚影が確認できることもある。ウキ下はその釣り場の水深にもよるが、1.5〜2メートルくらいから始めたい。海底を狙うのではなく、中層狙いが基本だ。このウキ下から釣り始めて、しばらくたってもアタリがない場合は少しずつ深くしてみよう。魚の活性が低いときはタナも深くなることがある。また、海には潮の流れがあるので、コマセがどの方向に流れているのかを確

用語解説	>>> 釣り座	釣るための場所のこと。釣り人が立つ所。

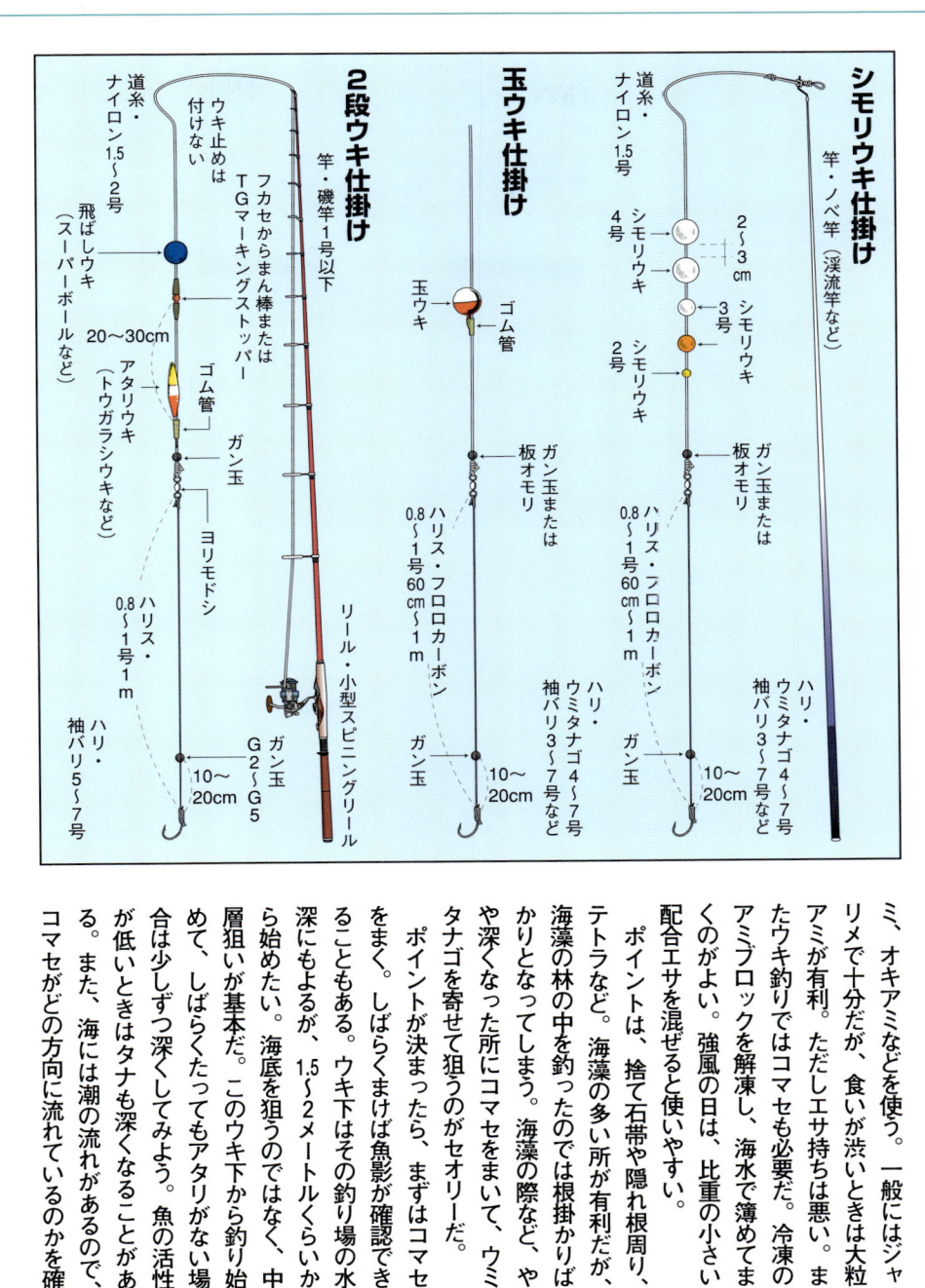

基本的なエサはオキアミだ

Let's cooking!

▶▶▶釣れたてウミタナゴを味わおう!

もともとが小魚なので、1尾そのままを使った煮付けや焼き物にすることが多い。また、軽く干しても身が締まってうまくなる。地方によっては刺身でも食べる所があるようだ

●塩焼き

ウロコをおろし、エラと内臓を取ったら、薄く塩をして30分置く。焼く直前にヒレに化粧塩を打ち、遠火の強火で両面をきれいに焼く。ほかに煮付けや空揚げなどもおいしい

ジャリメもウミタナゴ釣りにはよく使われる

手軽で数が釣れるウミタナゴ。早春の堤防の人気ターゲットだ

かめること。コマセをまいた所よりもずっと潮下に魚が寄っていることある。

魚は見えるのにさっぱり釣れない場合は、釣り方に欠陥があると思ったほうがよい。たとえばハリが大きすぎる、ウキ下が合っていない、仕掛けの動きが不自然などだ。このうち一番多いのが、エサの落下が速すぎて魚に警戒心を与えてしまうこと。コマセと同じようにユラユラとゆっくり沈むような仕掛けにしてやれば、条件が悪いときでもかなり食う確率が高くなる。ただし、食いのよい日にはここまで神経質にならずとも釣れるから大丈夫。あくまで食い渋り対策だ。

アタリはウキが一気に消し込むのが一般的だが、食い上げのアタリも多いのがウミタナゴの特徴。食い上げのアタリは玉ウキ1個だけの仕掛けだと分からないので、シモリウキや棒ウキが有利だ。アタリを確認したら、あわてずに竿を立てればハリ掛かりする。もしアタリばかりで、さっぱりハリに掛からないときは、もう少し小さいハリにするか、エサを小さくしてみるなど工夫すること。

【カサゴ】

●釣り方［投げ釣り／ヘチ釣り／ルアー釣り］

比較的釣りやすく、食べてもおいしい人気魚種だ

●カサゴ

【カサゴ目フサカサゴ科】

全長40センチ。日本各地に分布。沿岸の岩礁帯に生息する。したがって堤防の捨て石周りやテトラ帯は格好の住処となり、テトラとテトラの間を探る穴釣りでもよく釣れる

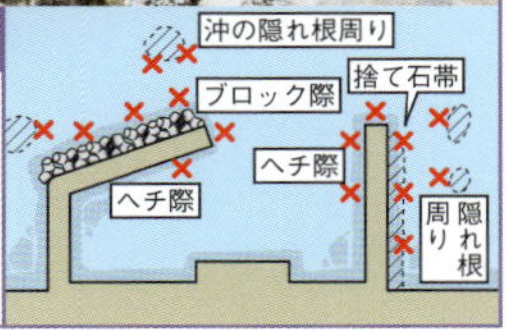

生息場所は全国の沿岸の岩礁地で、砂地にはいない。夜行性の魚なので日中は岩や海藻、テトラの陰に潜んで、暗くなると活発に動きだす。もちろん日中でも鼻面にエサを落としてやればすぐに食らいつく。大きさは10〜25センチくらいで近年は大型は少なくなってしまったが、場所によっては40センチ以上の大物が釣れることもある。食性は動物性でイソメやエビ、カニ、貝類はもちろん魚の身エサやルアーなどにも飛びつく。釣期は年中だが、春から初夏にかけては最盛期。4〜6月が最もよく釣れる季節だ。

　カサゴの釣り方はミャク釣りが主体。中通しオモリやブラクリオモリを使って岩礁帯の海底を探る。タックルは磯竿やヘチ竿、ノベ竿を場所によって使い分ける。テトラ周りや足場の高い所などでは磯竿、ブロックのすき間などは調子の強い短竿、ヘチ際狙いならヘチ竿、ゴロタ場や小磯などで竿下の岩のすき間などにある穴を狙うときは、リールなしのノベ竿といった具合だ。

　オモリは基本的に軽いほうが有利。状

用語解説	>>> 渡船	沖磯や沖堤防へと渡してくれる船のこと。

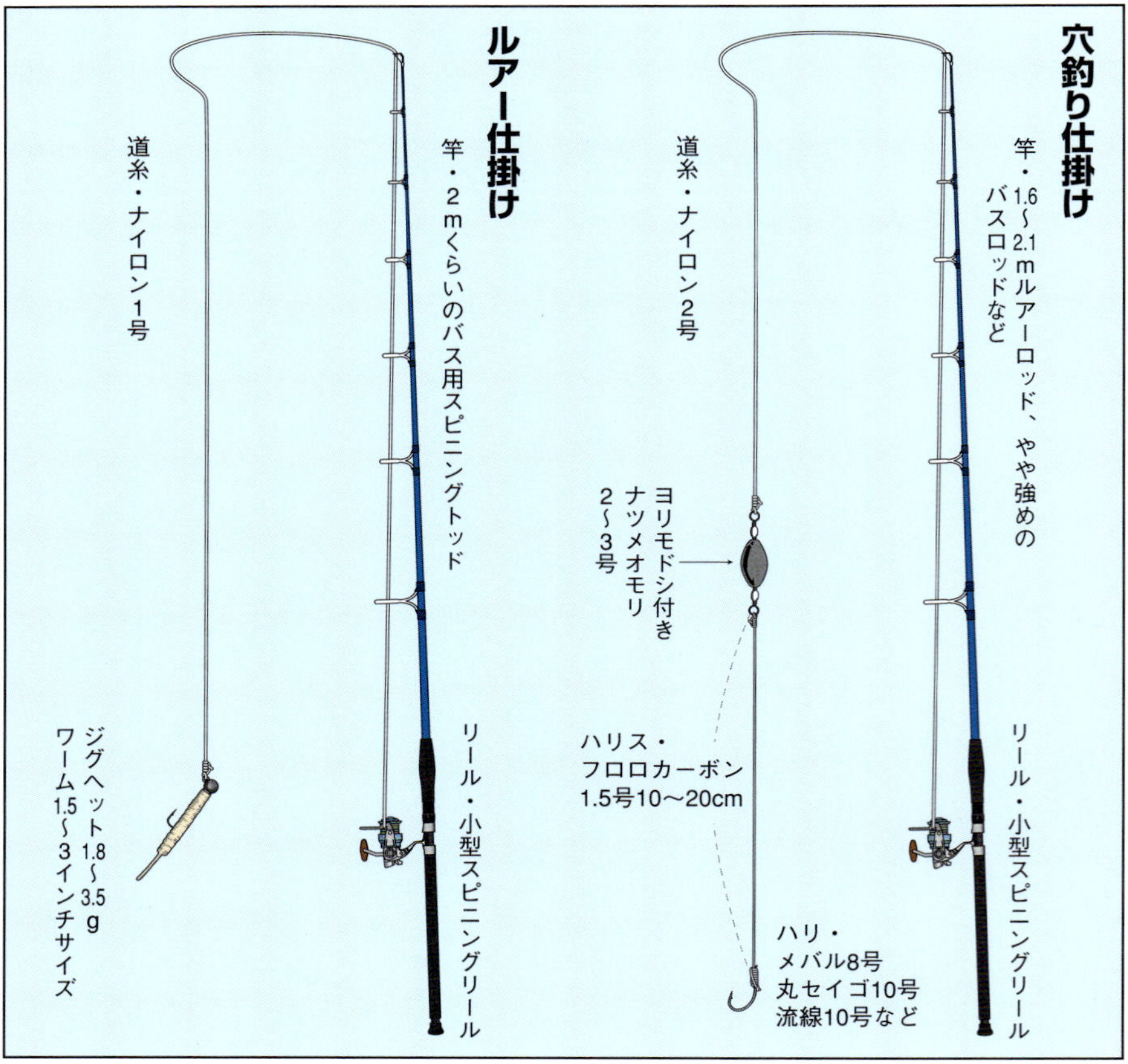

穴釣り仕掛け
竿・1.6〜2.1mルアーロッド、やや強めのバスロッドなど
リール・小型スピニングリール
道糸・ナイロン2号
ヨリモドシ付きナツメオモリ2〜3号
ハリス・フロロカーボン1.5号10〜20cm
ハリ・メバル8号 丸セイゴ10号 流線10号など
ルアー仕掛け
竿・2mくらいのバス用スピニングトッド
リール・小型スピニングリール
道糸・ナイロン1号
ジグヘッド1.8〜3.5g
ワーム1.5〜3インチサイズ

況に合わせ1〜5号くらいの間から選ぼう。潮に流されず確実に着底するオモリの中から最も軽いものを使用するわけだ。ハリスは太くて短め。障害物の多いポイントを探るのだから、細ハリスではすぐに根ズレで切れてしまう。ハリは、口が大きい魚なので大きなものを使用する。

エサはなんにでも食い付くが、一般にイソメ類か魚の身エサがよく使われる。オキアミでも釣れるが、エサ持ちが悪いので不利。アオイソメやイワイソメ、サンマの切り身などがおすすめだ。

ポイントは前述したとおり海底の障害物周りだが、日中はこの陰に隠れているのでたんねんに探りたい。少しずつポイントをずらして仕掛けを落とすようにする。1カ所でじっと待たず、アタリがなければ足で稼ぐようにすること。夜はカサゴの行動範囲が広くなるので、日中よりもアタリが多くなるのが普通だ。

テクニック的には難しいことはなにもない。ただカサゴのいそうな所に仕掛けを落としてやればよい。これでアタリがなければ、少し仕掛けを上下して誘って

岩礁帯に住むカサゴは、堤防のヘチ際でよく釣れる

エサは色いろあるが、魚の身エサも食いがいい

Let's cooking!

▶▶▶釣れたてカサゴを味わおう!

カサゴやソイの仲間は種類が多く、いずれも白身でとてもおいしい。大型はお造りがいいが、身は硬いので薄造りで味わいたい。また冬は鍋がおすすめだ

●煮付け

カサゴは下処理していったん洗う。鍋に日本酒1、みりん1を入れて少し煮立て、カサゴを左向きに入れる。落とし蓋をし、煮立ってきたら砂糖、しょう油を各1ずつ入れ、再び落とし蓋をして6〜7分煮る。煮付けは煮る時間を長くすると味が濃くなる。薄味好みなら、水1を入れるか、しょう油、砂糖を少なめに

●空揚げ

小ぶりのカサゴを下処理したら丸のまま使う。水気をよく拭いたら塩、コショウをして小麦粉か片栗粉をきれいにまぶし、165〜170度のやや低めの温度の油で揚げる。7〜8分で油の泡が小さくなり、カサゴが浮いてくる。ほどよい揚げ色が付いたら取り上げ、油を切る

みる。また、コツコツとアタリはくるのにハリ掛かりしないケースもある。そんなときは道糸を緩めて食い込みやすくしてやりたい。

沖目を狙うときもこの要領が大切。仕掛けを投げてオモリが着底したら、道糸をピンと張らずに少し糸フケを作ってやるのだ。この糸フケがあると食い込みやすくなって、ハリ掛かりする確率が高くなる。合わせのタイミングは、糸フケで見るときは道糸がスルスルと走り出したのを確認してから合わせる。また竿先にアタリがきたときはコツ、コツと単発的なものは合わせず、ゴツゴツと連続してくるときや、ググーッと竿先を一気に持ち込むときが合わせどきとなる。

カサゴが掛かったら一気に竿を立てて根から離す。そしてリールを巻き、ゴボウ抜きにすること。ハリ掛かりしてからモタモタしていると、すぐに根に潜り込んでしまうから注意したい。また釣り上げたカサゴは、素手でつかまないこと。毒はないが、鋭いヒレで思わぬケガをすることがある。

用語解説	>>>ドラグ	魚の引きに合わせてスプールが逆転して糸が出ていくリールの機能。

【カマス】

●釣り方［サビキ釣り／ルアー釣り］

群れで小魚を襲って食べる魚食魚。擬似餌釣りが効果的だ

●アカカマス

【スズキ目カマス科】

全長35センチ。東日本以南に分布。堤防で釣れるのは本種とヤマトカマス。見分け方は第一背ビレが腹ビレより後方にあるのがアカカマス。歯が鋭いので注意

日中は沖目
マヅメ時はベイトを追って港内にも入ってくる
常夜灯周り

カマスは非常に魚食性が強い魚。同サイズのカマスが群れを作り、集団でエサを追う。そのため、釣れるときは短時間で入れ食いになるが、時合（回遊）がこなければ、好ポイントと呼ばれる所でもなんの音沙汰もない。

おもな釣り場はカタクチイワシ、小アジなど、カマスのエサになる小魚が多い堤防周り。沖合から接岸したカマスは、堤防の際で小魚を追い詰める。

時合は、基本的に朝マヅメとタマヅメ。それまで、カマスの気配が一切なくても、時合とともに群れでやってくる。曇天であれば朝マヅメ以降、日中でも釣れ続くことがあり、夜間でも常夜灯の下にその姿を見ることもある。

ベストシーズンは初夏と秋。エサとなる小魚が沿岸部に姿を見せるようになると、カマスシーズンも佳境に入る。

カマスは魚食性が強いため、小魚をエサにしたウキ釣り、フラッシャーサビキを用いた投げサビキ釣り、ルアー釣りなどで狙う。

フラッシャーサビキとは、小魚をイミ

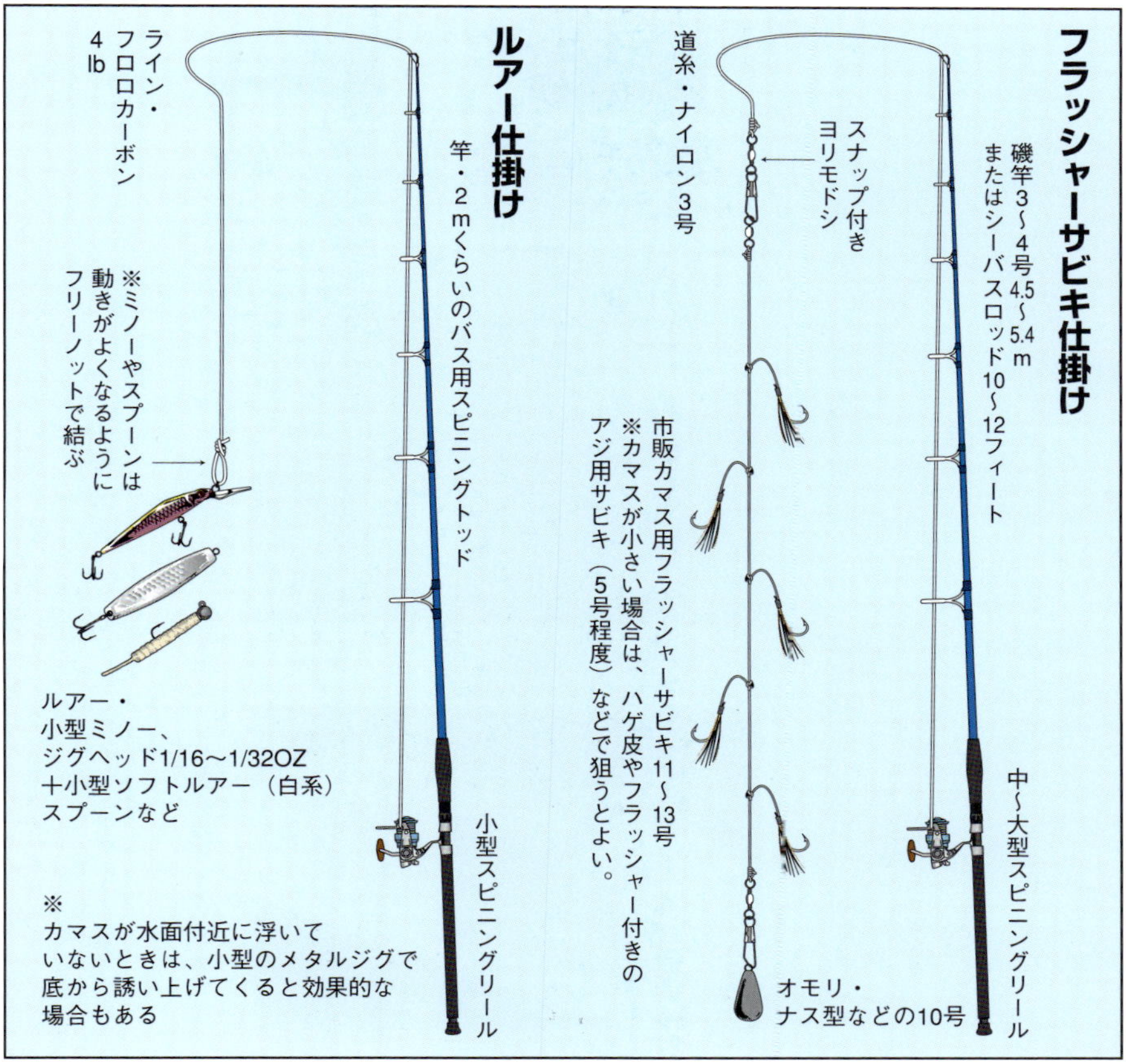
フラッシャーサビキ仕掛け
磯竿3～4号4.5～5.4m
またはシーバスロッド10～12フィート
スナップ付き
ヨリモドシ
道糸・ナイロン3号
市販カマス用フラッシャーサビキ11～13号
※カマスが小さい場合は、ハゲ皮やフラッシャー付きの
アジ用サビキ（5号程度）などで狙うとよい。
中～大型スピニングリール
オモリ・
ナス型などの10号
ルアー仕掛け
竿・2mくらいのバス用スピニングトッド
小型スピニングリール
ライン・
フロロカーボン
4lb
※ミノーやスプーンは
動きがよくなるように
フリーノットで結ぶ
ルアー・
小型ミノー、
ジグヘッド1/16～1/32OZ
＋小型ソフトルアー（白系）
スプーンなど
※
カマスが水面付近に浮いて
いないときは、小型のメタルジグで
底から誘い上げてくると効果的な
場合もある

テートしたサビキであり、もともと青物やメバルなどを釣るためのサビキが、カマス用に細分化したものと考えてよいだろう。使用竿は、磯竿3号クラスの4.5メートル。2～3号の道糸の先に市販のフラッシャーサビキをセットする。オモリは、下オモリ式で10号程度を使用。

フラッシャーサビキは6～8本バリとなっているため広範囲のタナを探るのに適しており、ルアー感覚で次つぎとポイントをアタックできる利点がある。

サビキといってもコマセを使わないため、常に動かし続けて「誘い」となるアクションを与えることが重要だ。竿先をあおって、大きくシャクリ上げては下に降ろすことを繰り返す。

最初は、一度底を取ってから、シャクリ上げながら徐々にタナを上げてくる。アタリがあれば、仕掛けがその層から外れないように上下の誘いを入れてやる。

底層から表層まで探れて、なおかつ遠投も可能なフラッシャーサビキは、基本的に釣り場を選ばない。ただ、根の荒い所と藻が濃い所では仕掛けを取られない

用語解説	>>> ナギ	波のないベッタリとした海の状態。ベタナギは波風のまったくない海の様子。

Let's cooking!

▶▶▶釣れたてカマスを味わおう!

**身が柔らかいカマスは干物にすると非常に美味だ。

新鮮なうちに干すと、おいしい干物ができる。

鮮度のいいカマスなら、お造りだってOKだ**

●干物

カマスは背開きにするが、頭を残した片袖開きがこの魚の開き方。10%の塩水に30分ほど漬け、水分をきれいに拭いてから干す。翌朝までの一夜干しがうまいが、1〜2日干す堅干しも美味。

●笹子焼き

カマスは三枚に下ろし、腹骨を取ったら薄く塩をして軽く干す(冷蔵庫で3時間ほど)。けしの粒を皮目に振り、ほどよく焼く。細身で形が笹の葉に似ているのでこの名がある

カマスのベストシーズンは初夏と秋。短時間勝負の釣りだから、気軽に楽しみたい

時合は朝マヅメと夕マヅメ。群れが接岸すれば、バタバタと釣れる

よう注意が必要だ。

ルアー釣りでは、5〜7センチのシンキングミノーや7〜14グラムのメタルジグが主戦力。道糸1.5〜2号を用いてバス用スピニングタックルでキャストする。手返しが早くなるため、ポイントを絞り込めない場合でも短時間で広範囲をチェックすることが可能だ。とくに表層を狙う場合に適しており、ナブラが見られるときには入れ食いになることがある。

カマス狙いでは飛距離の出ない小型ルアーを使うため、朝夕マヅメに魚が堤防際に接岸してきたときが狙い目。表層で小魚を追うカマスが確認できれば、群れの周辺にミノーやメタルジグをキャスト。水面下50センチから2メートルまでの表層を若干速めのスピードで引いてくる。時どき、小刻みなシャクリを入れるとアタリが倍増することがある。

ルアー釣りの難点は、アタリの数の割にフッキングしにくいこと。カマスは小型魚でありながら口が硬いため、ハリ先が立ちにくいのだ。ハリ先が甘いと感じたら、すぐに交換したい。

【カレイ】

●釣り方［投げ釣り］

冬の人気ターゲット。2～3本竿で狙おう

●マコガレイ

【カレイ目カレイ科】

全長50センチ。北海道以南に分布。堤防から狙えるカレイでは最もポピュラーなのがマコガレイ。食味もカレイの中で一番といわれる。ほかにイシガレイなども釣れる

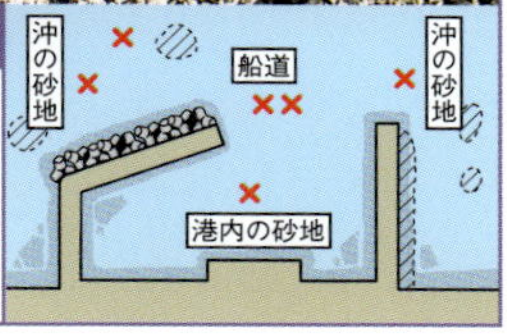

マコガレイは冬の投げ釣りの人気ターゲット。生息場所は砂泥地で大きさは15～45センチほど。食性は動物性で、イソメやゴカイ、エビなどを好む。産卵期は冬から早春にかけてで、堤防周りなどの浅場へと乗っ込んでくる。関東周辺では、産卵が終了すると深場へと落ちていくが、日本海側や北の地方では、冬よりも春が盛期となる。

釣り方は投げ釣りがメインだが、ポイントが沖ばかりとは限らず堤防の際でも釣れることがある。遠くに投げることばかりにこだわらず、必ず1本、近距離にも仕掛けを入れておこう。仕掛けは市販のカレイ用の2～3本バリ仕掛けで十分。シロギス用の仕掛けでも釣れるが、ハリスが細いとバラシの原因となるので注意したい。

テンビンは根掛かりの少ない所ではカイソウテンビン、多い所ではジェットテンビンが基本。竿の強さに合わせて10～30号の重さを使い分ける。エサはアオイソメ、ジャリメ、ゴカイ、イワイソメ、コガネムシなどのイソメ類を使用する。

用語解説	>>> ナブラ	魚の集団のことで、海面に水しぶきをたてて移動する。ナブラが立つ、と使われる。

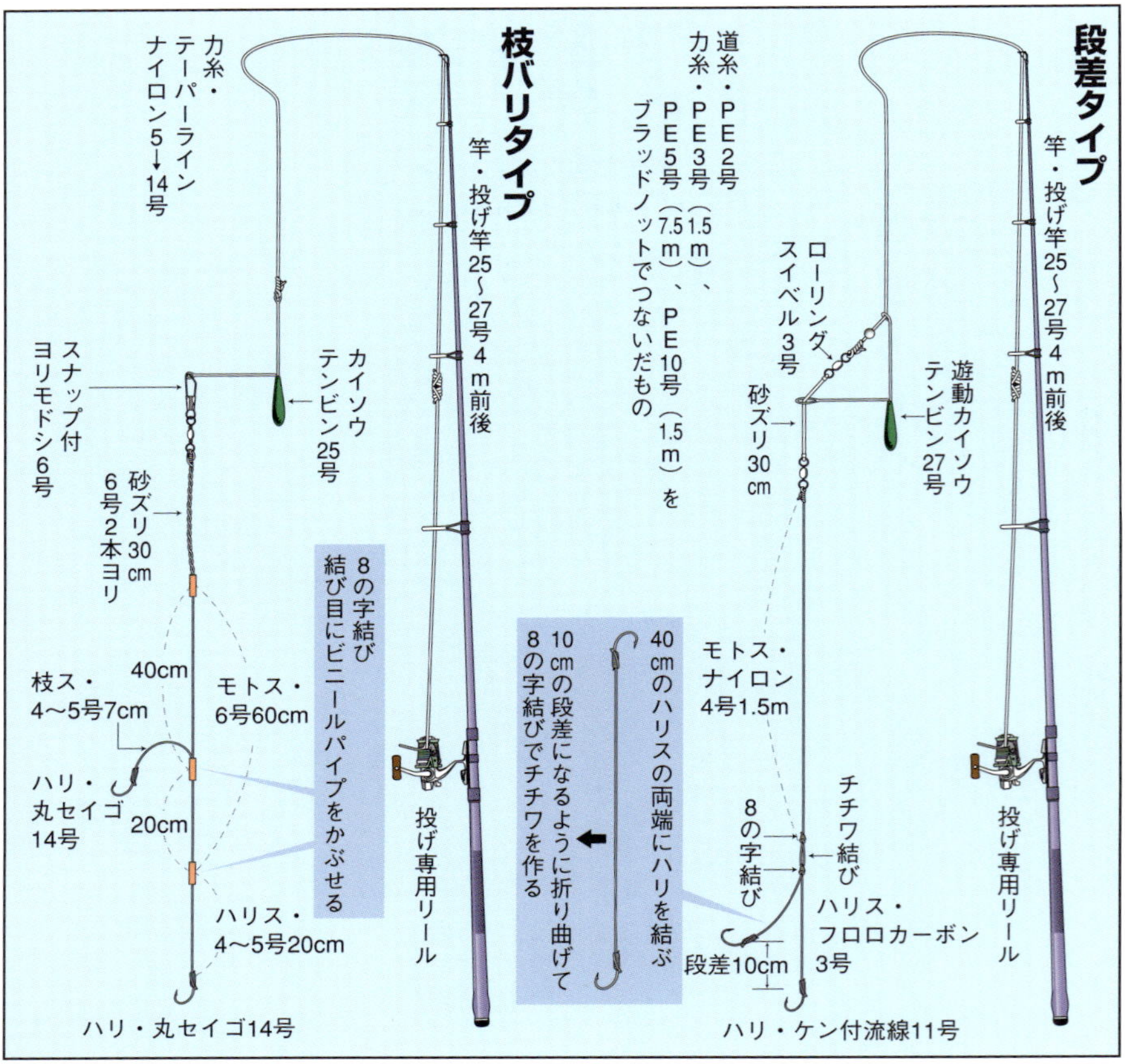
段差タイプ
竿・投げ竿25～27号4m前後
遊動カイソウテンビン27号
投げ専用リール
道糸・PE2号
力糸・PE3号（1.5m）、PE5号（7.5m）、PE10号（1.5m）をブラッドノットでつないだもの
ローリングスイベル3号
砂ズリ30cm
モトス・ナイロン4号1.5m
40cmのハリスの両端にハリを結ぶ
10cmの段差になるように折り曲げて8の字結びでチチワを作る
チチワ結び
8の字結び
ハリス・フロロカーボン3号
段差10cm
ハリ・ケン付流線11号
枝バリタイプ
竿・投げ竿25～27号4m前後
力糸・テーパーライン ナイロン5→14号
カイソウテンビン25号
スナップ付ヨリモドシ6号
砂ズリ6号2本ヨリ30cm
8の字結び 結び目にビニールパイプをかぶせる
投げ専用リール
40cm
枝ス・4～5号7cm
モトス・6号60cm
ハリ・丸セイゴ14号
20cm
ハリス・4～5号20cm
ハリ・丸セイゴ14号

新鮮なものをたっぷりとハリに付けるのがカレイをヒットさせるコツだ。

ポイントは海底が砂泥地で所どころに障害物や隠れ根などがある場所。一面きれいな砂底では、あまり大型は期待できない。したがって捨て石やテトラの入っている堤防周りに好ポイントが多いわけだ。また冬場は温排水口の周辺や、船道など周囲よりも水深が深くなった所、潮目、ヨブ、ノリヒビ周り、カケ上がりなども好ポイントとなる。

釣り方は、仕掛けを投げて海底を探るのだが、カレイがどこにいるかをいち早く見つけることが大切だ。カレイは単独でいることは少なく、1カ所に集まっている傾向が強い。そのため、1尾釣れたら位置をよく覚えておいて、次回からその周辺を徹底的に狙う。その際注意することは、ポイントに直接仕掛けを投げ込まないこと。ポイントよりも遠くに投げて、静かに仕掛けを引き寄せて待ちたい。竿を2本以上出すときは、2本とも同じ距離に投げるのではなく遠投とちょい投げに分けてみる。釣れたらもう1本も同

産卵に入る1～2月を除き、晩秋から晩春にかけてがカレイのシーズンだ

投げ釣りではアオイソメとイワイソメを使うことが多い。これは段差バリにミックスでエサ付けしたもの

Let's cooking!

▶▶▶釣れたてカレイを味わおう!

**カレイには独特のにおいがあるけれど、基本的においしい魚だ。
なかでもマコガレイは、カレイの仲間では最も美味だといわれる。
とくに大型のお造りはとてもおいしい**

●信州蒸し

カレイは一切れ120グラム程度に切り、薄く塩をする。日本酒に漬け、串を打ちガスの直火であぶるように軽く焦がす。串を抜いたら、昆布を敷いた皿に乗せ、再び日本酒を少量かけてから、熱しておいた蒸し器に入れて13～15分蒸す。信州そばは別茹でしておき、カレイの上に盛り、上に白髪ネギ、アオネギを飾る。汁はやや薄めのそばつゆを適量そそぐ。キノコ、ワカメなど添えてもよい。

●薬味焼き（韓国風）

焼きながら薬味の汁を2～3度塗るため、上から火を当てる焼き具で焼く。薬味はしょう油50ccに対し、ごま油、紹興酒(日本酒でも可)各大さじ2、おろしニンニク、コチュジャン小さじ2、好みで粉唐辛子を入れて混ぜる。焼き初めと途中で焦げ目が付き始めたら、薬味汁を刷毛で2度ほど塗って焼き上げる。皿に盛ったら白髪ネギなどを散らす

じ距離に合わせるわけだ。また、ポイントを探り当てたとしても、一日中そこで食い続けることは少ない。潮の時間に合わせて、ポイントも移動することが多いので、食わなくなったら新しいポイントを探るようにする。

　アタリがくるまでの間は置き竿が一般的だが、時どき仕掛けを動かして魚が食っているか確認すること。このとき食っていても大きく合わせる必要はない。

　このように少しずつ仕掛けを動かすことで、誘いにもつながるし広い範囲を探ることにもなる。絶対ではないが、時合は潮変わりの前後、とくに干潮前後に訪れることが多いようだ。

　アタリは、チョンチョンときたり、張っていた道糸がフッとゆるむなどのケースが多い。いずれも大きなアタリではないので、しっかり見ていないと気が付かない。もっとも、あわてて合わせる必要はなくほとんどは向こう合わせで掛かるから安心だ。取り込みは30センチ以下のサイズなら一気にゴボウ抜き。それ以上の大型は玉網を使用する。

用語解説	>>>二枚潮	潮の流れが水面近くと水中とで違う状態の潮。

【カワハギ】

●釣り方［投げ釣り］

なかなかハリに掛からないエサ取り名人だ

●カワハギ

【フグ目カワハギ科】

全長35センチ。日本各地に分布する。ウロコはなく、硬い皮に覆われる。これを剥いで料理することから皮剥の名がついた。本種を細長くしたようなウマヅラハギは近縁種

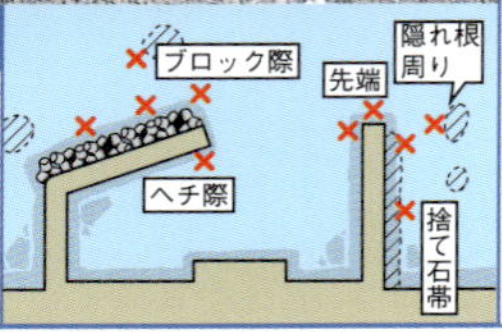

基本的には岩礁帯で生活する魚だが、砂地の多い小磯周りなどにも多く見られ、堤防からも釣れるターゲットだ。貝類やゴカイ、イソメ類などを捕食するが、居食いが上手でアタリが分からないままエサだけ取られることが多いため、エサ取り名人と呼ばれることもある。大きさは15～25センチで、まれに30センチを超えるものもいる。

食味は淡泊な白身でコリコリしており、非常においしい。とくにキモは絶品で、これが大きく膨らむ冬場はキモ和えにすると最高。また鍋物や煮物、フライなどにしてもよい。

キモが美味なカワハギだから、食べるなら冬場が最高だが、釣期としては通年釣れる魚だ。堤防周りでは水深の深いポイントでは真冬も狙えるが、春から秋の暖かい季節のほうがよく釣れる。春に海水温が上昇してくると浅場に移動し始め、初冬までがシーズンと考えたい。

ポイントは、海藻が茂った岩礁周りやブロック周辺でとくに期待でき、潮通しのよい先端部や角などは見逃せない。ま

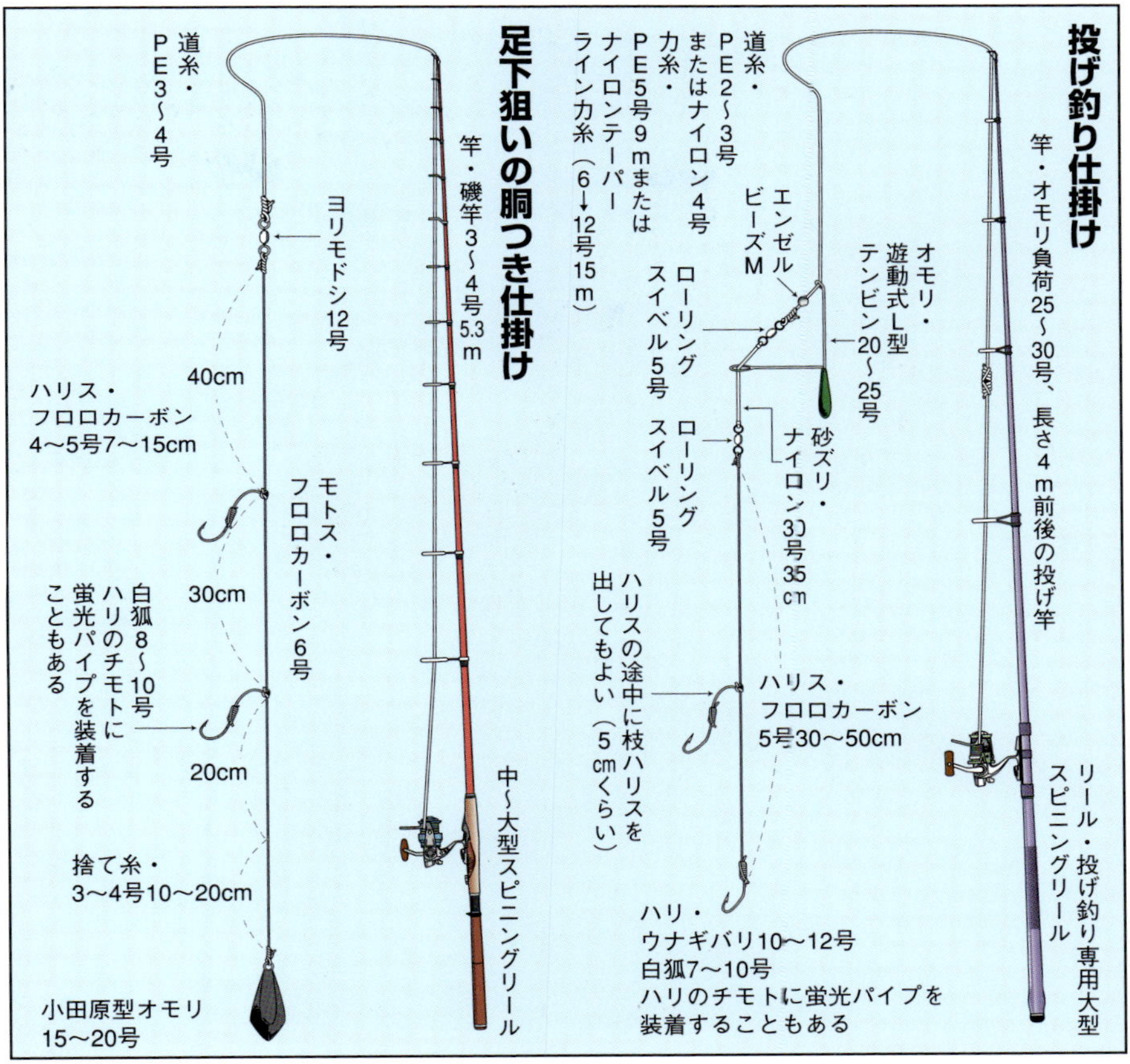

投げ釣り仕掛け
竿・オモリ負荷25〜30号、長さ4ｍ前後の投げ竿
リール・投げ釣り専用大型スピニングリール
オモリ・遊動式L型テンビン20〜25号
エンゼルビーズM
道糸・PE2〜3号またはナイロン4号
力糸・PE5号9ｍまたはナイロンテーパーライン力糸（6→12号15ｍ）
ローリングスイベル5号
ローリングスイベル5号
砂ズリ・ナイロン30号35㎝
ハリスの途中に枝ハリスを出してもよい（5㎝くらい）
ハリス・フロロカーボン5号30〜50cm
ハリ・ウナギバリ10〜12号
白狐7〜10号
ハリのチモトに蛍光パイプを装着することもある
足下狙いの胴つき仕掛け
竿・磯竿3〜4号5.3ｍ
中〜大型スピニングリール
道糸・PE3〜4号
ヨリモドシ12号
40cm
ハリス・フロロカーボン4〜5号7〜15cm
モトス・フロロカーボン6号
30cm
白狐8〜10号
ハリのチモトに蛍光パイプを装着することもある
20cm
捨て糸・3〜4号10〜20cm
小田原型オモリ15〜20号

た漁船が港内でいらない魚を捨てたりすると、そこに集まってくることもある。こんな場所で潮が澄んでいるときは、カワハギが見えることも多く、これを見釣りで狙うこともできる。

冬場は深い場所に落ちるため、堤防の際や捨て石帯よりも、水深の深い沖にある岩礁周りに集まっている。

ウキ釣りでも狙うことはできるが、専門に狙うならば投げ釣りや、ブッコミ釣りがよい。暖かい季節には浅場に群れていることが多いので、竿下狙いやちょい投げでのブッコミ釣りが楽しめる。この場合、胴つき仕掛けが有効で、エサはイソメ類やアサリのムキ身などが適している。竿下専門ならば、細めの磯竿に軽いオモリでOK。やや遠投したいときは太めの磯竿や投げ竿で、重めのオモリを使用するといい。

釣り方は仕掛けを竿下に沈めるか、軽く投げて道糸を張ってアタリを待つ。カワハギのアタリは鋭い感じだが、早合わせをしてもエサを取られることが多い。焦らずに、アタリを感じたらひと呼吸待

用語解説	>>> 根	海底にある岩礁のこと。

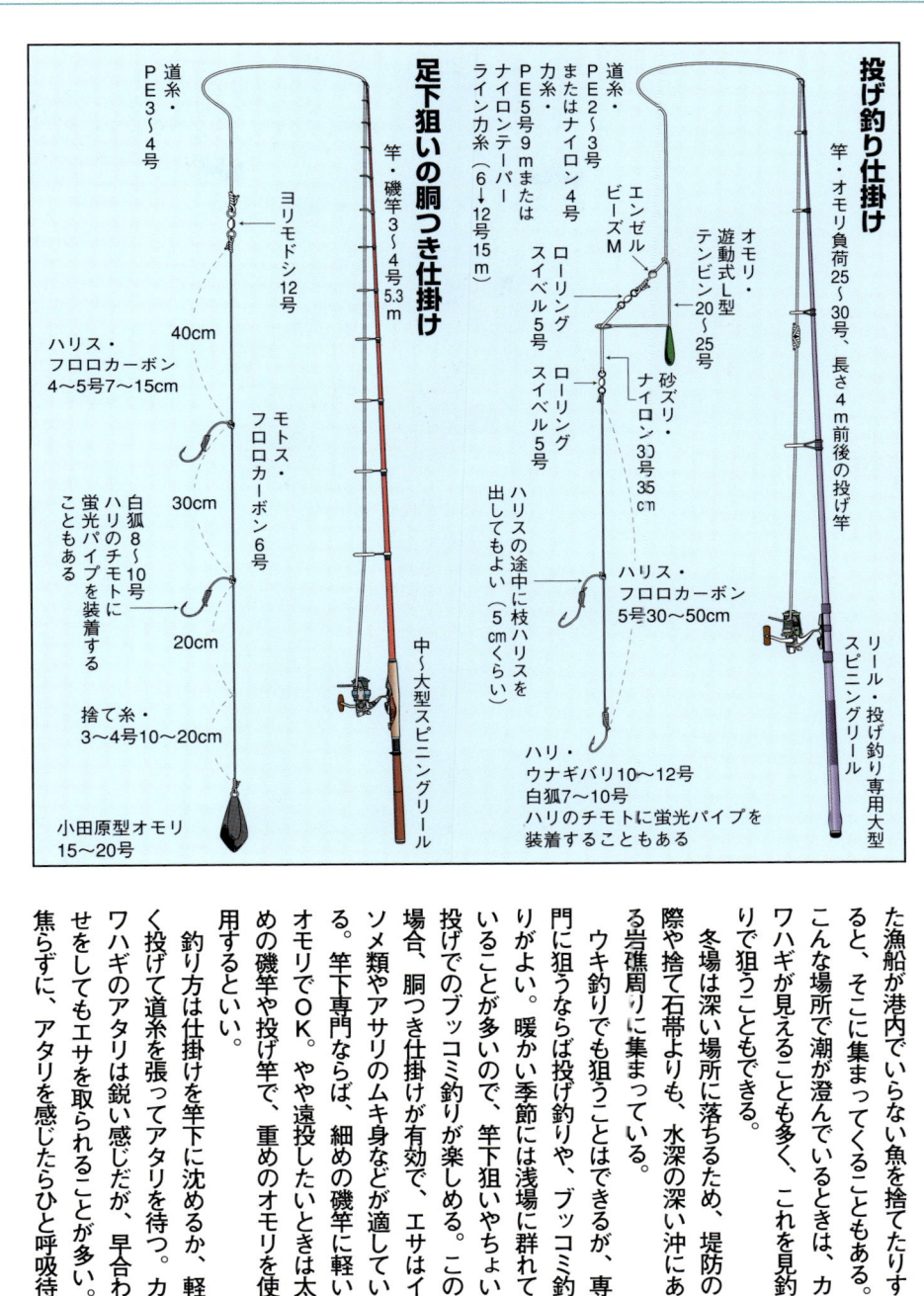

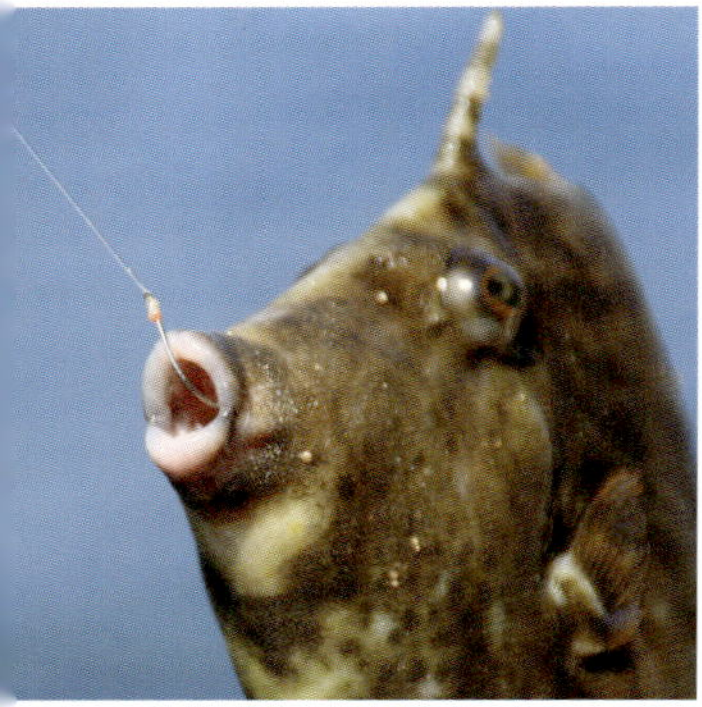

カワハギのおちょぼ口にうまくハリを掛けて釣り上げろ!

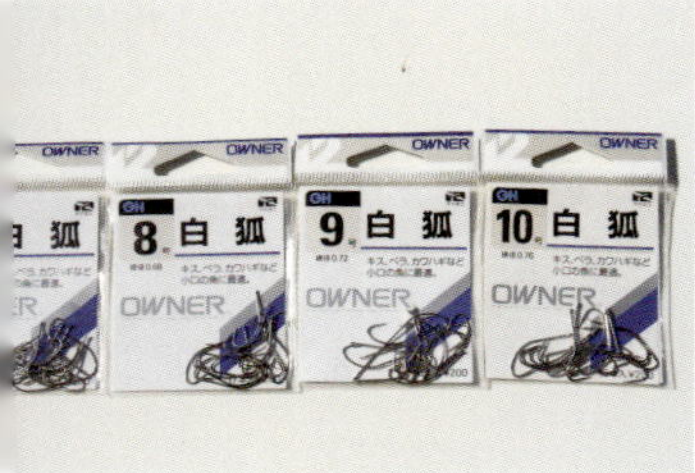

エサを取るのがじょうずなカワハギを投げ釣りで狙う場合、こんなハリが効果的だ

Let's cooking!

▶▶▶釣れたてカワハギを味わおう!

カワハギはフグに近い種で、歯ごたえのある食感もよく似ている。薄造りの刺身や空揚げはうまい。さらに秋から冬にかけて肥大するキモは非常に美味で、キモ和えは絶品だ

●ちり鍋

水から炊くので水炊きともいう。カワハギは骨付きのぶつ切りを使い、野菜はクセの少ないものを4～5種。ほかに豆腐、シラタキなど、適宜に材料を入れながら火の通ったものから食べる。キモは半生程度がおいしい。もみじおろしなどの薬味を入れたポン酢しょう油が合う

●薄造り(フグ造り)

大型が釣れたら新鮮なうちに造りたい。カワハギは削ぎ切りでなるべく薄く、一切れの面を大きく切り、バランスよく盛る。キモは5ミリ程度の幅に切り、薬味の脇に添える。もみじおろしを入れたポン酢しょう油が合う

ってから軽く合わせてみたい。感覚としては、コツコツというアタリを感じながら、竿をあおって合わせるというよりリールを巻くスピードを速めて、巻き合わせるという感じだろうか。掛けるというより、カワハギを乗せるというイメージだ。

根掛かりの少ない沖目のポイントを攻める場合は、投げ釣り専用のタックルで狙うほうがよい。L型テンビンを使った仕掛けで、ハリは1～2本と少なめにすると、根掛かり防止にも役立つ。エサはイソメ類やアサリのむき身で、入手できればイワイソメがベスト。

この釣り方は、仕掛けが沖にあるので、竿下狙いに比べてアタリが分かりづらい。したがって、食い込んだ瞬間に合わせようなどと難しいことは考えず、向こう合わせで釣るくらいの気持ちで臨みたい。アタリを感じたからといって、躍起になって合わせようとしてもハリ掛かりしないことが多い。やはりカワハギのアタリを感じながら、竿に魚を乗せるようなイメージで合わせることだ。

【クロダイ】

●釣り方［ウキ釣り／ヘチ釣り／投げ釣り］

堤防釣りの対象魚では人気ナンバーワンのスター

●クロダイ

【スズキ目タイ科】

全長65センチ。北海道南部以南に分布。タイ科の魚の中で最も沿岸近くに生息し、都会の湾奥部でも釣れる。周年、クロダイだけを狙う人がいるほど人気の高い釣魚だ

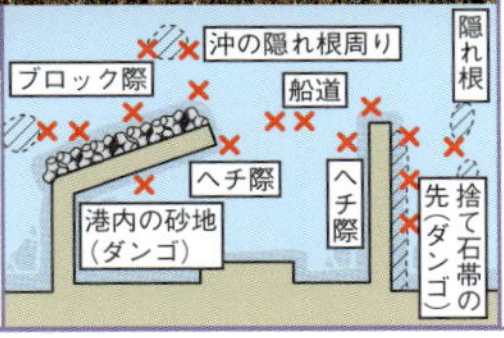

タイと名のつく魚は多いが、クロダイはマダイと同じ正真正銘のタイの仲間だ。関西ではチヌと呼ぶ。

食性は雑食性で、悪食としても有名。オキアミやイソメ類、練りエサなどはもとより、貝類や小魚、イカ、カニ、エビ、シャコ、サナギ、ユムシ、海藻なども食うし、人間が食べるスイートコーンやスイカ、メロン、ミカン、サツマイモ、スナック菓子などにも食いつく。

大きさは、20～50センチまでがよく釣れるが、最大では60センチを超えるものもいる。

釣期は、北海道南部や東北地方の太平洋側では夏を中心に暖かい季節に限られるが、関東以西では一年中狙うことができる。また日本海側も暖流が流れている関係で、真冬から早春にかけての一時期を除けば、ほぼ周年釣りが可能だ。

産卵期は春から初夏で、この時期に大物がよくヒットする。産卵後は少しの間食いが悪くなるが、夏から秋は再び上昇し数釣りも期待できる。冬は数は少なくなるが、大型が釣れるようになる。

用語解説	>>> 根掛かり	ハリやオモリが海底に引っ掛かった状態。

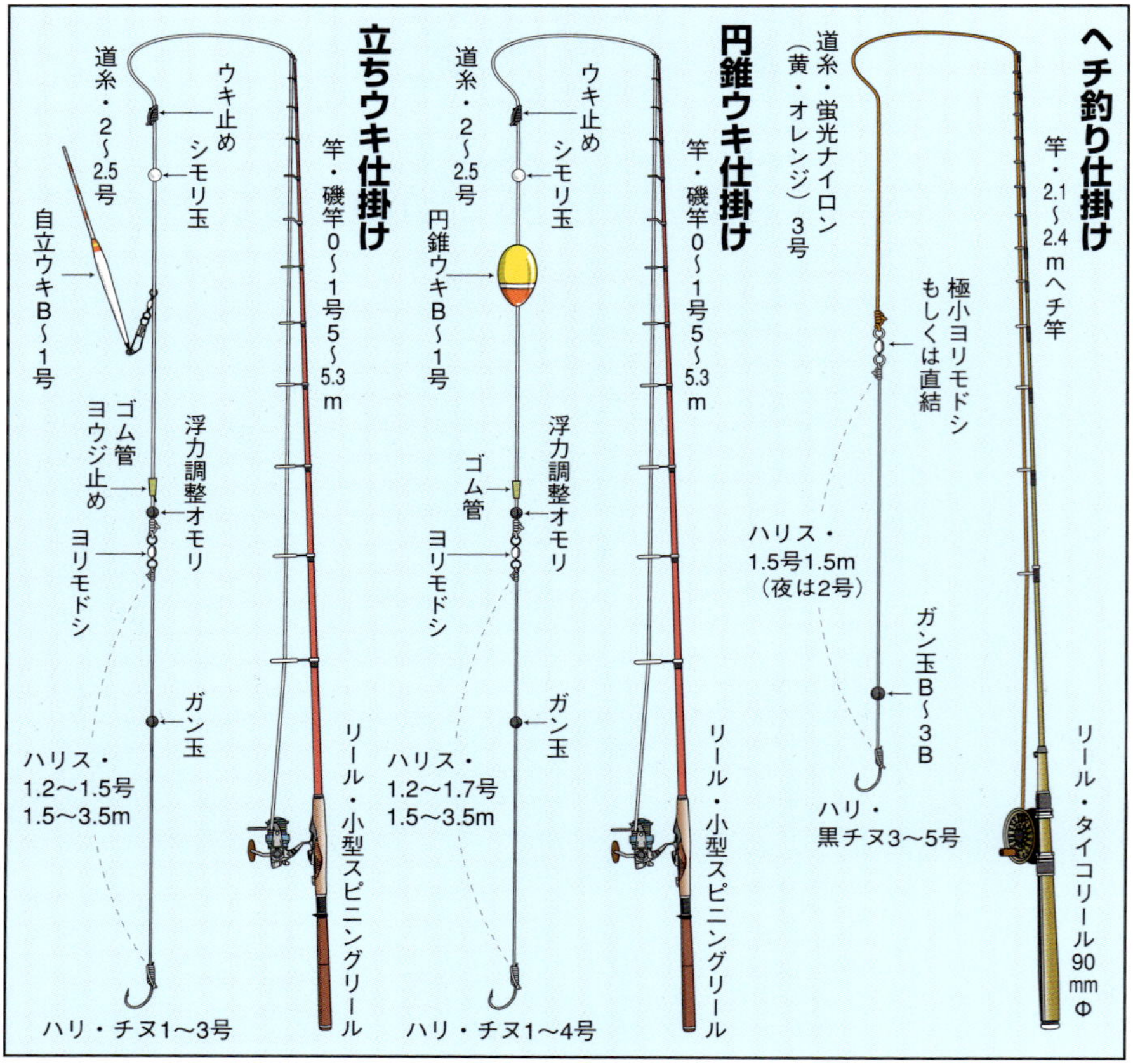
ヘチ釣り仕掛け
竿・2.1〜2.4mヘチ竿
道糸・蛍光ナイロン（黄・オレンジ）3号
極小ヨリモドシ
もしくは直結
ハリス・1.5号1.5m（夜は2号）
ガン玉B〜3B
ハリ・黒チヌ3〜5号
リール・タイコリール90mmΦ
円錐ウキ仕掛け
竿・磯竿0〜1号5〜5.3m
道糸・2〜2.5号
ウキ止め
シモリ玉
円錐ウキB〜1号
浮力調整オモリ
ゴム管
ヨリモドシ
ガン玉
ハリス・1.2〜1.7号
1.5〜3.5m
ハリ・チヌ1〜4号
リール・小型スピニングリール
立ちウキ仕掛け
竿・磯竿0〜1号5〜5.3m
道糸・2〜2.5号
ウキ止め
シモリ玉
自立ウキB〜1号
ゴム管
ヨウジ止め
浮力調整オモリ
ヨリモドシ
ガン玉
ハリス・1.2〜1.5号
1.5〜3.5m
ハリ・チヌ1〜3号
リール・小型スピニングリール

クロダイは、岩礁と砂地が入り交じった海底を好む。荒い岩礁だけでも砂地だけでもダメ。両方が適度に交じっているような所、つまり堤防は格好の住処というわけだ。堤壁の際やケーソンの継ぎ目、潮通しのよい先端部や角、テトラ周り、捨て石帯およびその先のカケ上がり、沖の隠れ根周りなどが好ポイントとなる。

またクロダイは河口や汽水域にも入り込み、とくに雨後など濁り水が川から流れてくるときは、河口にかなり集まってくることがある。

全国的に人気の高いクロダイ釣りは釣り方も様ざまだが、最もポピュラーなのはウキフカセ釣りだ。1号前後の磯竿に小型スピニングリールを使ったタックルで、コマセをまきながら狙う。波の穏やかなポイントでは立ちウキ、潮流の激しい場所や波の高い日は、円錐ウキ仕掛けが使いやすい。

コマセはオキアミ主体に、クロダイ用の配合エサを混ぜて作る。付けエサはオキアミがメインだが、エサ取りが多いときはサナギ、スイートコーン、練りエサ

堤防際を狙うヘチ釣りは夏の釣り。このような短竿を使うので、ヤリトリは迫力満点だ

産卵のため浅場に接岸してくる乗っ込み期は、良型ばかりがまとめて釣れることもある

Let's cooking!

▶▶▶釣れたてクロダイを味わおう!

クロダイは生息する環境によって味に違いがあるようだ。夏に内湾の奥で釣れたものはやや泥臭いともいわれるが、水のきれいな所で釣れたものはおいしい。まずはお造り、塩焼きが定番だろう

●ちぬめし（鯛めし）

香川県玉造地方の郷土料理。いろいろと好みの野菜もたくさん入れるので、五目しょう油めしともいう。昆布を敷いた土鍋に米、ニンジンなどいろいろな野菜と下処理したクロダイを入れ、日本酒、ミリン、しょう油で味を付けて炊く

●塩釜焼き

一切れ100グラム程度の骨なしの切り身、シイタケ、ギンナンを濡らした和紙でしっかりと包む。粗塩に卵白を混ぜて固めのシャーベット状にし、和紙で包んだクロダイをすっぽりと覆い固める。200度に熱したオーブンで20分ほど焼く

などを使用する。

ウキ下は底に合わせるのが基本。根掛かりがあるポイントでは、底を少し切ったタナを攻める。

エサ取りの多い夏から秋は、ダンゴ釣りが効果的だ。ダンゴがコマセの役割と、付けエサを守る一石二鳥の効果をもたらす。ダンゴ用の配合エサは市販されているものが使いやすい。付けエサはオキアミでよいが、ボケ、サナギ、練りエサも用意すれば万全だ。

この釣りは底釣りなので、根掛かりが大敵。砂地やそれに準ずる海底のポイントを選ぶ。ウキ下は、水深よりも深めに取る釣り方が主流だが、底を少し切ったウキ下もおもしろい。

コマセを使わない釣り方としては、ヘチ釣りがある。ヘチ釣りは堤防際を探って歩く釣り方で、夏を中心にした暖かい季節の釣法だ。足を使い、堤防をできるだけ広範囲に探ることが大切で、どれだけ歩いたかで釣果が変わると考えたい。エサはカニ、エビ、カラス貝、イワイソメ、フクロイソメなどが使われる。

用語解説	>>> **根ズレ**	道糸やハリスが海底の岩礁帯にスレて傷付くこと。

【サヨリ】

●釣り方［ウキ釣り］

秋、港内に回遊する小型サヨリは手軽に狙える釣り物だ

●サヨリ

【ダツ目サヨリ科】

全長40センチ。日本各地の沿岸に分布する。下顎が長く伸び、全体に細長いシルエットのため、針魚と書いてサヨリと読む。表層を群れで回遊するため、浅いウキ下で狙う

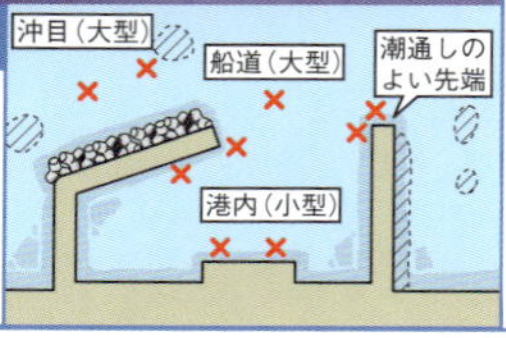

サヨリは冬を代表する堤防釣りのターゲット。下アゴが大きく突き出た細長い体型は非常にスマートで美しい。食味も満点なので小物釣りファンに人気の高い魚だ。大きさは20～25センチが多いが、場所によっては35～45センチの大型が釣れる。ポイントは潮通しがよいことが条件。とくに大型は沖から回遊してくるので、あまり湾奥では見られず外洋に面した堤防に多い。食性は動物性で、エビ類や魚の身エサなどを好む。サヨリの釣期は秋から翌春までで、秋は小型が主体。冬になると沖から大型が接岸し産卵する。小型はエンピツサヨリと呼ばれ初心者でも簡単に釣れるが、30センチを超える大型は警戒心が強く、繊細な釣りを心がけないとなかなかハリ掛かりしない。

タックルは、足元に見える小型を狙うなら渓流竿などで十分。沖の大型を狙う場合は、磯竿と小型スピニングリールを使用する。

エサは付けエサ以外にコマセが必要だ。ウキ釣りで狙う場合、コマセはイワシのミンチを海水で薄めたものを足元に

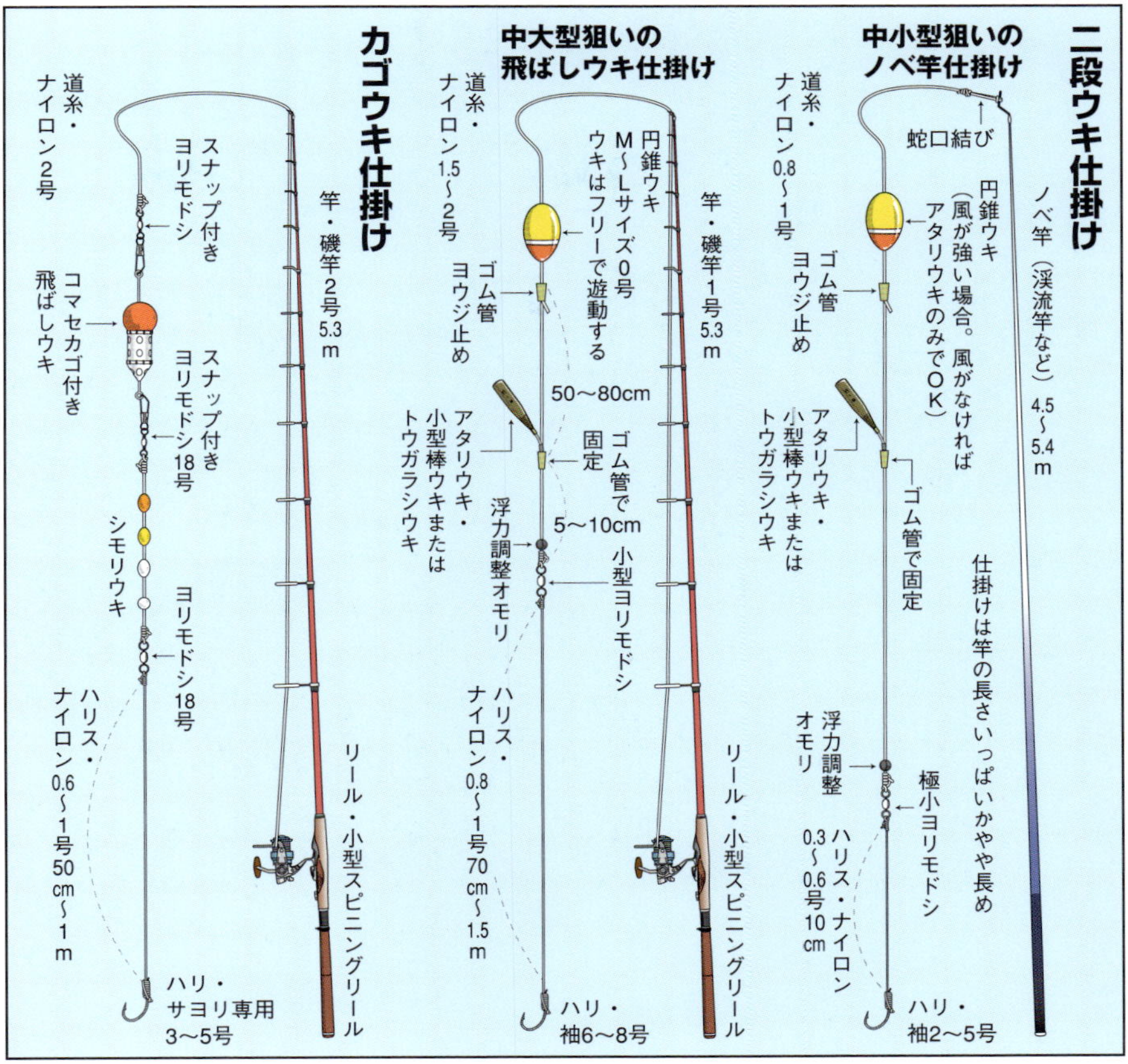
二段ウキ仕掛け
中小型狙いのノベ竿仕掛け
ノベ竿（渓流竿など）4.5～5.4m
蛇口結び
円錐ウキ（風が強い場合。風がなければアタリウキのみでOK）
道糸・ナイロン0.8～1号
ゴム管ヨウジ止め
アタリウキ・小型棒ウキまたはトウガラシウキ
ゴム管で固定
仕掛けは竿の長さいっぱいかやや長め
浮力調整オモリ
極小ヨリモドシ
ハリス・ナイロン0.3～0.6号10cm
ハリ・袖2～5号
中大型狙いの飛ばしウキ仕掛け
竿・磯竿1号5.3m
道糸・ナイロン1.5～2号
円錐ウキ M～Lサイズ0号 ウキはフリーで遊動する
ゴム管ヨウジ止め
50～80cm
アタリウキ・小型棒ウキまたはトウガラシウキ
ゴム管で固定
5～10cm
浮力調整オモリ
小型ヨリモドシ
ハリス・ナイロン0.8～1号70cm～1.5m
リール・小型スピニングリール
ハリ・袖6～8号
カゴウキ仕掛け
竿・磯竿2号5.3m
道糸・ナイロン2号
スナップ付きヨリモドシ
コマセカゴ付き飛ばしウキ
スナップ付きヨリモドシ18号
シモリウキ
ヨリモドシ18号
ハリス・ナイロン0.6～1号50cm～1m
リール・小型スピニングリール
ハリ・サヨリ専用3～5号

まく。イワシの脂が海面を漂い、表層付近を泳ぐサヨリを寄せるわけだ。カゴ釣りの場合は、オキアミを細かく潰したものに、比重の小さいメジナやヘラブナ用の配合エサを混ぜたコマセをカゴに詰めて使用する。付けエサは大粒アミやハンペン、オキアミのSサイズなどが使われる。

　サヨリ釣りは、まずポイント選びから始める。潮が払い出す所や、風を背に受ける所が有利。潮がぶつけてくる所は、沖にコマセが効きにくいからだ。

　ポイントを決めたら、足元にイワシのミンチをまく。少量ずつ間断なくまくこと。一度に大量にまいたり、間隔を空けすぎないことだ。

　足元にサヨリが見え始めたらもう安心。見えるサヨリは中小型が主体だが、警戒心が薄いので簡単に釣れる。このとき、ウキよりもエサをよく見ていて、サヨリが食った瞬間に合わせること。このほうがハリを飲まれたりせず手返しがよくなる。もし見えているのに食いが悪いようなら、エサを小さくしたり、ハリを小さくしたり工夫する。また仕掛けを少

用語解説	>>> のされる	魚の引きが強く竿を立てられない状態のこと。

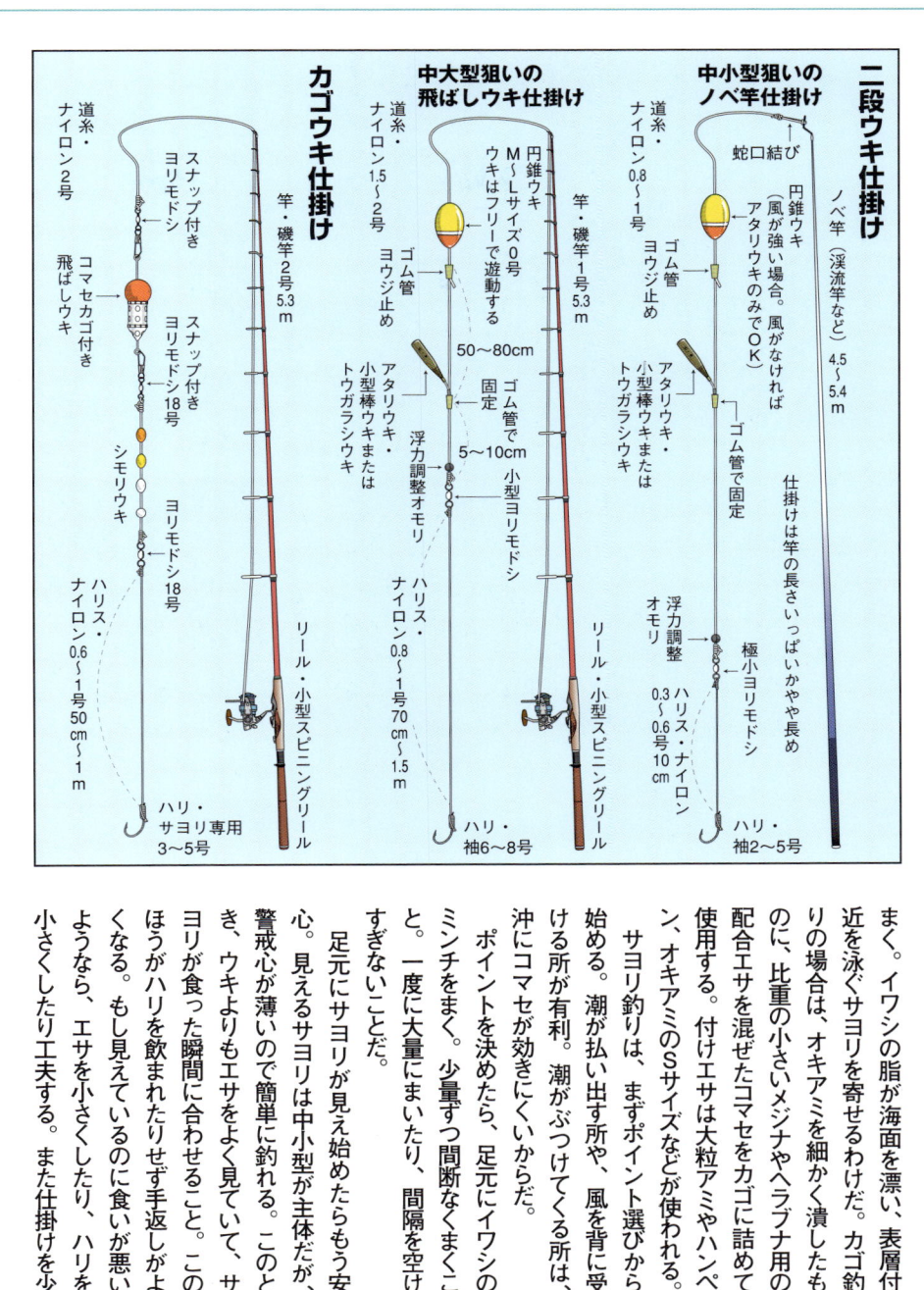

サヨリは、大きな群れで回ってくると数が釣れる

子供にだって簡単に釣れるのがうれしい

Let's cooking!

▶▶▶釣れたてサヨリを味わおう!

秋に釣れる小型はエンピツサヨリとも呼ばれ、手軽に狙えるターゲット。これは丸干しにすると美味だ。大型はお造りのほか、天ぷらや開き干しにしてもとてもおいしい

●お造り

サヨリは三枚に下ろして皮を引くと、きれいな皮模様が残る。これを生かした切り方、盛り付けを考えると懐石風の一品ができる。縦に細く半分に切ると、血合い部分が線模様となりとてもきれい。これを丸めて渦巻状にするのも美しい盛りつけだ

し引いて誘ってやるのも効果的だ。

サヨリが見えなくても、沖に寄っていることもある。大型ほどこの傾向が強い。そんなときはリール竿で沖を狙う。飛ばしウキ仕掛けか、カゴ釣り仕掛けで投げる。これで1尾釣れたら、その位置をよく覚えておいて、次回の投入ではその距離に直接仕掛けを投入せず、もっと遠くに投げてリールを巻いて引き寄せるか、手前から流していくようにしたい。ただし、カゴ釣りの場合は遠投するほどポイントが沖に移動して、しだいに釣れなくなってしまうことがあるから注意したい。

沖狙いではウキの動きでアタリを取るのが一般的だが、道糸を張っていると竿先に直接アタリがくることも多い。逆に、波が穏やかで活性が低いときには、微妙なアタリしか出ないこともある。ベタナギの日は、サヨリのタナが表層よりも少し深くなることもあるので、釣れないときは水面ばかりでなく多少深くしてみることも有効だ。食いが渋いときは仕掛けやエサを点検すること。とくにハリが大きすぎて食い渋るケースが少なくない。

【シロギス】

●釣り方［投げ釣り］

投げ釣りのターゲットとして最も人気の高い魚だ

●シロギス

【スズキ目キス科】

全長35センチ。北海道以南に分布。沿岸の砂地に生息する。細長くスマートな体形の小魚ながら、シャープな引き味が楽しめる。パールピンクに輝く魚体は美しく、砂浜の女王とも呼ばれる

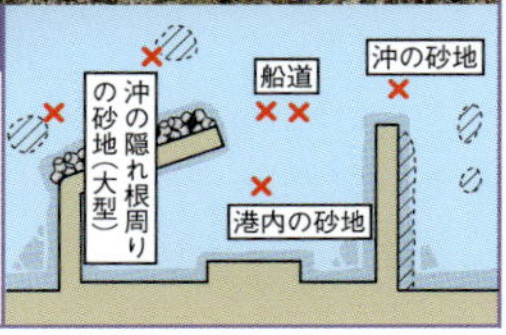

シロギスは北海道南部から九州にかけての沿岸の砂泥底に生息し、小さな群れを作って海底から10センチくらい上を泳いでいる。大きさは10～20センチが多く25センチあれば大型だが、場所によっては30センチ級が釣れることもある。ただし30センチはまれで〝夢の尺ギス〟として憧れの的となっている。釣期は場所によって異なるが、春から秋の暖かい季節が中心。とくに初夏と晩秋は大型のシーズンだ。冬は深場へと落ちるため、一部の水深の深い釣り場以外では釣れなくなってしまう。食性は動物性でイソメ類やエビ類を捕食するが、投げ釣りのエサはアオイソメ、ジャリメ、イワイソメ、スナイソメなどのイソメ類が使われる。

タックルは投げ釣り専用の竿とリールがベストで遠投できるものが有利だが、堤防などではちょい投げでも楽しめる。道糸はナイロンでもよいが、ＰＥと呼ばれる新素材をおすすめしたい。ＰＥは強いのでナイロンよりも細い糸が使え、しかも伸びないので遠くからのアタリもしっかりキャッチできる。値段はナイロン

用語解説	>>> 乗っ込み	産卵を目前にした魚が浅い場所に回遊してくること。

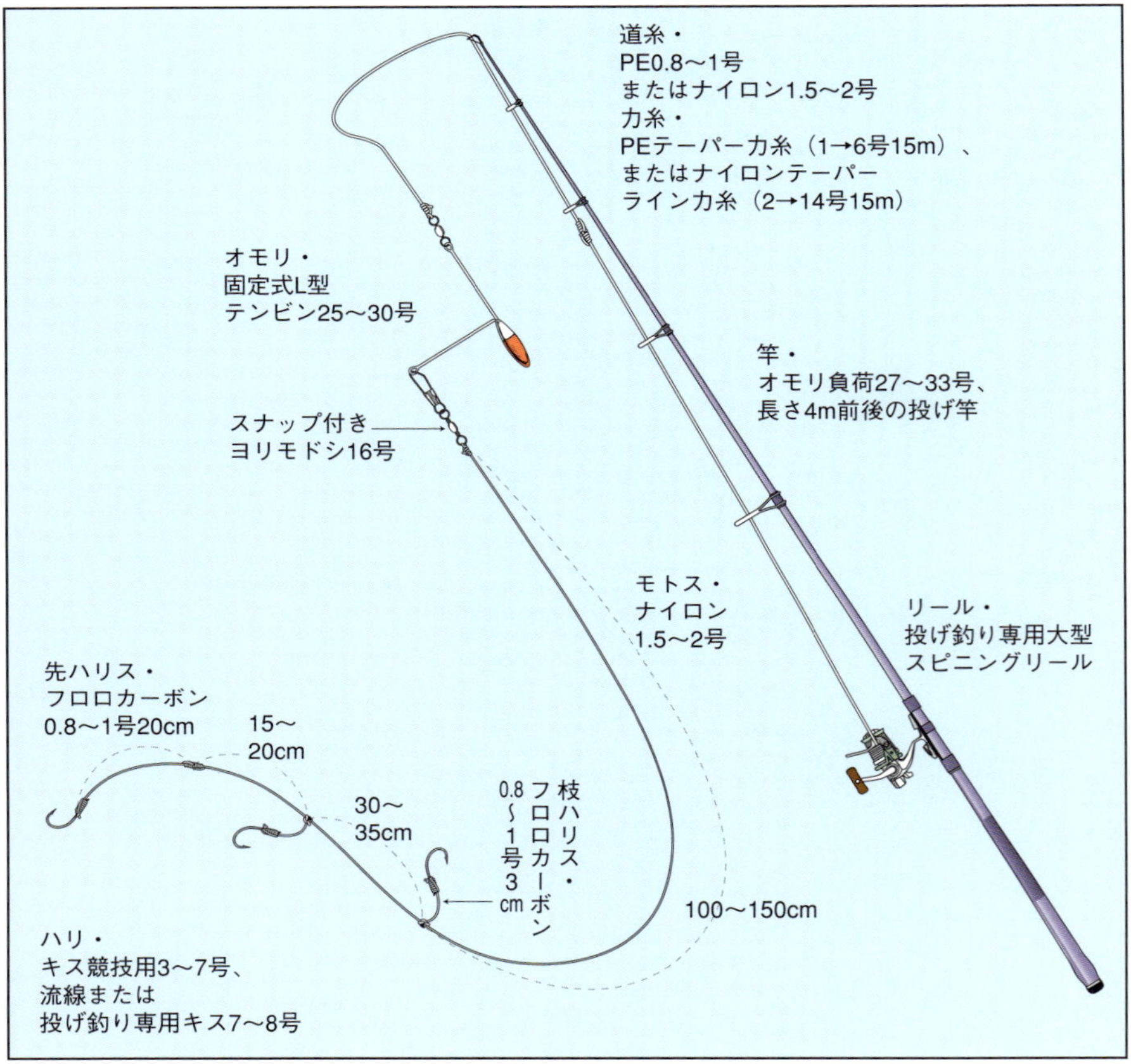

道糸・
PE0.8〜1号
またはナイロン1.5〜2号
力糸・
PEテーパー力糸（1→6号15m）、
またはナイロンテーパー
ライン力糸（2→14号15m）
オモリ・
固定式L型
テンビン25〜30号
竿・
オモリ負荷27〜33号、
長さ4m前後の投げ竿
スナップ付き
ヨリモドシ16号
モトス・
ナイロン
1.5〜2号
リール・
投げ釣り専用大型
スピニングリール
先ハリス・
フロロカーボン
0.8〜1号20cm
15〜
20cm
30〜
35cm
枝ハリス・
フロロカーボン
0.8〜1号3cm
100〜150cm
ハリ・
キス競技用3〜7号、
流線または
投げ釣り専用キス7〜8号

よりも高価だが、劣化しにくいので、１年間くらいは続けて使用できる。

シロギスのポイントは、海底が砂地もしくは砂泥地であることが条件。岩礁帯や海藻帯、捨て石帯などは避けること。堤防では捨て石の先がポイントになることが多いが、沖にも岩礁が広がる所があるので注意したい。ただし岩礁の間に砂地が広がるような所では、この根際（岩礁の際の砂地）がとくに大型シロギスの好ポイントとなる。そんな所を見つけたら、仕掛けを投入したあと、あまり動かさずに待つことだ。むやみに仕掛けを動かすと根掛かりの原因になるからだ。

また堤防周りでは、季節やそのときの条件によっては港の中にシロギスが入ってくることがある。そんなときには、ちょい投げで好釣果を得ることができる。

沖一帯すべてが砂地なら、仕掛けを投入したらゆっくりと海底を引きずるようにするとよい。これを引き釣りとかサビキ釣りと呼ぶ。こうして海底を探りながら仕掛けを引き寄せていると、途中でオモリが引っ掛かったように重くなる所が

良型の多点掛け。シロギス釣りの醍醐味のひとつだ

メゴチはおなじみのゲスト

Let's cooking!

▶▶▶釣れたてシロギスを味わおう!

天ぷらダネとしておなじみのシロギス。秋に釣れる10センチ前後のいわゆるピンギスは空揚げにするととてもうまい。大型が釣れたらお造りのほか、塩焼きにしても美味だ

●糸造りの姿盛り

大型が釣れたら作りたい一品。頭、尾ビレをつなげて三枚に下ろし、皮を引いた身は縦に細く切る。皿に尾頭つきの骨を置き、上にキュウリかダイコンのツマ、大葉を敷き、糸造りをこんもりと盛る

●天ぷら

背開きにして頭と中骨は取る。小麦粉を薄く付け、天ぷら衣にくぐらせたら175度の油で揚げる。揚げ時間は1～2分。一度にたくさん揚げようとすると、油の温度が下がってカラリと揚がらない。3尾くらいずつ揚げていくといい

あるはずだ。これはヨブと呼ばれる海底の起伏で、シロギスの好ポイント。ここでは少し仕掛けを止めて待ってみたい。このヨブはいくつもあるケースが多いので、ひとつのヨブで食わなければ次のヨブで再び待つようにする。

1カ所で釣り続けていると、だんだん魚が食わなくなることがある。そんなときは新しいポイントを探す。シロギスは臆病なので、同じ所にボチャボチャとオモリを投げ込むとすぐに警戒してしまう。50メートル地点がポイントだとしたら、70メートル地点に仕掛けを投入し、静かに50メートル地点まで引き寄せたい。ダイレクトにポイントに投げ込むと魚が散ってしまう危険性があるのだ。周囲の人が遠投派ばかりのときは、近場に寄っていることがあるので覚えておきたい。とくに早朝や満潮時などは、ちょい投げのほうがよく釣れることがある。

シロギスのアタリはスマートな魚体のわりには鋭くシャープ。25センチクラスの大型ともなると、竿先を一気に持ち込むこともあるほどだ。

用語解説	>>>場荒れ	釣り人が多く入り過ぎ、釣れなくなること。

【スズキ】

●釣り方［ウキ釣り／投げ釣り／ルアー釣り］

内湾でも手軽に狙える大型魚。ルアーターゲットとして人気だ

●スズキ

【スズキ目スズキ科】

全長100センチ。日本各地に分布する。成長段階によってセイゴ、フッコ、スズキと名前が変わる出世魚。エラは鋭いカミソリ状なので、手を切らないよう注意したい

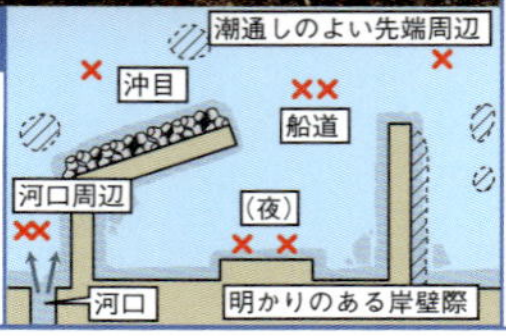

沿岸や内湾に生息する魚で、出世魚としても知られる。30センチをセイゴ、60センチまでをフッコ、それ以上をスズキと呼ぶのが一般的だ。また最近はルアー釣りが盛んなことから、シーバスとも呼ばれる。食性は動物性でゴカイ、イソメ類、甲殻類、貝類、小魚などを捕食する。大きさは1メートルを超えるものもいるが、釣れるのは70センチ以下が多い。それでも内湾で手軽に狙えるという点では、最も釣りやすい大物といえる。

スズキは低水温にも高水温にも強く、また汽水や淡水にも強い。さらには日中でも夜でも釣れるというタフな魚で、年間を通して狙うことができる。

海底は岩礁でも砂地でも関係なく、どこにでもいる。とくに小魚の群れを追いかけているようなときは、湾のかなり奥に大型が入り込んでくることもある。堤防では潮通しのよい場所で狙いたい。先端部や角、船道、夜は小魚が集まりやすい常夜灯の周辺などが好ポイントだ。

近年はルアー釣りが人気であるが、昔から行われているエサ釣りも釣趣が深

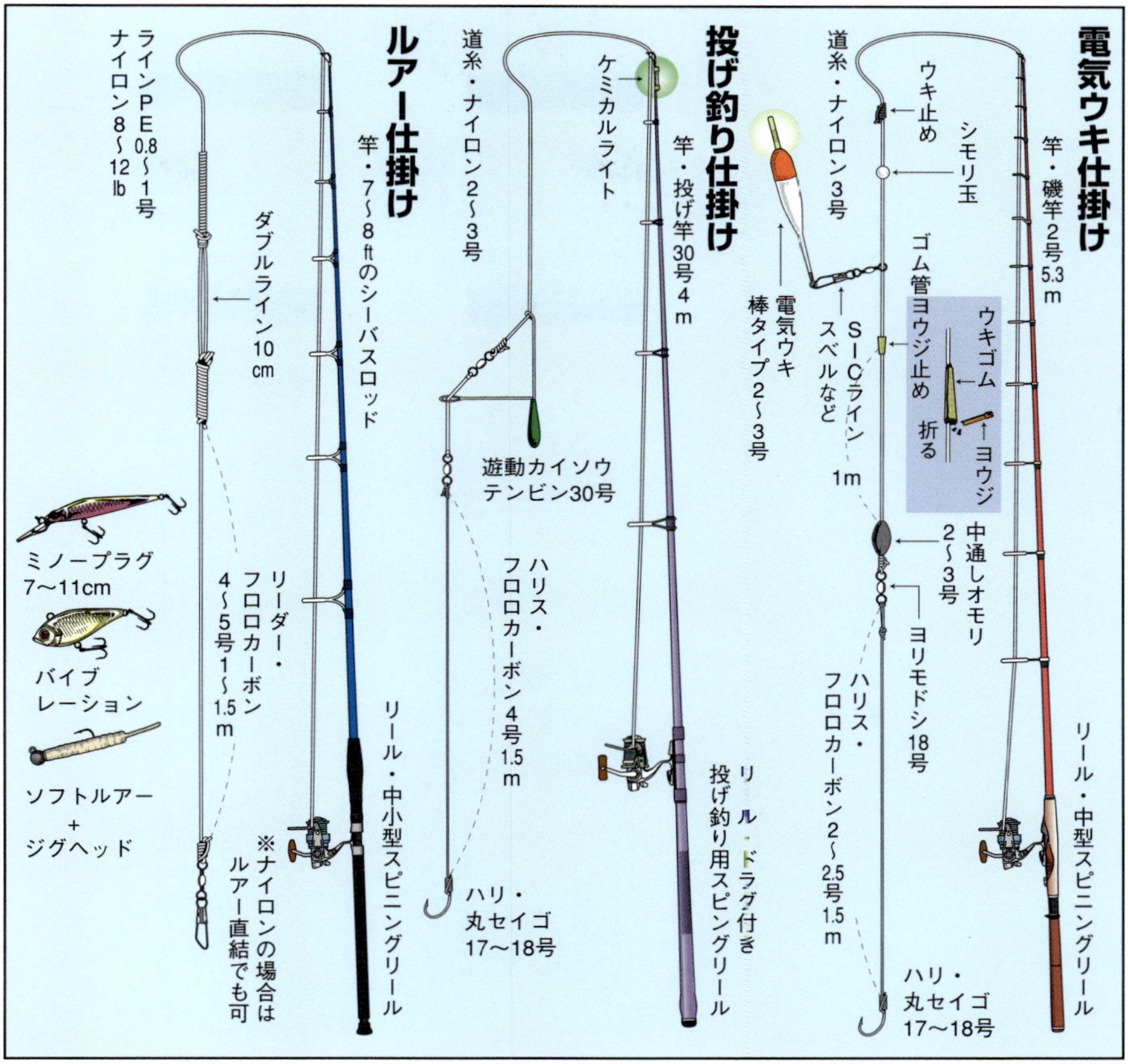
電気ウキ仕掛け
竿・磯竿2号5.3m
道糸・ナイロン3号
ウキ止め
シモリ玉
ゴム管ヨウジ止め
ウキゴム
ヨウジ
折る
電気ウキ
棒タイプ2~3号
S-Cライン
スベルなど
1m
中通しオモリ
2~3号
ヨリモドシ18号
ハリス・
フロロカーボン2~2.5号1.5m
ハリ・
丸セイゴ
17~18号
リール・中型スピニングリール
投げ釣り仕掛け
竿・投げ竿30号4m
ケミカルライト
道糸・ナイロン2~3号
遊動カイソウ
テンビン30号
ハリス・
フロロカーボン4号1.5m
ハリ・
丸セイゴ
17~18号
リール・ドラグ付き
投げ釣り用スピングリール
ルアー仕掛け
竿・7~8ftのシーバスロッド
ライン PE 0.8~1号
ナイロン8~12lb
ダブルライン10cm
リーダー・
フロロカーボン
4~5号1~1.5m
※ナイロンの場合は
ルアー直結でも可
リール・中小型スピニングリール
ミノープラグ
7~11cm
バイブ
レーション
ソフトルアー
+
ジグヘッド

い。エサ釣りの場合、釣りやすいのは夜で電気ウキを使って狙う。

タックルは磯竿に中小型スピニングリールで、電気ウキは波の高い日は大きめでもよいが、穏やかなときは小型がよい。どうもうなイメージに反し、スズキのエサの食い方は非常に繊細だからだ。食いが渋いときは、さらにウキを小型のものに変え、ハリも小さくする。

ウキ下は2~3メートルが基準だが、アタリがないときは、ウキ下を深くして探るとよい。

エサはアオイソメ、イワイソメなどで、大きく付けるのがコツ。アオイソメなら房掛け、イワイソメなら1本掛けにする。

電気ウキ釣りでは届かない遠いポイントや、潮が極端に速い釣り場では、投げ釣りもおもしろい。タックルは投げ竿に中大型スピニングリールの組み合わせだが、遠投の必要ない釣り場では4号以上の強めの磯竿でもよい。エサはアオイソメ、ユムシなどが使われる。

ルアー釣りは、最近では最も人気の高い釣り方だ。大物釣りでありながら、ラ

用語解説	>>> 早合わせ	アタリが出た途端に合わせてしまうこと。ハリ掛かりしなかったり、掛かりが浅くてバラしてしまう。

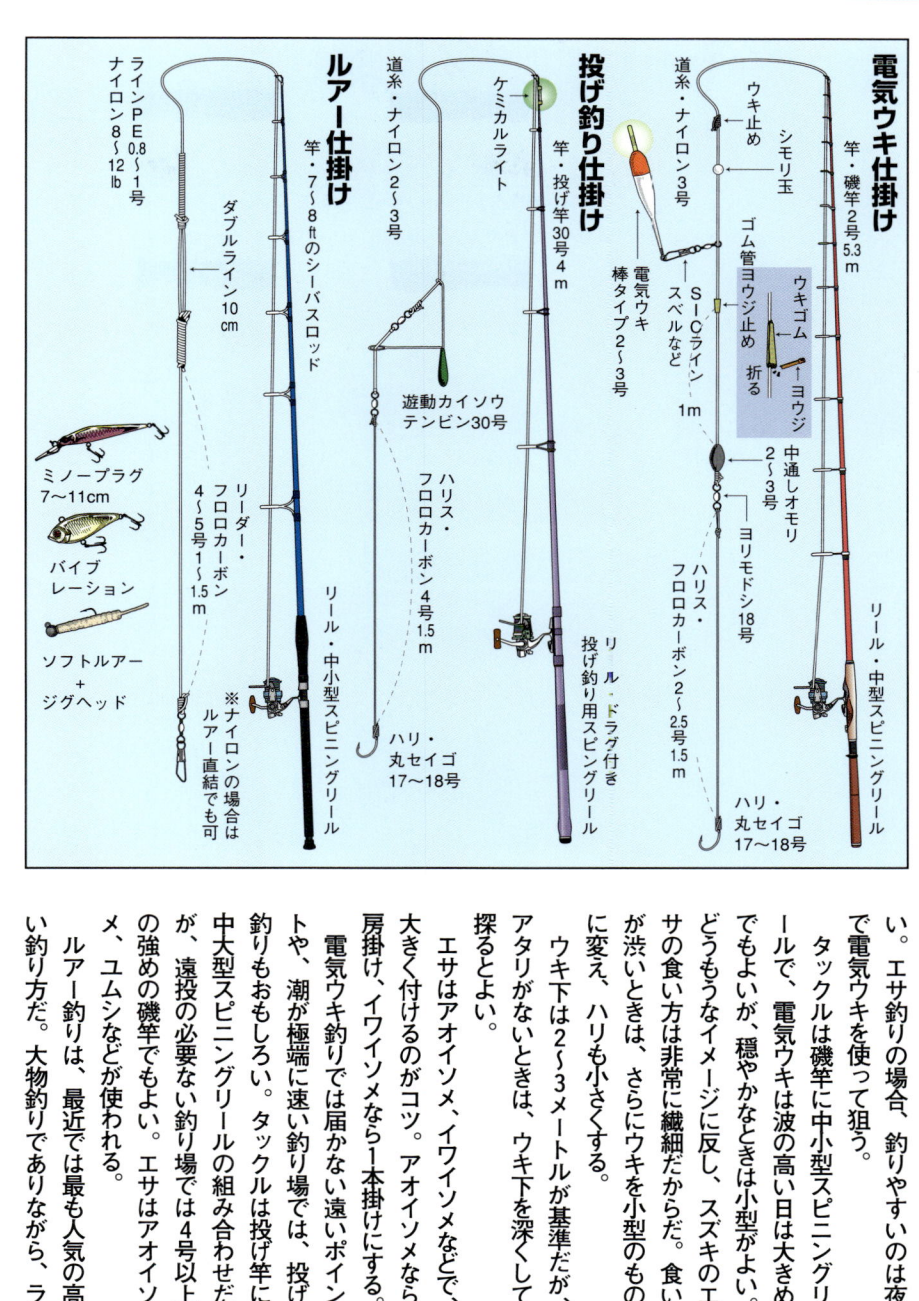

スズキは都会に近い港湾で狙える大物だ

70センチ、80センチの魚がこんな気軽なスタイルで楽しめる。これも人気の秘密のひとつ

Let's cooking!

▶▶▶釣れたてスズキを味わおう!

スズキといえば、すぐに思い浮かぶ料理が洗いだ。つまり、スズキの旬は夏。美しい白身は、淡泊ながらほのかな甘みもある。少し手の込んだものなら、塩釜焼きもおいしい

●オイル焼き

サッパリした白身魚をひと味違った風味で食べる。初めにスズキの切り身に塩をし、サラダ油を数回塗りながら焼く。もみじおろしにポン酢しょう油がよく合う

●洗い

夏が旬の魚だから、釣れたてを削ぎ切りにして氷水に放り、チリッと硬直させて食べる洗いがおすすめ。ワサビじょう油に柑橘類の絞り汁がよく合う

イトタックルで気軽に狙えるので、女性や子供も楽しめる。

タックルは専用のシーバスロッドがおすすめ。内湾の堤防では9フィート以下、外海側の堤防で障害物やテトラ周りなら10フィート以上が有利だ。

ルアーはミノープラグ、バイブレーション、メタルジグ、ソフトルアーなどがあり、最もよく使われるのがミノープラグだ。これには水に浮くフローティングタイプや、沈むシンキングタイプ、深く潜るディープダイバーなどがあり、釣り場の形態によって使い分ける。

スズキ釣りの場合、ルアーはややスローに巻くのが基本となる。アクションもあまりつける必要はないが、食いが渋いときは色いろと試してみたい。

スズキがヒットしたら、絶対にラインを緩めないこと。エラ洗いと呼ばれる独特の暴れ方をするので、ラインを緩めるとフックが外れたり、鋭いエラブタでラインを切られたりしてバラシにつながる。取り込む際は、ルアーのフックが絡む危険がある玉網よりも、ギャフを使いたい。

【タカベ】

●釣り方［ウキ釣り／サビキ釣り］

旬は夏で食味のよい魚。外洋に面した堤防で狙う

●タカベ

【スズキ目タカベ科】

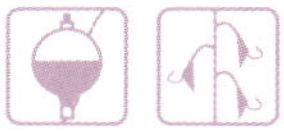

全長30センチ。関東以南の沿岸に分布する。比較的暖かい海域を好む。青い体に黄色のラインが鮮やか。夏に大きな群れを作り、場所によってはサビキ釣りで数釣りも楽しめる

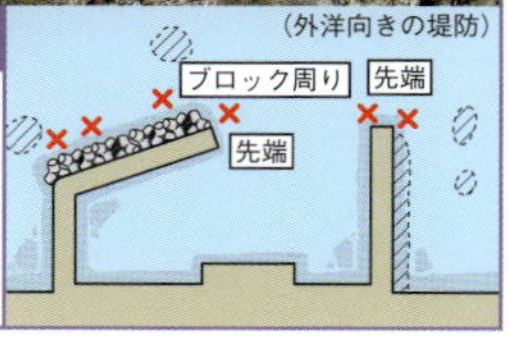
（外洋向きの堤防）
ブロック周り
先端
先端

タカベは関東以南の暖かい海に生息し、岩礁地に多い。内湾部には少なく外海に面した磯や堤防でよく見られる。体色は青っぽく、黄色い筋が通っていて美しい。大きさは15センチ前後がよく釣れる。旬は夏で非常に美味。塩焼きが最高だが、やや傷みやすい魚なので鮮度が落ちないよう気を付けたい。釣期も夏が中心だ。食性は動物性でエビ類やイソメ類を好む。

タカベの釣り方はウキ釣りが一般的。サビキ釣りでも釣れるが、アジなどに比べると神経質な傾向があるので、サビキ釣りではすぐに食い渋ってしまう。とくに釣り人の多い堤防では、タカベがスレていることを想定してチャレンジするほうがよいだろう。

ウキ釣りのタックルは、足場がよくて低い堤防では渓流竿がおもしろい。小型中心とはいえ、渓流竿なら迫力十分の引き味が楽しめる。一方、足場の高い堤防では、磯竿に小型スピニングリールがおすすめ。このタックルなら沖も攻められるし、良型の外道がきたときも十分に対

用語解説	>>> バラす	ハリ掛かりした魚を逃してしまうこと。

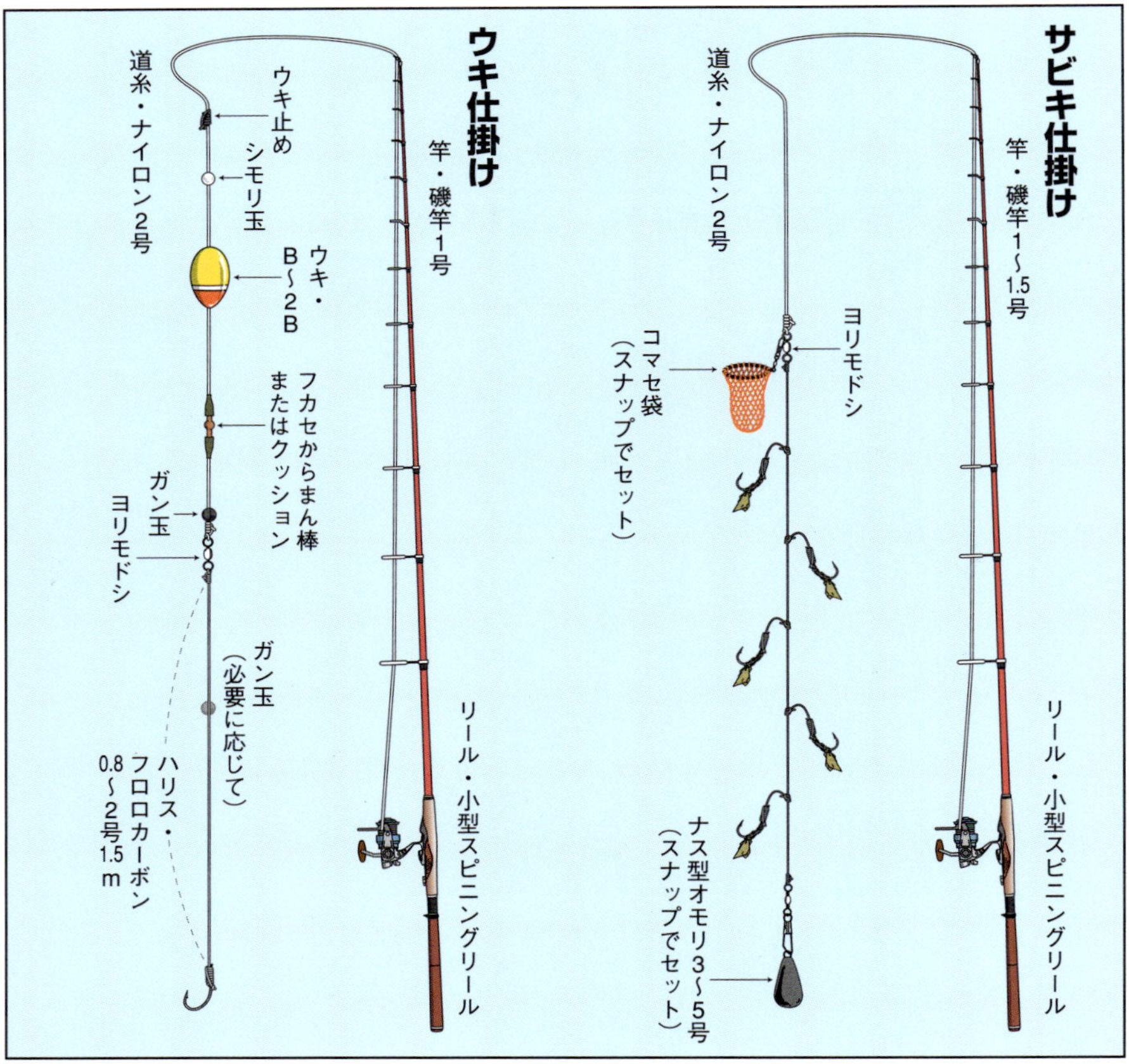
サビキ仕掛け
竿・磯竿1～1.5号
道糸・ナイロン2号
ヨリモドシ
コマセ袋
（スナップでセット）
ナス型オモリ3～5号
（スナップでセット）
リール・小型スピニングリール
ウキ仕掛け
竿・磯竿1号
道糸・ナイロン2号
ウキ止め
シモリ玉
ウキ・
B～2B
フカセからまん棒
またはクッション
ガン玉
ヨリモドシ
ガン玉
（必要に応じて）
ハリス・
フロロカーボン
0.8～2号1.5m
リール・小型スピニングリール

処できる。ウキは小型の円錐ウキでハリスは細め、ハリも小さめが有利。堤防なら0.8～1号ハリスで十分だ。ウキ下は釣り場の水深にもよるが、基本的に中層魚なのであまり深くする必要はない。2～3メートルを基準にして、アタリがなかったら深くしてみる。

エサはオキアミのSサイズや大粒アミで、コマセ用のアミエビが必要だ。コマセには比重の小さいメジナ用の配合エサを混ぜると使いやすくなる。もしオキアミで食いが悪いようなら、まずオキアミの殻をむいてムキ身にしてみること。これをハリの大きさに合わせて小さめに付ける。これでも食い渋るときは大粒アミにするか、コマセ用のアミエビをハリに付けてみる。

魚がいるのにさらに食い渋るようならハリをワンランク小さくして、ハリスも細くしてみたい。コマセに寄るのに食わないということは、釣り方にどこか欠陥があると考えられる。

タカベのポイントは潮通しのよい岩礁帯。砂地の海底では期待できない。また

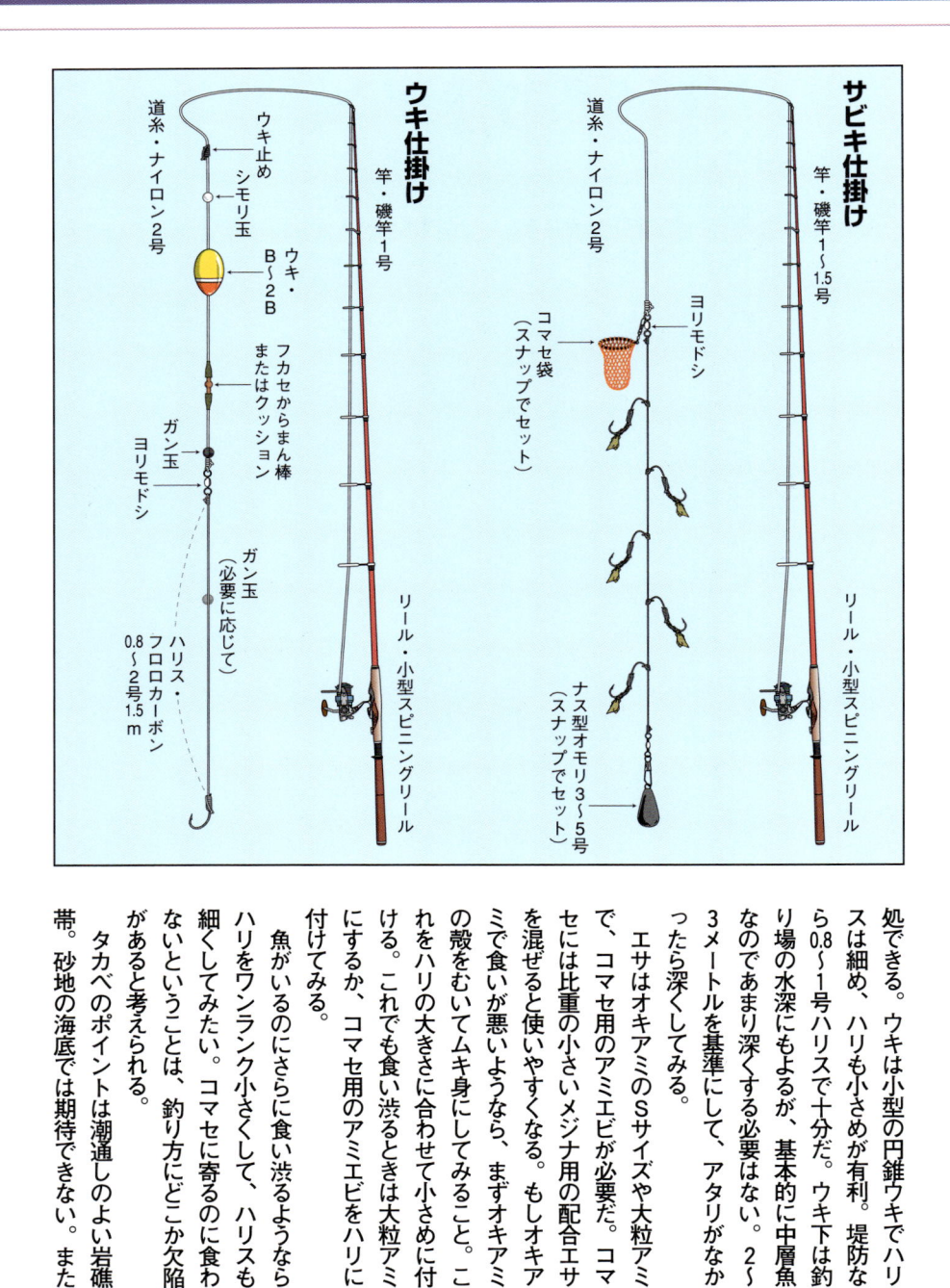

サビキ釣りでも釣れる

Let's cooking!

▶▶▶釣れたてタカベを味わおう!

夏の脂が乗ったタカベはとてもおいしい。塩焼きが最もポピュラーだが、煮付けにしてもいけるし、新鮮なものならタタキにするととびきりうまい。味噌と一緒に叩いたナメロウ風もいい

●塩焼き

タカベの塩焼きは伊豆諸島の定番料理で非常においしい。ウロコをおろし、エラと内臓を取ったタカベに塩をしたら、30分ほど置いてから焼くと旨味成分が増して、おいしい塩焼きができる

夏、潮通しのよい堤防ではタカベが釣れる

釣り上げたばかりのタカベはとても美しい

湾の奥や港の奥は期待薄で、外海側が有利。堤防では港内側よりも外海側、沖へ突き出た所がおすすめだ。水深は3メートル以上はほしい。それ以上深い場所ならば、中層魚だけにあまり問題はない。

釣り方としては、まずコマセをまくことから始める。堤防ではウキの周りにまくのが基本だが、潮の流れが速いときはその速さを計算に入れてまくこと。コマセは一度に大量にまくのではなく少量ずつ間断なくまくのがコツ。外海に面した釣り場が多いので、コマセを長時間切らすとせっかく寄った魚がいなくなり、二度と集まらなくなる危険性が高い。コマセの流れがつかめたら、その流れの中にウキを流していくことだ。できるだけコマセの帯の中に仕掛けが漂うように竿で操作してやる。

アタリはウキが一気に消し込むのですぐ分かる。軽く竿を立てるだけでOKだ。食いが立つと入れ食い状態になるので、このとき効率よく釣ることが大切。手返しよく釣れば、短時間で50尾以上の釣果も十分に期待できる。

用語解説	>>>ハリス	道糸の先に結ぶ糸で、これにハリを結ぶ。

【タコ】

●釣り方［投げ釣り］

おもに釣りで狙うのはマダコとイイダコだ

●マダコ

【八腕形目マダコ科】

全長60センチ。中部以南に分布。岩礁帯や砂泥底に多く生息する。おもにエビやカニ、貝、魚を捕食する。旬は夏から秋にかけて。堤防でも2キロくらいが釣れることもある

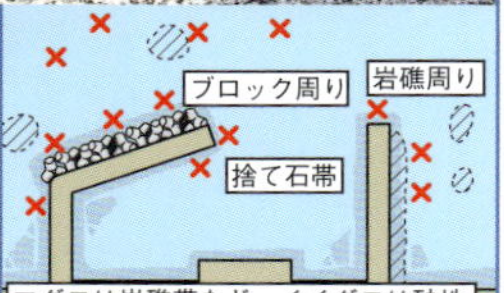

マダコは岩礁帯など、イイダコは砂地

日本全国の沿岸の浅い岩礁帯およびその周辺の砂地などに生息。寿命は短く1～2年とされている。その間に2キロくらいまで大きくなるのだから、非常に成長が早い生き物といえる。エサは甲殻類や貝類などを好み、とくにカニは大好物のようだ。釣れるタコの大きさは100グラム程度の小型から2キロ級の大型まで様ざま。潮の速い場所で捕れるマダコはおいしいとされ、瀬戸内の明石で捕れるタコは明石ダコと呼び、とくに珍重されている。

また北海道で捕れる大型のタコはミズダコで、最大3メートルに達するものもいる。逆に小さいタコでは、秋に産卵のために浅場にやってくるイイダコがいる。これは砂地にいて、比較的簡単に釣れるので人気が高い。

春になると浅い岩礁周りで、ムギダコと呼ばれる小型のマダコが釣れるようになる。これはまだ釣りのターゲットとしては物足りず、夏場以降が本番。夏も後半に入ると型のよいものも交じるようになって、秋から冬は1～2キロ級の大型

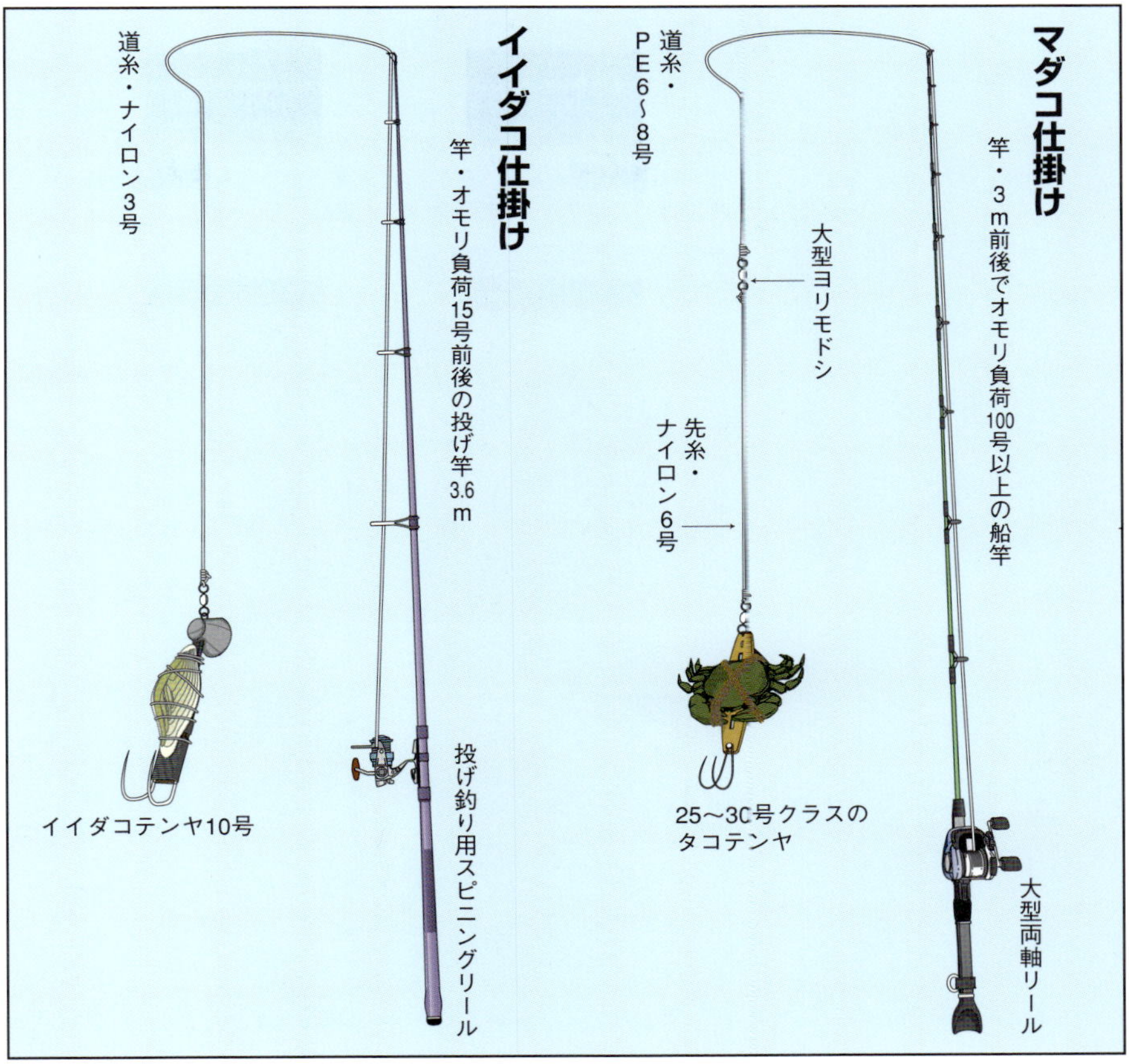
マダコ仕掛け
竿・3m前後でオモリ負荷100号以上の船竿
道糸・PE6～8号
大型ヨリモドシ
先糸・ナイロン6号
25～30号クラスのタコテンヤ
大型両軸リール
イイダコ仕掛け
竿・オモリ負荷15号前後の投げ竿3.6m
道糸・ナイロン3号
イイダコテンヤ10号
投げ釣り用スピニングリール

も期待できる。正月以降も釣れるが、寒くなると釣れるポイントが少なくなる。

イイダコに関しては、秋が最盛期。初冬まで狙えるが、春と夏はほとんど期待できない。

マダコは海底に岩礁や海藻などがある所がよく、その周辺の砂地や砂泥地にもやってくる。釣りでは独特のテンヤ仕掛けを使うので、根掛かりの少ない砂泥底や岩盤状の平らな海底を狙うのが基本だ。したがって堤防周りは、タコ釣りに適したポイントが多いといえる。

それに対してイイダコは岩礁ではなく砂泥底に生息しているので、根のないポイントを狙うのがセオリーとなる。

堤防から釣るときは、竿を使わない手釣りと竿釣りに分けられる。手釣りは堤防のヘチ際を探るときによい方法だが、ヘチで大型を掛けると、竿がない分タコに堤壁に張り付かれることがある。こうなると取り込みは難しくなるので、掛かったら一気に回収するつもりで釣ること。竿釣りは堤壁も沖目も釣れるので便利。ただし竿は硬く強いものが必要だ。

用語解説	>>>PE糸	ポリエチレンなどを編み合わせて作った糸。新素材糸とも呼ばれ、伸びが極端に少なく高感度にアタリが取れ、根ズレなどにも強い。

堤防からの釣りでもこんなタコが釣れる

イイダコも堤防釣りのターゲットだ

Let's cooking!

▶▶▶釣れたてタコを味わおう!

マダコの身はやや硬いが、味のよさは誰でも知っている。マダコはいったんゆでて、ゆでダコにしてから料理に使うことが多い。ゆで方にはコツがあるので覚えておきたい

●タコ刺し

タコは内臓と口、目玉を取ってよく叩き、塩でもんでぬめりを落とす。流水で塩を洗ったら熱湯で素早くゆでる。1キロのタコなら1～1分半程度でゆで上がる。冷めたら4～5ミリ厚に切って刺身にし、ワサビを添える

●マダコのマリネ

ゆでダコを3ミリ幅に切り、マリネ液に漬ける。マリネ液はフレンチかイタリアンドレッシングにたっぷりのレモン汁を加え、ケッパー、ハーブ野菜を混ぜて作る

テンヤにはカニを縛りつけるのがベストだが、ブタの脂身や魚の身エサでもよい。また最初からテンヤに擬似餌のカニがセットされているものもある。これでも十分に釣りは楽しめる。

釣り方はテンヤが海底に着いたら、小づくようにして躍らせる。こうしてタコを誘うのだ。動かしたあとでタコが抱きつけるように、動きを止めて時間を作ってやるのがコツ。重くなったら乗った証拠なので、海底や堤壁に張り付かれる前に一気に釣り上げること。

イイダコは仕掛けを沖に投げたら、海底をゆっくり引きずってくる。そしてこのときも、途中でタコが抱きつくタイミングを作ってやる。乗ると重くなるので、休まずにリールを巻く。このときポンピングなどせず、一定のスピードでリールを巻くこと。道糸が緩むとハリが外れる危険性が高くなる。

またアオリイカ釣りのエギにもタコは乗ってくる。もしタコが視認できたら、そのすぐ近くでエギを躍らせてやると、すぐに抱きつくことが多い。

【タチウオ】

●釣り方［ウキ釣り／ルアー釣り］

銀色に輝く魚体が特徴。歯は非常に鋭く危険

●タチウオ

【スズキ目タチウオ科】

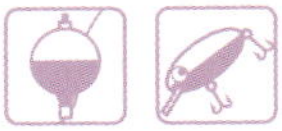

全長130センチ。東日本に分布。細長く平らな体型で銀色に輝くため、サーベルフィッシュと呼ばれることもある。日中は深場にいて、夜、浅い所にエサを求めて上がってくる

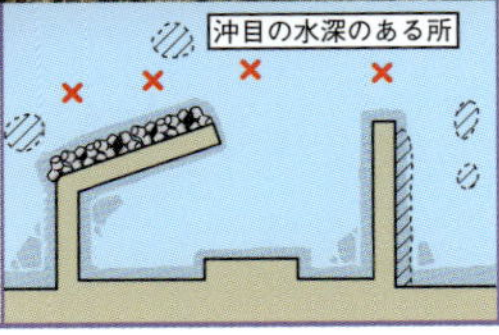

銀白色に輝く美しいタチウオは、頭を上にして泳ぐという習性を持つ。歯が非常に鋭い魚で、小魚を捕食している。ふだんは沖の深場に生息しているが、秋から冬にかけては堤防周りなどでも釣れるようになる。夜行性の魚で日中は深場、夜には浅い所に浮いてくる。大きさは1メートルを超えるものも珍しくなく、最大では1.5メートルにもなる。

元もとは船釣りのターゲットだったが、最近は堤防から狙う人も少なくない。ただし一年中釣れるわけではなく、秋から初冬にかけてが最盛期となる。これはタチウオが、この時期になると浅場にやって来るから。初めはスズキのルアー釣りでの外道だったタチウオが、今では立派な本命魚となったわけだ。

沖合の深場から秋になると接岸してくるタチウオだが、あまり水深の浅い堤防周りはダメで、ある程度の深さが必要だ。海底が岩礁だとか砂地だとかよりも、まず深さが肝心である。したがって、規模の小さな漁港周りよりも、大規模な港の大型船が着く桟橋や岸壁、沖堤防などの

用語解説	>>> ヒロ	1ヒロは両手をいっぱいに広げた長さで、約1.5メートル。

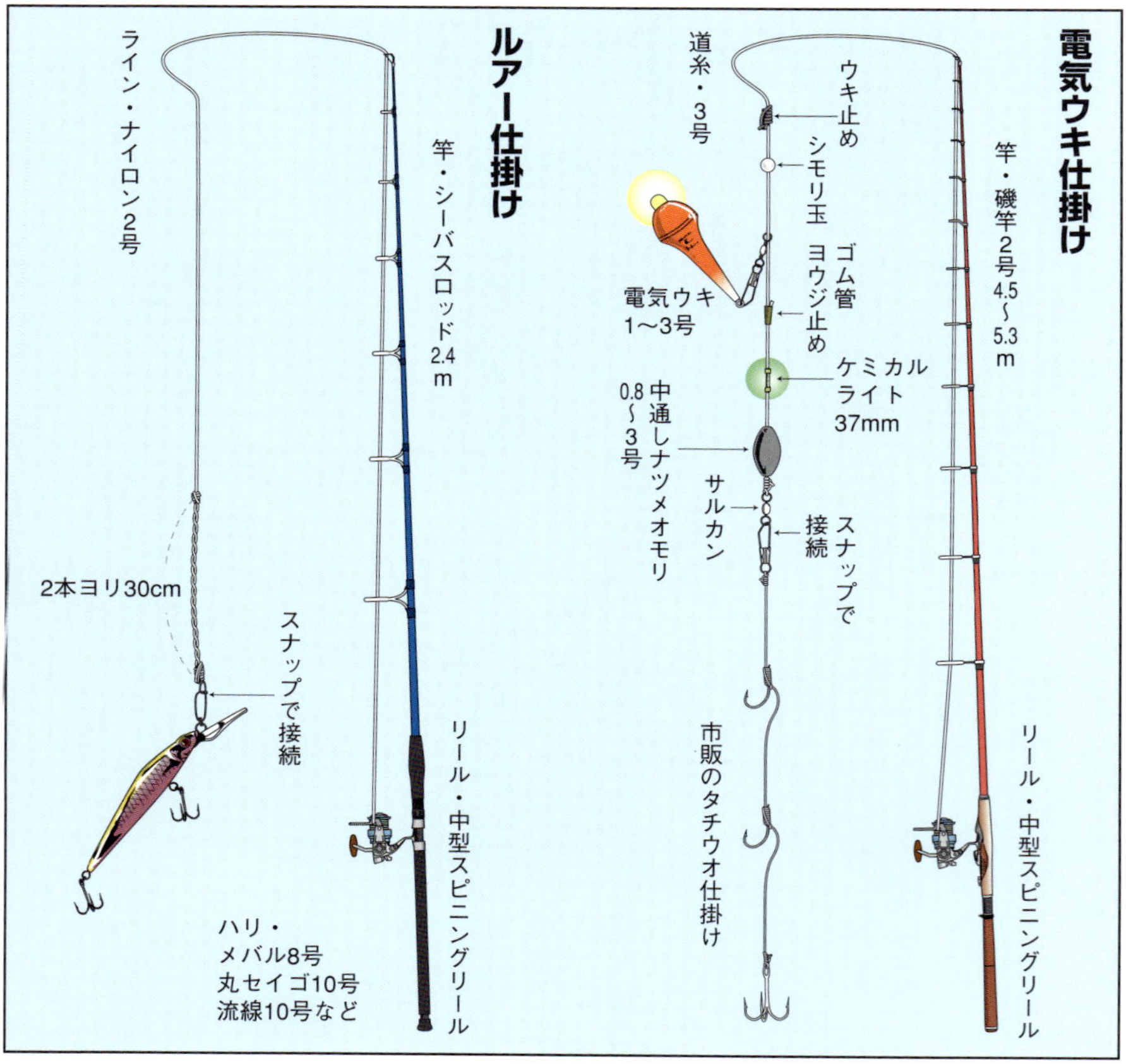
電気ウキ仕掛け
竿・磯竿2号4.5～5.3m
道糸・3号
ウキ止め
シモリ玉
ゴム管
ヨウジ止め
電気ウキ
1～3号
ケミカルライト
37mm
中通しナツメオモリ
0.8～3号
サルカン
スナップで接続
市販のタチウオ仕掛け
リール・中型スピニングリール
ルアー仕掛け
竿・シーバスロッド2.4m
ライン・ナイロン2号
2本ヨリ30cm
スナップで接続
ハリ・
メバル8号
丸セイゴ10号
流線10号など
リール・中型スピニングリール

ほうが有利だ。タチウオは、こういった堤防や岸壁の周辺に、暗くなると近付いてくる。そして底から浅いタナまで浮いてきて、エサを狙うのだ。

釣り方は大きくエサ釣りとルアー釣りに分けられる。エサ釣りは電気ウキを使った夜釣りで、ウキ下は2メートルほどから始める。これでアタリがなかったら、もう少し下げてみたい。また近くでタチウオが飛び跳ねることがある。こんなときは、もっとウキ下を浅くしたほうがよいことがある。

エサはサンマやサバ、キビナゴ、アジ、イワシなどの身エサが主体で、アジやイワシの生きエサでもよい。ただしイワシの身エサは鮮度が落ちやすく、エサ持ちがよくないのでやや使いにくい。

アタリはウキがポコポコ沈んだり、ボワーッと沈んだりする。歯が鋭くどうもうなわりにエサの食い方は下手で、なかなか食い込まないケースが多い。歯物の特徴でもある食い込みの遅さは、釣り人を苛立たせることもあるが、ここは冷静に釣りをしたい。早合わせは禁物。十分に食

銀の金属光沢をまとったタチウオ。ギラギラと輝いて非常にきれいだ

タコベイトを装着した専用のハリが市販されている。エサはサバやサンマの切り身を使う

Let's cooking!

▶▶▶釣れたてタチウオを味わおう!

脂の乗ったタチウオはたいへんに美味で、サイズの大きいものほど脂の乗りもいいようだ。新鮮なものなら、ぜひお造りを味わいたい。また、シンプルな塩焼きもおいしい

●韓国風つけ焼き

タチウオは15センチほどの筒切りにしたら、内臓を取り薄塩をする。これを30分ほど置き、洗うと表面の臭みが取れる。処理の済んだ身はしょう油、ニンニクの絞り汁、ゴマ油、七味唐辛子を混ぜた漬け汁を塗りながら焼いていく

●尾身の空揚げ

タチウオの尾に近い細いところは捨てられがちだが、軽く一夜干しにしてから165度のやや低い温度の油で揚げると美味。上手に揚げると、骨もすべておいしく食べられる

い込ませてから合わせることだ。
ルアー釣りはミノープラグ、バイブレーション、メタルジグなどを使用する。明るい時間帯は深場にいることが多いので、メタルジグやバイブレーションなどを使い、夜はフローティングミノーがおすすめ。鋭い歯でラインを噛み切られることがあるので、ルアーの接続部分に2本ヨリにしたり、太めのショックリーダーを結ぶとよい。

ルアーの引き方はアクションなどをつける必要はなく、ただリールを巻くだけでOK。スロー気味に巻けば、ほとんど向こう合わせでヒットしてくる。ただしタチウオがいるタナと合わせないとヒット率が落ちるので、何投かしてアタリがなかったら、違う種類のルアーに交換してみたい。

タチウオはスズキや青物のようには暴れないので、取り込みはゴボウ抜きでよい。ただしハリを外すときは、鋭い歯に十分に注意したい。うっかり指でも突っ込むと大ケガをしてしまうから、ペンチで慎重に外すこと。

用語解説	>>> 房掛け	数匹のイソメ類を１つのハリに付けること。

【ハゼ】

●釣り方［ウキ釣り／投げ釣り］

小さな子供にも簡単に釣れるお手軽ターゲットの代表

●マハゼ

【スズキ目ハゼ科】

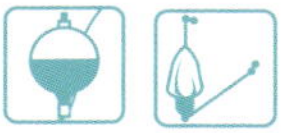

全長25センチ。東北以南に分布。1年で一生を終える年魚。夏、非常に浅い所で5～7センチくらいのいわゆるデキハゼが釣れ始め、徐々に深場に移動していく。冬は投げ釣りで大型を狙う

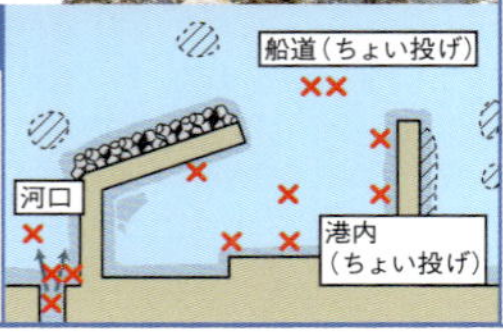

ハゼには多くの仲間がいるが、一般に釣りの対象とされるのはマハゼだ。マハゼは北海道南部から九州にかけての内湾、河口部、汽水域の砂泥底に生息している。2年以上生きる個体もあるが、基本的には一年魚。6月になると河口や汽水域や周辺の浅場に5～6センチの幼魚が姿を見せるようになり、本格的シーズンが始まる。8月ごろまでは浅場で活発に釣れ続くが、秋になると徐々に深場へと移動を始め、冬には15～20センチほどに成長する。食性は動物性でイソメやエビ類を好むが、汽水域ではミミズ、ゴカイをよく食べる。

　ハゼの釣り方にはウキ釣りやミャク釣り、投げ釣りがあるが、投げ釣りは晩秋から冬場の釣り方。浅場での数釣りができる夏場は、ウキ釣りかミャク釣りで狙いたい。竿は渓流竿で十分。リール竿は必要ない。長さは5メートル前後あればよいが、立ち込んで狙う場所ではもっと短くてよい。

　ウキ釣りの場合、ウキ下を水深に合わせること。海底にいるハゼを釣るのに、

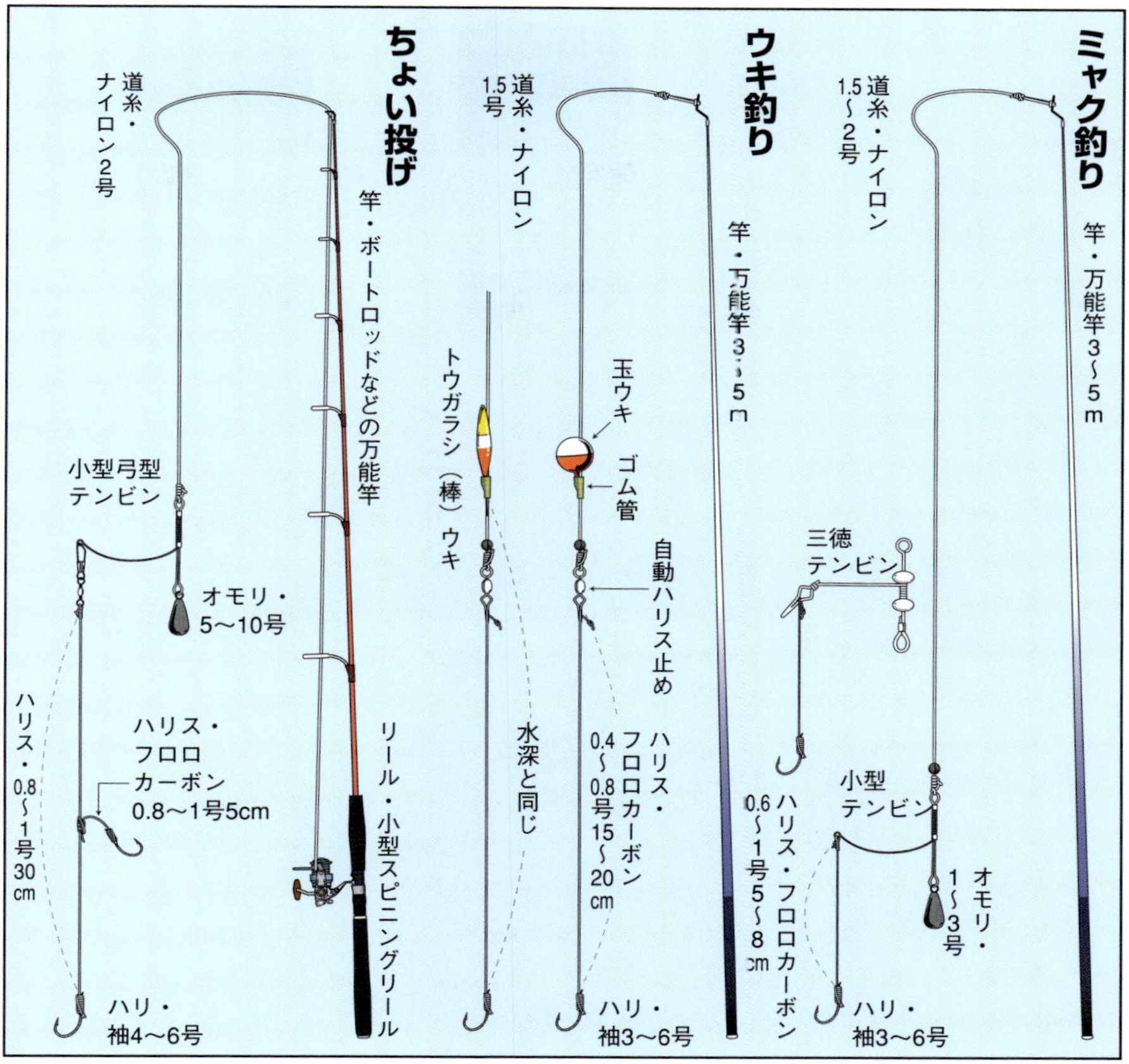
ミャク釣り
竿・万能竿3～5m
道糸・ナイロン1.5～2号
三徳テンビン
小型テンビン
オモリ・1～3号
ハリス・フロロカーボン0.6～1号5～8cm
ハリ・袖3～6号
ウキ釣り
竿・万能竿3～5m
道糸・ナイロン1.5号
玉ウキ
ゴム管
自動ハリス止め
ハリス・フロロカーボン0.4～0.8号15～20cm
水深と同じ
トウガラシ（棒）ウキ
ハリ・袖3～6号
ちょい投げ
竿・ボートロッドなどの万能竿
道糸・ナイロン2号
小型弓型テンビン
オモリ・5～10号
リール・小型スピニングリール
ハリス・フロロカーボン0.8～1号5cm
ハリス・0.8～1号30cm
ハリ・袖4～6号

ウキ下が浅すぎると食いが悪くなる。逆にウキ下が深すぎるとウキにアタリが出ず、エサばかり取られてしまう。エサが海底にピッタリと着くぐらいのウキ下にするのがコツだ。

ミャク釣りではハゼ用の三徳か片テンビン、または中通しオモリを使用する。いずれもオモリは2～3号程度の軽いもので十分だ。

ハリはウキでもミャクでも、小さめが有利。8～10センチが多いときは、袖型の5号程度がいいだろう。

エサはゴカイ、ミミズ、ジャリメ、アオイソメなどで、いずれもあまり大きく付けず小さくカットしてやる。

ハゼのポイントは内湾の河口周辺や汽水域で、夏場は浅い所にしかいない。海底は砂泥底で、根掛かりの多い所は避ける。潮は上げ潮がよく、水が増えてくると同時にハゼも少しずつ岸に寄ってくる。満潮時は沖目にはハゼが少なくほとんど足元近くに群れているのが普通だ。

釣り方はウキ釣りなら潮上や上流に仕掛けを振り込みウキを流す。すぐにアタ

用語解説	>>> 船道	船の航路として港内に掘られた深場のこと。潮通しがよく好ポイントとなる。

ハゼといえば、海釣りの入門魚種ともいえる身近な釣魚だ

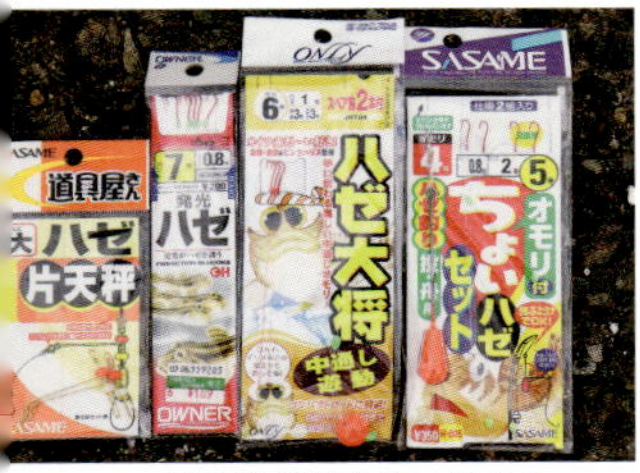

市販仕掛けも色いろある

Let's cooking!

▶▶▶釣れたてハゼを味わおう!

小さなデキハゼなら、空揚げにしてビールのつまみにすると最高。大きく育ったものなら、なんといっても天ぷらだ。また甘露煮や昆布巻きなどの正月料理にも使われる

●天ぷら

カラリと揚げたハゼの天ぷらは、小魚では一番といわれる。頭を落とし背開きにして小麦粉をまぶし、衣にくぐらせたら165〜170度の油で揚げる。一度にたくさん揚げないことが上手に揚げるコツだ

●仙台雑煮

秋に釣ったハゼは焼き干しにして保存する。これをダシにして吸い物風の汁を作り、好みの野菜や蒲鉾などを入れて煮る。塩で味を整え、最後にタップリのイクラと焼きもちを入れる。松島、仙台地方の正月料理

リが出るのでウキが完全に沈んだら軽く合わせる。仕掛けが軽いので食い込みがよく、初心者の入門には最適の釣法だ。ミャク釣りはオモリを海底に着けて、道糸を張ってアタリを待つ。ブルブル、ゴツゴツというアタリを感じたら竿を立てる。ウキ釣りと違って直接手元にアタリが伝わるので楽しいが、ウキ釣りよりもエサだけを失敬されることが多くなる。アタリがないときは、オモリを少し引いてエサを移動させてやる。

いずれの釣り方でも手返しよく釣ることがハゼ釣りのコツ。初夏のハゼは1投ごとにアタリがくるのが普通だが、そのアタリのうち何尾釣り上げられるかで勝負は決まる。上手な人は2〜3束（200〜300尾）くらいわけなく釣るが、慣れないと10〜20尾程度で終わってしまうこともある。エサばかり取られてしまう人は、もう一度エサの付け方を点検しハリを小さくする、合わせのタイミングを変えてみるなど、色いろと工夫すること。ちょっとしたコツで、釣果は飛躍的に向上するはずだ。

【ブダイ】

●釣り方［ウキ釣り／投げ釣り］

見た目は悪いが、冬に釣れるものは美味だ

●ブダイ

【スズキ目ブダイ科】

全長50センチ。関東以南の沿岸に分布。ベラに近い仲間で、突き出した歯と大きなウロコが特徴。カニやエビを捕食している夏は磯臭いが、海藻を食う冬は臭みが消えてうまい

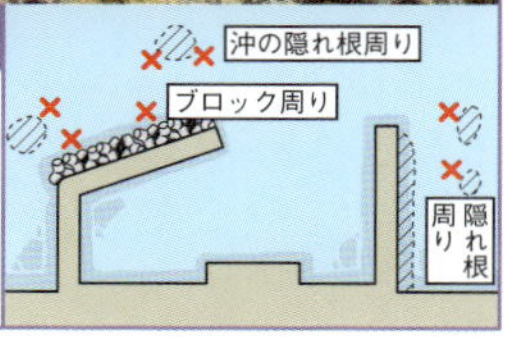
沖の隠れ根周り
ブロック周り
隠れ根周り

タイとは名ばかり、実はベラの仲間だ。生息地は暖かい海域の岩礁帯で、海藻が多い所を好む。したがって外海に面した堤防が釣り場となる。大きさは30～40センチがよく釣れるが、50センチ2キロオーバーの大物がヒットすることもある。食性は、冬は海藻類をよく食べるが、夏はカニなどの動物性を好む雑食魚。海が静かでポカポカしたナギ日和がよく、また陽が高く昇ってから動き始めるという、のんびり屋の魚としても知られる。

ブダイの釣り方はウキ釣りとブッコミ釣りの2つだが、冬はウキ釣りが主体だ。ブダイウキと呼ばれる独特の大型ウキを使って2本バリで狙う。

エサはヒジキかハンバノリ。オキアミでも釣れるが、専門に狙う場合は使用しない。ポイントは潮通しがよく、海底に海藻が多くて変化のある岩礁帯だ。水深はそれほど深い必要はない。ブダイ釣りはナギの日ほどよく、荒れ気味の日は食いが悪い。ポイントは沖ばかりでなく磯際にもあるので、色いろな場所を探ってみたい。

用語解説	>>> マヅメ	日の出前後や日没前後のように、太陽が地平線近くにあって薄暗い状態。朝夕マヅメがある。

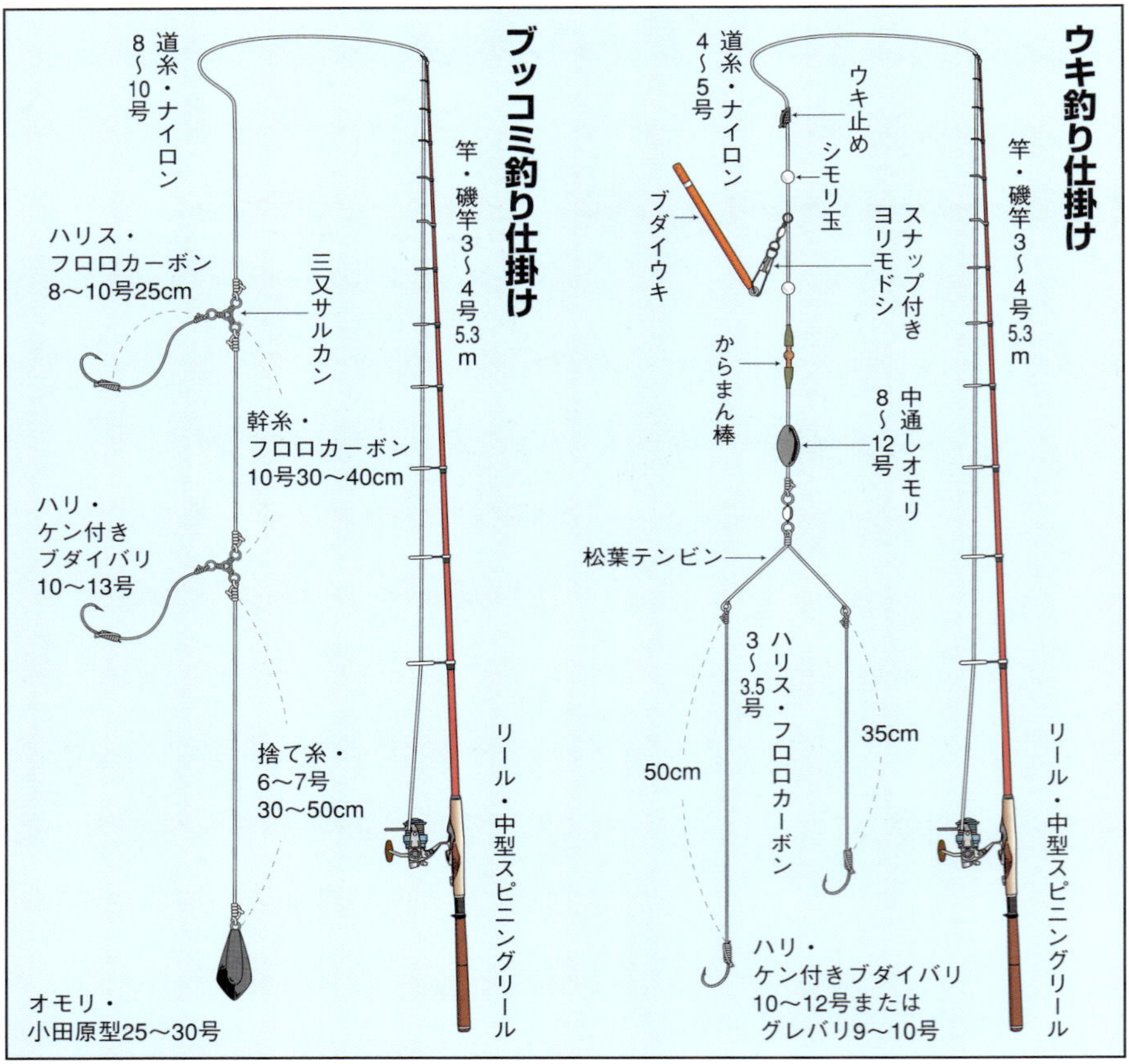
ウキ釣り仕掛け
竿・磯竿3～4号5.3m
道糸・ナイロン4～5号
ウキ止め
シモリ玉
ブダイウキ
スナップ付きヨリモドシ
からまん棒
中通しオモリ8～12号
松葉テンビン
ハリス・フロロカーボン3～3.5号
35cm
50cm
リール・中型スピニングリール
ハリ・ケン付きブダイバリ10～12号またはグレバリ9～10号
ブッコミ釣り仕掛け
竿・磯竿3～4号5.3m
道糸・ナイロン8～10号
ハリス・フロロカーボン8～10号25cm
三又サルカン
幹糸・フロロカーボン10号30～40cm
ハリ・ケン付きブダイバリ10～13号
捨て糸・6～7号30～50cm
リール・中型スピニングリール
オモリ・小田原型25～30号

釣り方は、まずウキ下の調節が大切。海底ギリギリにウキ下を合わせるのが基本だ。ただし、岩礁帯は根掛かりしやすい。あまり根掛かりするようなら、ウキ下を少し浅くして、時どき根掛かる程度に修正すること。逆にタナを浅くしすぎると、釣れる確率は低くなるので注意。

エサは2本バリの上バリに大きく付け、コマセの役割を兼ねるようにする。下バリには小さく付けて、こちらを食わせるようにしたい。仕掛けの投入は潮上にウキを投げて、潮下へと流す。もし潮流れが悪く、ウキがほとんど流れないようなときには、いつまでも同じ所にウキを置かず、仕掛けを少しずつ引いて探るようにしたい。

アタリはウキが大きいので、やや鈍いことが多い。ウキがわずかに押さえ込まれたり、流れていたウキが静止したり、少し斜めに動いたりなど、少しでも変だと感じたらいちおう合わせてみたい。口が比較的硬い魚なので、やや大きく合わせるのがコツだ。また、早合わせは避けること。変だと感じたら、ひと呼吸置い

冬にハンバノリのエサで狙うブダイは臭みがなくおいしい

コマセもまいたほうがいい。写真はマルキユーのイガミだんご

ウキ釣りでは、ハンバノリやヒジキを付けエサに使う。写真はハンバノリ

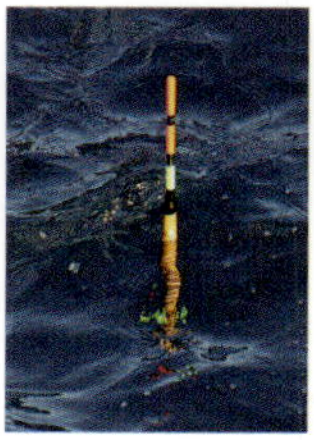
ブダイ釣りは独特の大きなブダイウキを使用する

Let's cooking!

▶▶▶釣れたてブダイを味わおう!

醜い姿に似ず、
あっさりと淡泊な白身は、なかなかうまい。
とくに冬は、これを専門に狙う釣り人も多い。
身は硬いので、お造りにするなら薄造りがいい。
定番は煮付けだが、鍋にしても美味

●ブダイの煮付け

ブダイはウロコをおろし、エラと内臓を取ったら、酒とミリンと砂糖としょう油が同じ分量（同割）の煮汁で煮る。甘辛く、やや濃いめの味付けのほうがうまい。大きいものは切り身にして、小さいものは1尾のまま使う

てから竿を立てるとよい。

ブッコミ釣りでは、カニエサを使う。小型のカニは丸のままでよいが、中大型はハサミと足を取ってハリに付ける。

ブッコミ釣りは、隠れ根の際へ仕掛けを投入して待つ釣り。ハリ数は2～4本だが、慣れないうちは2本が使いやすい。根掛かりの多い所では捨て糸を長く取ること。

アタリは前ブレのあと本アタリがくるので、早合わせをしないこと。連続的な引き込みや、大きく竿先を引き込んだときが合わせのタイミングだ。この釣り方ではポイントの選定が大切。隠れ根周りを狙うのがベストだが、隠れ根の向こう側に仕掛けを投入すると、根掛かりばかりでなくせっかく魚を掛けても取り込めないケースが多い。したがって、隠れ根の左右や、手前に投入することだ。

ブダイはハリ掛かりすると、首を振って抵抗する。スピーディに泳ぐ魚ではないが重量感があるのでスリルは満点。仕掛けを決してゆるめず、ゆっくりリールを巻けば比較的楽に取り込める。

用語解説	>>>ミオ筋	船の航路のため、深く掘り込んだ筋のこと。

【マダイ】

●釣り方［投げ釣り／ウキ釣り］

堤防では小型が中心だが、ときに一発大物が釣れることも…

●マダイ

【スズキ目タイ科】

全長100センチ。日本各地に分布。4～6月が産卵期で浅場に入ってくる。タイ好きの日本人にとっては、魚の王様。どこでも釣れるわけではないが、人気の高い釣魚だ

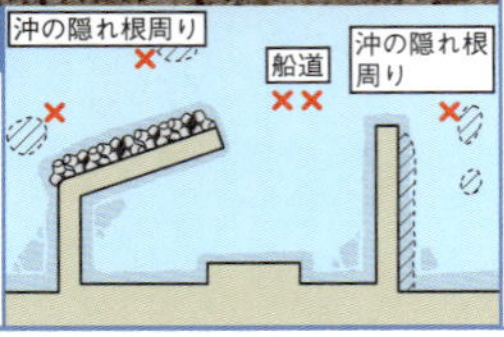

マダイは暖流に生息し、水深のやや深い岩礁地帯に多い。一般には沖釣りで狙うイメージが強いが、堤防からでも釣れる所がある。釣期は春と秋がよく、真冬には超大型がヒットすることもある。エサはイソメ類、エビ類、貝類、魚の身エサとなんでも食うが、陸っぱりの釣りではイワイソメ、ユムシ、オキアミ、生サナギなどがよく使われる。

マダイの釣り方はウキ釣りとブッコミ釣りの2種類があり、ウキ釣りはウキフカセ釣りとカゴ釣りに分けられる。確率としてはカゴ釣りが最も高いといってよいだろう。ブッコミ釣りでは、根掛かりの少ない所や遠投が必要な所ではテンビン仕掛け、根掛かりの多い岩礁地帯では中通しオモリの仕掛けがおすすめだ。

マダイはどこでも釣れる魚ではない。とくに陸っぱりでは実績のある釣り場を選ぶことが大切だ。海底は岩礁で所どころに砂地があるような所が理想だ。この点については、クロダイのポイントと共通している。しかし、クロダイは浅場にも多いが、マダイは水深が深いほうが明

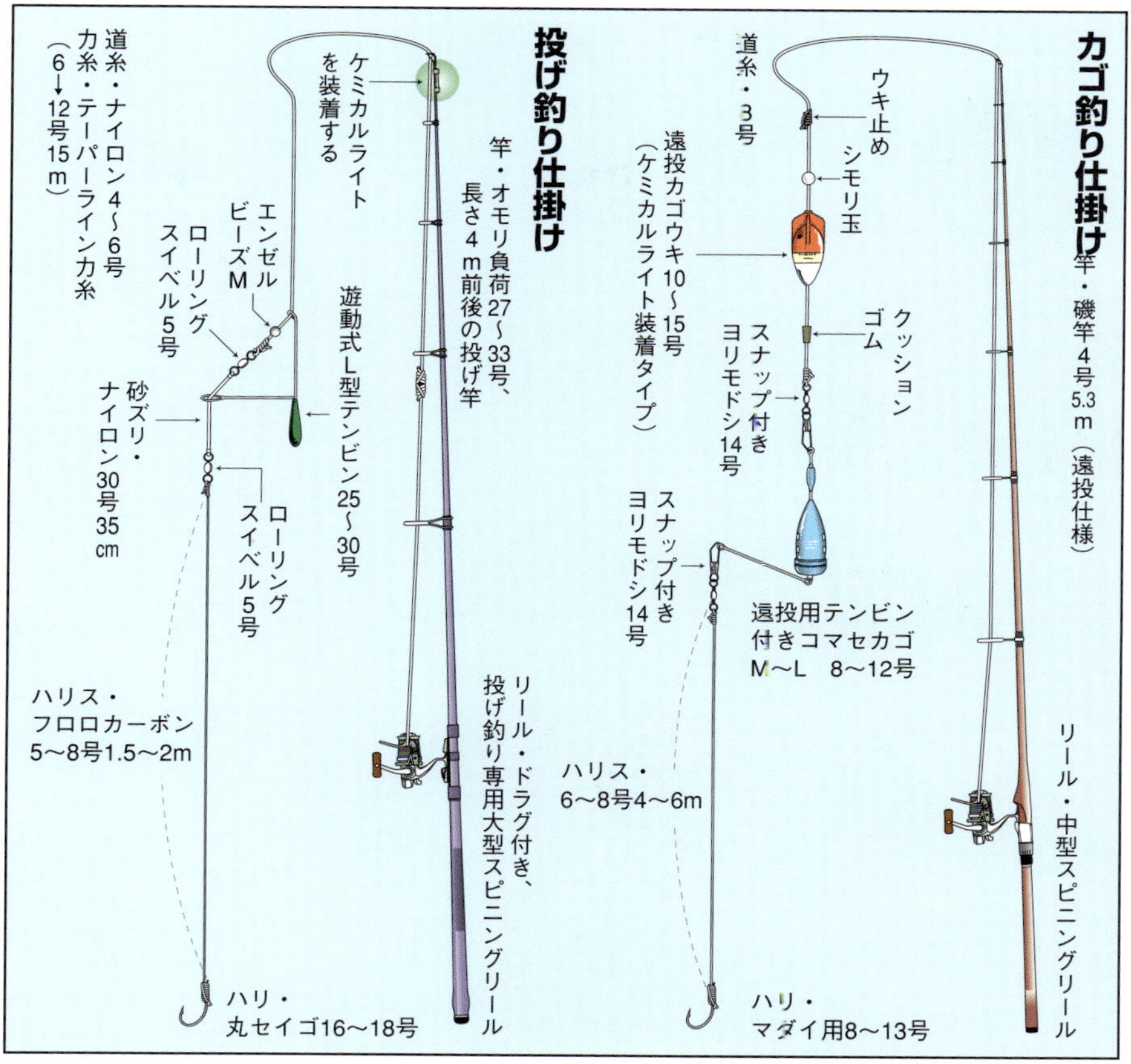
カゴ釣り仕掛け
竿・磯竿4号5.3m（遠投仕様）
道糸・3号
ウキ止め
シモリ玉
遠投カゴウキ10～15号（ケミカルライト装着タイプ）
クッションゴム
スナップ付きヨリモドシ14号
スナップ付きヨリモドシ14号
遠投用テンビン付きコマセカゴ M～L 8～12号
ハリス・6～8号4～6m
ハリ・マダイ用8～13号
リール・中型スピニングリール
投げ釣り仕掛け
竿・オモリ負荷27～33号、長さ4m前後の投げ竿
ケミカルライトを装着する
道糸・ナイロン4～6号
力糸・テーパーライン力糸（6→12号15m）
エンゼルビーズM
ローリングスイベル5号
遊動式L型テンビン25～30号
砂ズリ・ナイロン30号35cm
ローリングスイベル5号
ハリス・フロロカーボン5～8号1.5～2m
ハリ・丸セイゴ16～18号
リール・ドラグ付き、投げ釣り専用大型スピニングリール

らかに有利。ある程度の水深のある堤防が狙い目となる。まれに浅場でとてつもなく大きいマダイがヒットすることがあるが、このようなポイントはすぐ近くに深場を控えていることが多い。

釣り方は、カゴ釣りではウキ下を深くして底近くを釣ること。水深が15メートルならウキ下を10～14メートルくらいにして、潮の流れにウキを乗せて流す。時どき仕掛けを止めたり少し引いたりして誘ってやるのも効果的だ。

潮のたるんだ所や潮裏、流れのない所などはエサ取りが多く、マダイのいる可能性も低い。したがって、潮がよく通す所を狙うこと。潮が速く流れエサ取りがいないような所では、一発大型の可能性が高いので粘ってみることも肝要だ。

ウキフカセ釣りはメジナやクロダイを狙うときと同様、コマセをまきながら釣る。潮の流れをよく観察してあまり広範囲にコマセをまき散らさないようにしたい。タナはやはり海底近くなのでウキ下を深く取ること。潮がゆったりと流れる程度で、しかも海底に砂地があるような

用語解説	>>> 向こう合わせ	釣り人が合わせを行わなくても、魚がハリ掛かりしていること。

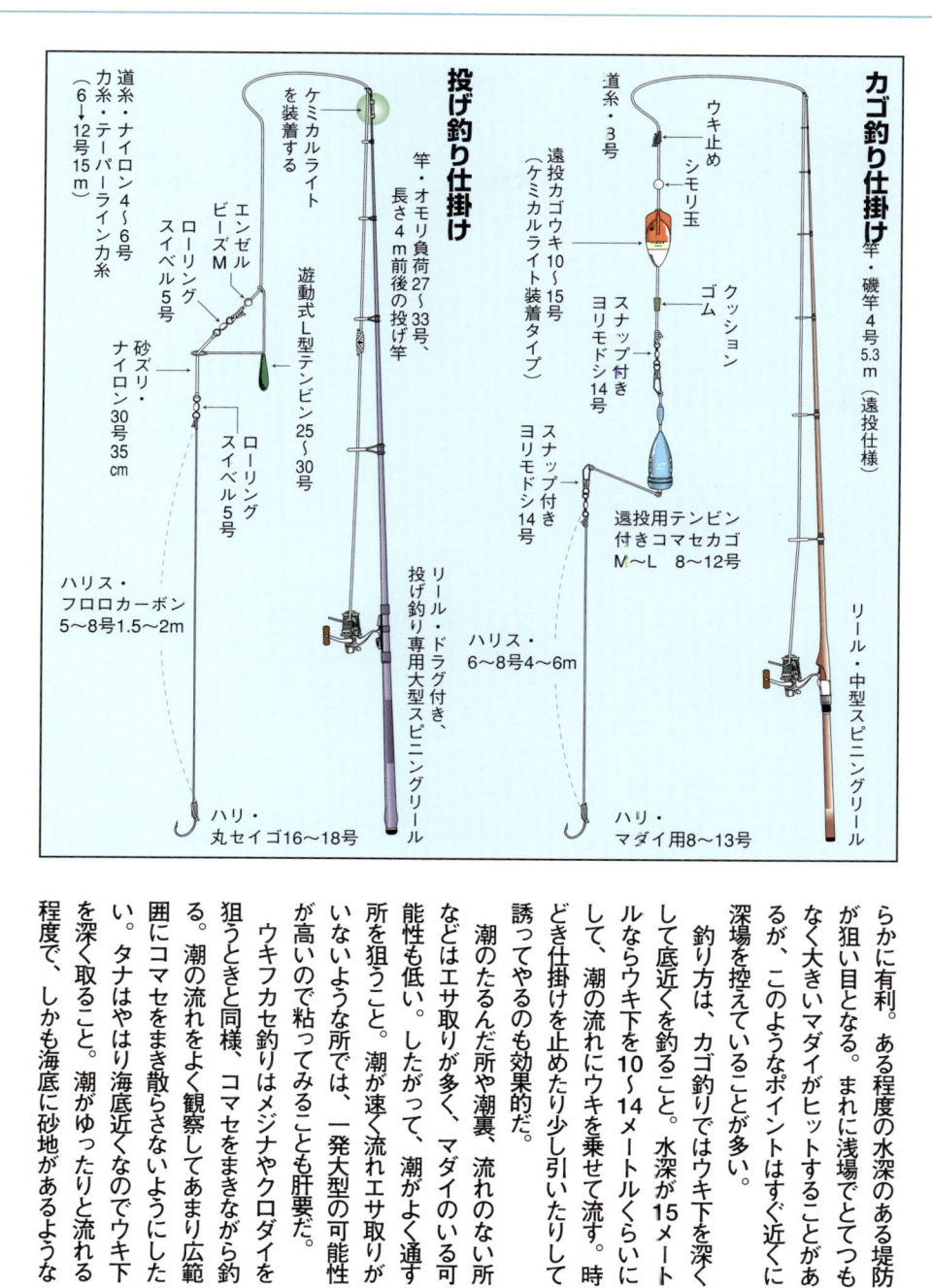

釣れる場所は限られるが、堤防でも良型のマダイが狙える

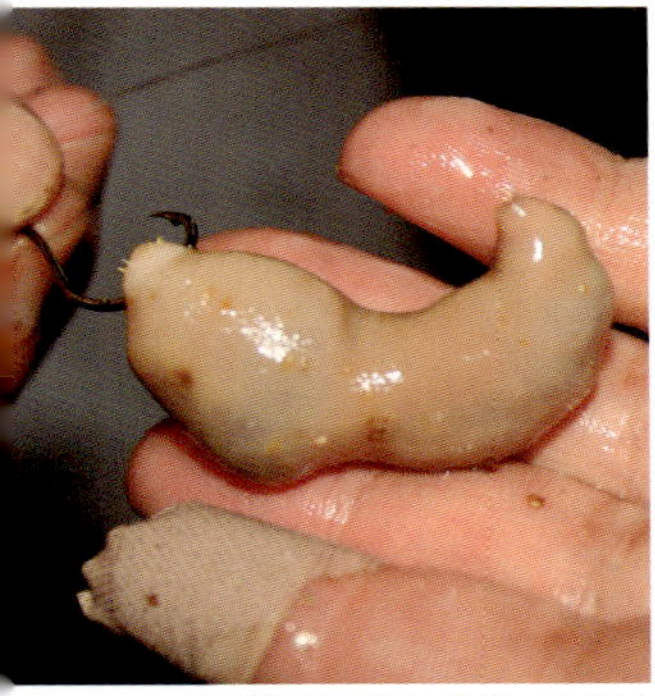

投げ釣りで狙う場合、エサはユムシが効果的だ

Let's cooking!

▶▶▶釣れたてマダイを味わおう!

魚好きな日本人がとくに好むマダイ。釣りの世界でも、料理の世界でも魚の王様だ。どう料理してもうまいが、シンプルに味わうなら塩焼き。大きい魚が釣れたらお造りにしたい

●塩焼き

30センチ程度までのマダイなら姿のまま焼きたい。ウロコ、内臓の下処理をしたら、薄く塩をして30分ほど置いてから焼く。ヒレを少し濡らしてから化粧塩をすると焦げにくい

●潮汁

頭、中骨などを一口大に切り、強めに塩をする。沸騰した湯にくぐらせ、すぐに流水で汚れなどをきれいに洗う。水にダシ昆布と洗ったアラを入れ、水から弱火、とろ火で30分ほどゆっくり炊く。途中で塩、最後に日本酒、しょう油をたらし、味を見て火を止める

場所ではダンゴ釣りも効果的だ。

カゴ釣り、ウキフカセ釣りともエサ、コマセはオキアミが主体。ブッコミ釣りは水深のある堤防に適した釣り方で、日中よりも夜釣りが有利だ。夜は比較的岸寄りの浅場へやってくることがあり、日中に比べるとエサ取りも少ない。

ブッコミ釣りでは、いかにマダイのいる所に仕掛けを投入できるかがカギ。コマセをまいて寄せるのではなく、マダイのいる所に仕掛けを投げて食わせるのだから、こまめにエサを点検しながら投入を繰り返すことだ。仕掛けを投げっぱなしにしてただひたすら待っていても、ヒットする可能性は低い。少しでも深い所や溝、カケ上がりなどを狙って投げるようにしたい。ブッコミ釣りでのエサはイワイソメやユムシが主体で、これは夜釣りでも同じ。ただしイワイソメはエサ取りに弱いので生サナギをじゅず掛けにすることもある。

アタリは、ウキ釣りでは一気に消し込むので、十分に食い込ませてから竿を立てる。強く大きな合わせは不要だ。

【メジナ】

●釣り方［ウキ釣り］

鋭い引き味が魅力。ウキ釣りの人気ターゲットだ

●メジナ

【スズキ目メジナ科】

全長50センチ。北海道以南に分布。岩礁帯に生息し、磯釣りの人気ターゲット。釣り人には口太メジナの名で親しまれる。近似種にクロメジナがいて、こちらは別名、尾長メジナと呼ばれる

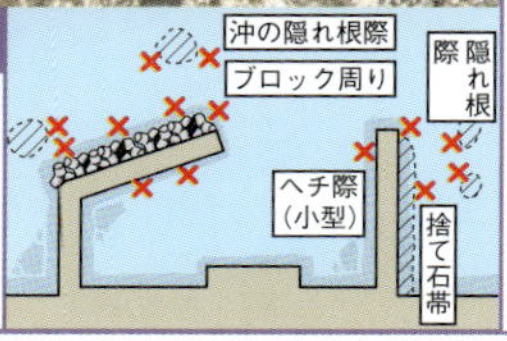

関西でグレ、九州でクロと呼ばれるメジナは、堤防や磯の人気魚だ。メジナには3種あって、沿岸部に多く見られるのがメジナ、通称口太メジナだ。また離島に多いのはクロメジナで、通称尾長メジナ。ほかにオキナメジナもいるが、これは数が少なく釣りの対象にはならない。

磯や堤防で釣れる口太メジナは15～45センチが多く、大型で55センチほど。尾長メジナはもっと大きく、70センチ以上にもなるが、沿岸の堤防周りでは小型が多い。堤防では口太と尾長の両方が釣れるが、全体に中小型が主体となる。しかし、普段からコマセが効いていてエサが豊富なせいか、とんでもなく大きい魚がいる場所もあるので油断できない。

釣期は地域によって違いがあり、ほぼ周年釣れる所と冬場が中心の所、夏から秋が中心の所に分けられる。一般に冬の水温がかなり低下する日本海側などは夏と秋が盛期、関東周辺では冬に大型が狙えるが、ほぼ一年中釣れるといってよいだろう。

メジナはウキ釣り仕掛けで狙う。釣れ

用語解説	>>> 矢引き	長さの単位で、思いっきり伸ばした片手と脇の下に持ってきた手の間の距離。弓矢を射るときの恰好に似ていることに由来する。

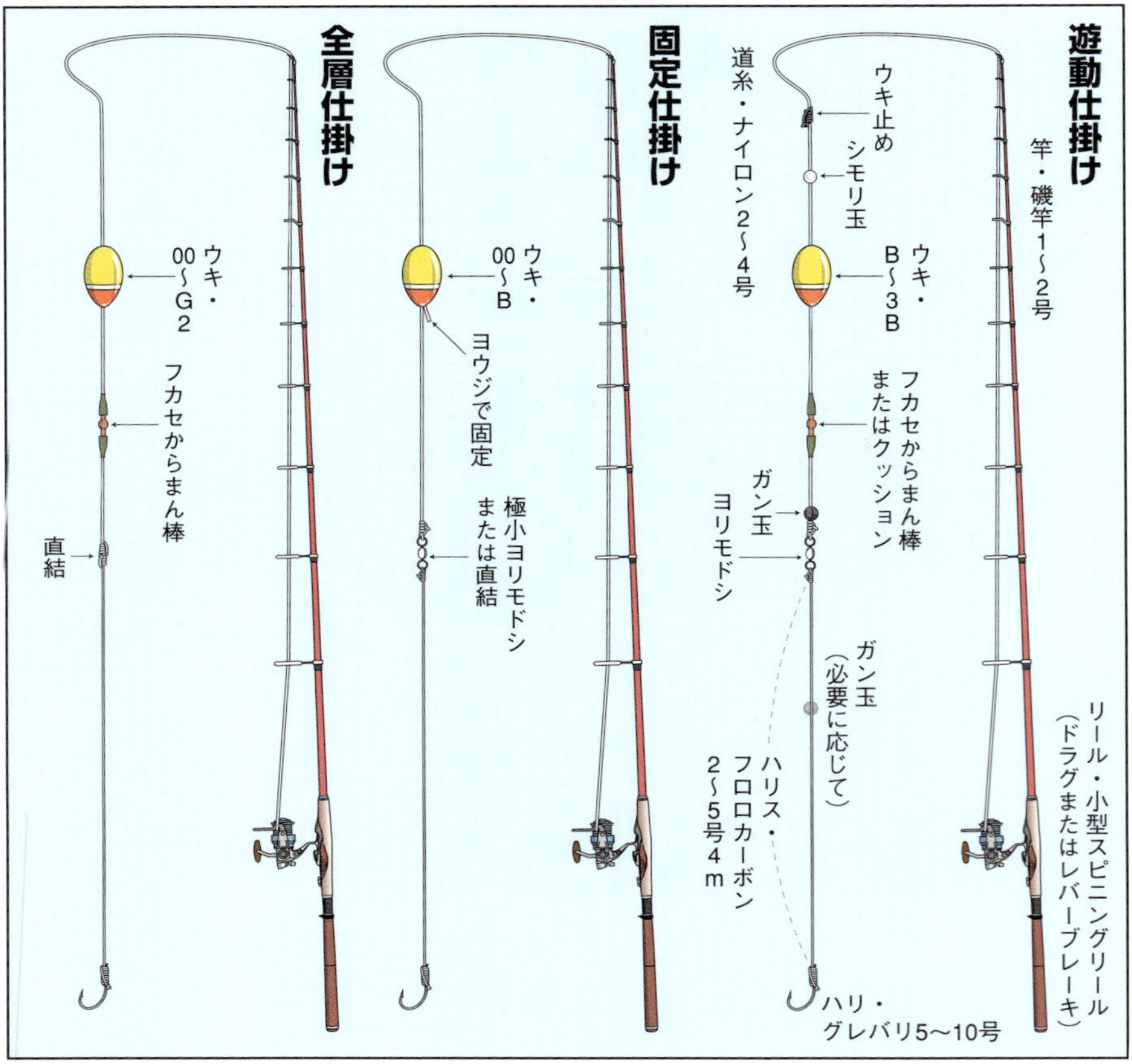
遊動仕掛け
竿・磯竿1～2号
ウキ止め
シモリ玉
道糸・ナイロン2～4号
ウキ・B～3B
フカセからまん棒
またはクッション
ガン玉
ヨリモドシ
ガン玉
（必要に応じて）
ハリス・
フロロカーボン
2～5号4m
リール・小型スピニングリール
（ドラグまたはレバーブレーキ）
ハリ・
グレバリ5～10号
固定仕掛け
ウキ・
00～B
ヨウジで固定
極小ヨリモドシ
または直結
全層仕掛け
ウキ・
00～G2
フカセからまん棒
直結

る大きさが最大で30センチ以下なら細めの仕掛けで十分。ハリスは1.2～1.5号を使用する。40センチ以上の大型が狙える所では強めの仕掛け。ハリスは2号くらいがよい。ただし、堤防周りは全般に波が静かで魚もスレ気味だ。とくに大型は賢いので、あまり太仕掛けにすると食いが悪くなる。

　付けエサはオキアミ、コマセはオキアミを細かくつぶし、メジナ用の配合エサを混ぜる。

　ポイントは、潮通しがよくて海底に隠れ根や岩礁がある所が狙い目。砂地は避ける。ポイントが決まったら、まずはコマセをまくことから始めたい。少量ずつまいて、潮の流れ方をよく観察する。堤防では、潮は左右どちらかの横流れのケースが多い。その流れる速さや水深を見て、どこにコマセを打てば釣り座の正面でコマセが効くかを考える。この場合、釣り始めたらウキにコマセをかぶせるように打つことになる。

　しかし、潮が払い出す所では、ウキにはかぶせず、足元に打つのが基本。つま

堤防では30センチクラスがよくヒットする

メジナ釣りはコマセなしでは成立しない。コマセと仕掛けを海中で同調させるのがこの釣りのキモだ

Let's cooking!

▶▶▶釣れたてメジナを味わおう!

釣り人以外にはあまり馴染みのない磯魚だがおいしい魚で、とくに冬季の脂が乗ったメジナは美味だ。お造りもうまいし、塩焼きもいい。ムニエルなどもおすすめだ

●カルパッチョ

三枚に下ろし皮を引いたら削ぎ切りで薄い刺身に切り、薄く塩、コショウをしてレモン汁をたっぷりかける。皿にタマネギのスライスを敷き、メジナを並べ置き、上に白髪ネギ、ハーブ野菜、イクラなどを散らし、最後にバージンオイルをかける。カルパッチョドレッシングをかけてもよい

●ヅケの茶漬け

削ぎ切りで薄く切ったら身をしょう油とミリンの同割におろしワサビを入れた漬け汁に30〜60分漬ける。熱あつのご飯の上に刻みノリを散らしてヅケを乗せ、炒りゴマを振って番茶を注ぐ

り、潮の流れ方やポイントによって、コマセの打ち方が変わるというわけである。とにかく、コマセと付けエサが同調するように仕掛けを流すのが基本だ。したがって、1投ごとにコマセを打つのを忘れないこと。

ウキ下は、メジナが見えるようならその水深に合わせる。見えない場合は中層から狙い始めて、アタリがなければ少しずつウキ下を深くして、海底近くまで探れるようにしたい。メジナが見えているのに付けエサを食わないときは、オモリを軽くして、コマセと同じようにゆっくりと付けエサが沈むように演出したい。

またハリが大きすぎて食いが悪いこともあるので、食い渋っているときは、小バリにチェンジするのも手だ。

ウキが沈んだらひと呼吸おいて、軽く竿を立てればよい。大型がヒットしたらあまり糸を出しすぎないこと。メジナは根に張りつく習性を持っているので、自由に泳がせると根に入られてバラしてしまう。限界まで竿でタメて、どうしてもダメなときには少しだけ糸を出す。

用語解説	>>> 遊動式	竿以上の深さがある場所で、ウキ下を深くするために用いられる仕掛けの方法。

【メバル】

●釣り方［ウキ釣り／ヘチ釣り／ルアー釣り］

堤防に春を告げる魚。ライトタックルのルアー釣りが人気

●メバル

【カサゴ目フサカサゴ科】

全長35センチ。北海道以南に分布する。メバルの仲間は種類が豊富だが、堤防で釣れるのはおもにクロメバルだ。体色や模様は生息する環境によって差が大きい。岩礁帯の藻場などがポイント

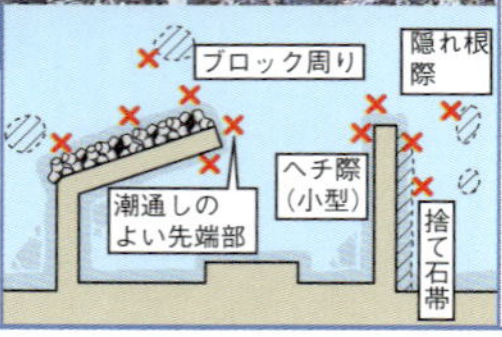

堤防や小磯でよく釣れるメバルは、一名「春告魚」とも呼ばれ、早春から初夏にかけてが盛期。北海道中部以南の沿岸の岩礁帯に生息する。名前のとおり目が大きいのが特徴で、日中は海底近くやテトラのすき間に潜み、夜になると中層に浮いてくる。そして上を向いてエサを探す習性を持っている。大きさは15センチ前後がよく釣れるが、夜釣りでは20～25センチの良型が多くなり、場所によっては30センチの大型もヒットする。食性は動物性で、イソメ類やエビ類を好むが、小魚も捕食するのでルアーにもアタックしてくる。釣期は場所によって異なるが、一般的には年間を通して釣れ、春が最盛期。とくに波が穏やかな日が狙い目で、日中よりもマヅメ時や夜が有利だ。

メバルの釣り方はウキ釣りやヘチ釣りがおもで数が狙えるが、最近ではソフトルアーを使う人も増えている。堤防のヘチ際を狙う場合は、ヘチ竿にタイコリールか小型両軸リールで、ウキなしのフカセ仕掛けを使う。この釣り方では、エサにモエビやイソメ類が使われる。水深の

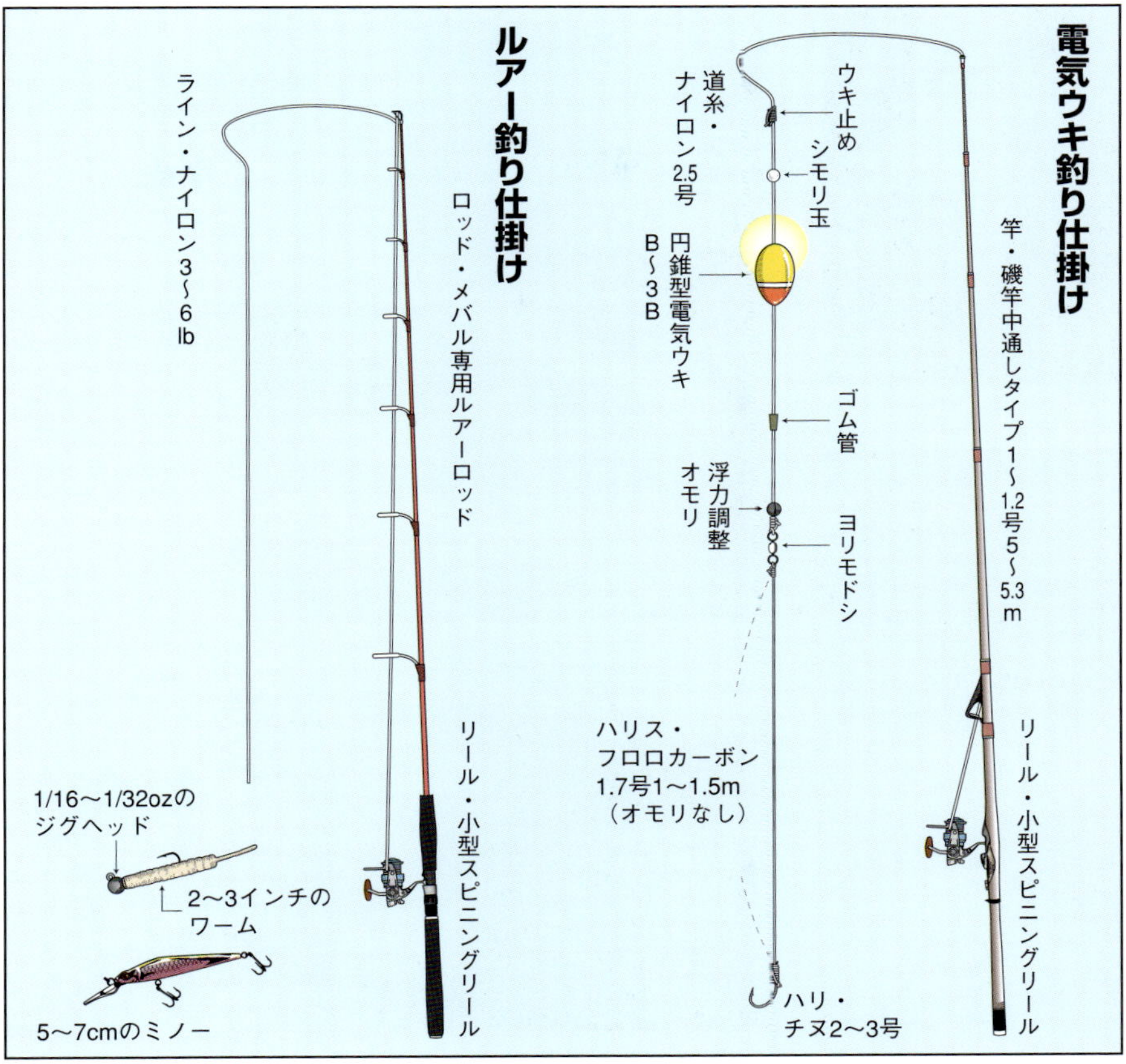
電気ウキ釣り仕掛け
竿・磯竿中通しタイプ1～1.2号5～5.3m
ウキ止め
シモリ玉
道糸・ナイロン2.5号
円錐型電気ウキB～3B
ゴム管
浮力調整オモリ
ヨリモドシ
ハリス・フロロカーボン1.7号1～1.5m（オモリなし）
ハリ・チヌ2～3号
リール・小型スピニングリール
ルアー釣り仕掛け
ロッド・メバル専用ルアーロッド
ライン・ナイロン3～6lb
リール・小型スピニングリール
1/16～1/32ozのジグヘッド
2～3インチのワーム
5～7cmのミノー

浅い堤防では海底近く、深い堤防ではイガイの層付近にメバルが着いていることがあるから、中層から海底まで幅広く探りたい。

初心者におすすめなのがウキ釣りで、日中でも夜でも釣りやすく、ポイントも広く探ることができる。夜は小型のリチウム電子ウキを使用する。ウキ下は日中は深くして海底近くを探り、夜は浅いタナを攻めるのが基本だ。エサはアオイソメで十分だが、イワイソメやモエビ、オキアミ、ジャリメ、魚の身エサとなんでも食い付く。

釣り方はまずポイントの選定から始めたい。堤防ならば捨て石帯やヘチ際、隠れ根周り、テトラ際などが好ポイント。あまり沖目を攻めずに、堤防の近くを探るほうが有利だ。

日中はメバルがあまり動き回らないので、なるべく夜釣りで狙うほうがよい。夜はまず浅めのウキ下から始めて、アタリがなければ少しずつウキ下を深くして探りたい。逆に深いタナから始めて徐々に浅くしてもよいが、ウキ下が深すぎる

用語解説	>>> ヨブ	遠浅の砂浜海岸など、波や潮の動きによってできる海底の凸凹のこと。

メバルは一名を春告魚という。早春の好ターゲットだ

メバルはタマヅメから夜にかけてのほうがよく釣れる

エサはアオイソメが一般的だ

Let's cooking!

▶▶▶釣れたてメバルを味わおう!

カサゴに近い根魚（根＝岩礁に着く魚）で、非常においしい。煮魚が最も定番の料理といえるが、新鮮なものはお造りにしたい。また、空揚げにしても美味だ

●沢煮

関西の煮魚料理で、関東のものと比べ見た目を薄く仕上げている。ダシ汁を使うのが特徴で、これに半量の薄口しょう油を入れ、隠し味程度に日本酒、ミリンを加えて煮る。野菜類を多めに使うのも特徴のひとつ

●塩焼き

メバルは、下処理したら薄く塩をして30分置く。焼く直前にヒレに水を付け、化粧塩を打ち、遠火の強火で焦げすぎないよう注意して焼き上げる

と上を向いてエサを待っているメバルは、エサに気が付かないことがあるから注意する。

　ウキは潮の流れに乗せて流すのが基本だが、あまり長時間流さず、まめに打ち返すほうがよい。アタリのないときは時どき仕掛けを引いて誘ってやると有効だ。動くエサに興味を示す魚なので食い気があまりなくても、動くエサにはつい飛びついてしまうことも多い。あまりアタリがないようなら、積極的にどんどん動いて、なるべく多くのポイントを探りたい。また、潮の動きに合わせて食いが活発になることも多いので、あまり短時間ではあきらめず、最低でも3時間くらいは粘ってみること。

　アタリはウキが完全に消し込むのでゆっくりと竿を立てて軽く合わせればよい。前ブレのチョンチョンで早合わせをすると、エサが食いちぎられたり、ハリ外れでバラす原因となる。取り込みは魚を一気に抜き上げればよい。外道に大型のスズキやクロダイなどがヒットすることもあるので、玉網も持参したい。

【回遊魚】
（ワカシ・イナダ、カンパチ、ソウダガツオなど）

●釣り方［ウキ釣り／サビキ釣り／ルアー釣り］

秋に群れで回遊！　引きが強く食味も抜群だ

●ワカシ・イナダ、カンパチなど【スズキ目アジ科】
●ヒラソウダ、マルソウダ、サバなど【スズキ目サバ科】

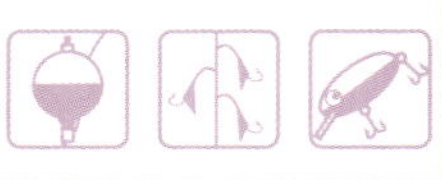

ブリの若魚であるワカシ・イナダはカンパチ、ヒラマサと同じ仲間。カツオやマグロも回遊魚と呼ばれ、これら背の青い回遊魚をまとめて青物ともいう

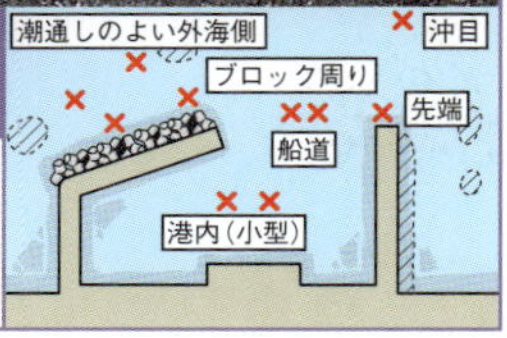

秋は回遊魚のシーズンだ。陸っぱりで釣れる回遊魚には、ブリの子であるワカシとイナダ、カンパチ、ヒラマサ、メッキ、ソウダガツオ、シイラなどがあり、いずれも食べておいしい高級魚ばかりだ。大きさはヒラマサやカンパチは10キロを超える大型もいるが、一般には20～50センチの間が多く、釣るのに手ごろなサイズといえる。

ワカシやメッキなど小型の回遊魚を狙う場合は、ライトタックルでのルアー釣りがおもしろい。6～8ポンドテストのラインに7～14グラムのメタルジグや、3～7センチのミノープラグをセットするだけの簡単なものでOKだ。ワカシ、イナダにはメタルジグ、メッキにはミノープラグが有利で、いずれもルアーを高速で巻き取るのがコツだ。カンパチも小型なら同じルアー仕掛けで釣れるが、良型を狙いたいなら仕掛けを太くする。

また、カンパチやヒラマサは小アジなどの生きエサが入手できるなら、生きエサ釣りも効果的。エサはムロアジやイワシなどでもOKで、元気のよいものを使

用語解説	>>> ライフジャケット	救命胴衣のこと。

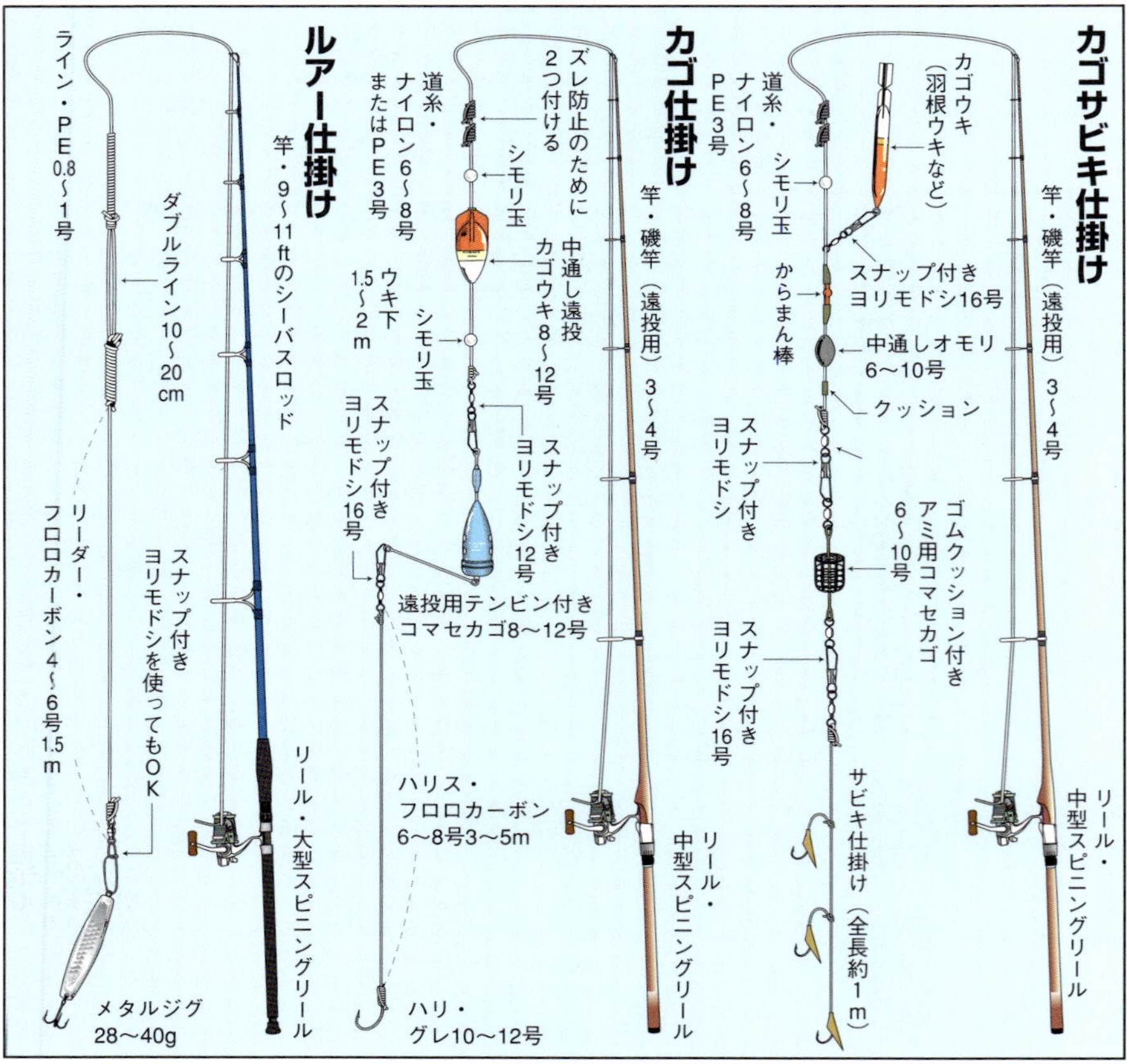
カゴサビキ仕掛け
竿・磯竿（遠投用）3～4号
カゴウキ（羽根ウキなど）
道糸・ナイロン6～8号 PE3号
シモリ玉
からまん棒
スナップ付きヨリモドシ16号
中通しオモリ6～10号
クッション
スナップ付きヨリモドシ
ゴムクッション付きアミ用コマセカゴ6～10号
スナップ付きヨリモドシ16号
サビキ仕掛け（全長約1m）
リール・中型スピニングリール
カゴ仕掛け
竿・磯竿（遠投用）3～4号
道糸・ナイロン6～8号 またはPE3号
ズレ防止のために2つ付ける
シモリ玉
中通し遠投カゴウキ8～12号
ウキ下1.5～2m
シモリ玉
スナップ付きヨリモドシ12号
スナップ付きヨリモドシ16号
遠投用テンビン付きコマセカゴ8～12号
ハリス・フロロカーボン6～8号3～5m
ハリ・グレ10～12号
リール・中型スピニングリール
ルアー仕掛け
竿・9～11ftのシーバスロッド
ライン・PE0.8～1号
ダブルライン10～20cm
リーダー・フロロカーボン4～6号1.5m
スナップ付きヨリモドシを使ってもOK
メタルジグ28～40g
リール・大型スピニングリール

う。弱って泳ぎが悪くなったらすぐに交換することだ。

生きエサ釣りでは合わせのタイミングが難しい。アタリが出ても早合わせは厳禁で、十分に送り込んでから竿を立てるのがコツ。仕掛けを送り込んでいき、途中でスピードが一気に速くなったときが合わせのタイミングだ。これは生きエサを食った魚にハリが掛かって、驚いてスピードを上げるからだと考えられる。ただし極端に強く合わせると、一気に走られ合わせ切れを起こしかねないので、軽く竿を立てるだけで十分だ。

生きエサの付け方は背掛けか口掛け。背掛けの場合は背ビレからやや頭寄りに浅くハリを掛けるのがコツ。深く刺すと生きエサがすぐに弱ってしまう。

イナダやソウダガツオ狙いではオキアミエサを使ったカゴ釣りもおもしろい。カゴ釣りでは、ウキ下がキーポイントになる。基本的には表層近くを狙えばよいのだが、日によってはタナが深いことがあるので、表層でアタリがなかったら、少しずつウキ下を深くする。

8月上旬を過ぎるとソウダガツオの回遊が始まる

堤防で釣れるカンパチは小型が中心だ

堤防で釣れるサバはおもにゴマサバ

Let's cooking!

▶▶▶釣れたて回遊魚を味わおう!

ブリ(の若魚)、カンパチ、サバなど、スーパーマーケットでも
おなじみの魚で、どれもおいしい。
イナダやカンパチはぜひお造りで楽しみたい。サバは味噌煮もいい

●イナダのヅケ丼

やや厚めの刺身に切り、しょう油、ミリンを同割にした漬け汁に30分ほど漬ける。丼に熱あつの白飯か、冷ましたすし飯(どちらも美味)をよそい、白髪ネギ、削り節を敷いてヅケを乗せ、刻み大葉を散らす

●サバの一夜干し

大サバなど、身がけっこう厚いから干すときは三枚に下ろした骨なしのほうがきれいに乾く。30分ほど塩水に漬け、よく水気を拭いてから12〜24時間干す。夏場や天候が悪いときは、ザルに広げて冷蔵庫内で干すといい

カゴ釣り仕掛けで注意したいのはハリス部分にガン玉などのオモリを打たないこと。カゴのコマセと付けエサが、一体になるようにすることが大切だ。このカゴ釣りではイナダやソウダガツオ以外に、ヒラマサやカンパチ、シマアジなども釣れるし、メジナやマダイなどの外道もヒットする。

釣り場はいずれの釣り方でも潮通しのよいことが最低条件である。

ルアー釣りの基本は、投げては巻くの繰り返し。根気よく粘ることが好釣果への近道だ。時合は早朝がベスト。

生きエサ釣りはあまり混雑した釣り場には適しておらず、ゆったりと生きエサを自由に泳がせることのできる所がよい。その釣り場で生きエサが確保できればより可能性が高い。

カゴ釣りは、ある程度水深の深い所がいい。波の静かな所よりも、潮の流れが複雑で、一定の速さで流れている所が釣りやすい。潮のたるんだ所では回遊魚が寄りにくいばかりでなく、すぐにエサ取りが集まって釣りにくくなる。

用語解説	>>>ワンド	ちょっとした小さな入り江のこと。

writer 小池純二、上田 龍太郎、平林 潔、石川皓章、岡田 学
illusutrator 堀口 順一郎
photographer 石川皓章、井坂英樹
editor 冨田晃司
art associates TOPPAN DTP STUDIO TANC
cover design Cycle Design
planning 株式会社つり情報社
〒101-0032
東京都千代田区岩本町2-7-11 2F
TEL.03(5839)2561
FAX.03(5829)5261

つり情報BOOKS

基礎から始める 堤防釣り入門

2008年 4月15日 初版第１刷発行
2021年11月30日 初版第30刷発行

編者●「堤防磯投げつり情報」編集部
発行者●廣瀬和二
発行所●株式会社 日東書院本社
〒113-0033 東京都文京区本郷 1-33-13 春日町ビル 5F
TEL●03-5931-5930(代表) FAX●03-6386-3087(販売部)
URL●http://www.TG-NET.co.jp

印刷所・製本所●凸版印刷株式会社

 ISBN978-4-528-01197-7 C2075